CAMBRIDGE LIBRARY COLLECTION

Books of enduring scholarly value

Printing and Publishing History

The interface between authors and their readers is a fascinating subject in its own right, revealing a great deal about social attitudes, technological progress, aesthetic values, fashionable interests, political positions, economic constraints, and individual personalities. This part of the Cambridge Library Collection reissues classic studies in the area of printing and publishing history that shed light on developments in typography and book design, printing and binding, the rise and fall of publishing houses and periodicals, and the roles of authors and illustrators. It documents the ebb and flow of the book trade supplying a wide range of customers with products from almanacs to novels, bibles to erotica, and poetry to statistics.

Bibliotheca Askeviana

The library of the physician Anthony Askew (1722–72) was outstanding in both printed books and manuscripts. He may have failed in his ambition to secure a complete collection of every printed edition of the Greek classics, but he did amass a classical library which remained unsurpassed until Spencer. Although he was later accused of plagiarism, virtually every edition of Aeschylus down to the 1850s cited 'Askew's collations'. He also secured Richard Mead's fine collection of Latin and Greek manuscripts, alongside other early classical codices from the Maffei library. The dispersal of Askew's collection in two sales, ten years apart, attracted international interest. Bidders at the 1775 book sale included George III, while the manuscript sale in 1785 led to acquisitions by the British Museum, the Bodleian and Cambridge University Library. Now reissued together, the sale catalogues have been annotated here by auction attendees who recorded prices and some purchaser details.

T0370643

Cambridge University Press has long been a pioneer in the reissuing of out-of-print titles from its own backlist, producing digital reprints of books that are still sought after by scholars and students but could not be reprinted economically using traditional technology. The Cambridge Library Collection extends this activity to a wider range of books which are still of importance to researchers and professionals, either for the source material they contain, or as landmarks in the history of their academic discipline.

Drawing from the world-renowned collections in the Cambridge University Library and other partner libraries, and guided by the advice of experts in each subject area, Cambridge University Press is using state-of-the-art scanning machines in its own Printing House to capture the content of each book selected for inclusion. The files are processed to give a consistently clear, crisp image, and the books finished to the high quality standard for which the Press is recognised around the world. The latest print-on-demand technology ensures that the books will remain available indefinitely, and that orders for single or multiple copies can quickly be supplied.

The Cambridge Library Collection brings back to life books of enduring scholarly value (including out-of-copyright works originally issued by other publishers) across a wide range of disciplines in the humanities and social sciences and in science and technology.

Bibliotheca Askeviana

Sive Catalogus Librorum Rarissimorum
Antonii Askew, M.D.

BAKER AND LEIGH

CAMBRIDGE
UNIVERSITY PRESS

CAMBRIDGE
UNIVERSITY PRESS

University Printing House, Cambridge, CB2 8BS, United Kingdom

Published in the United States of America by Cambridge University Press, New York

Cambridge University Press is part of the University of Cambridge.
It furthers the University's mission by disseminating knowledge in the pursuit of
education, learning and research at the highest international levels of excellence.

www.cambridge.org
Information on this title: www.cambridge.org/9781108065849

© in this compilation Cambridge University Press 2014

This edition first published 1774–84
This digitally printed version 2014

ISBN 978-1-108-06584-9 Paperback

Selected books of related interest, also reissued in the
CAMBRIDGE LIBRARY COLLECTION

Anonymous: *Catalogue of the Valuable Library of the Late Rev. Henry Richards Luard* (1891) [ISBN 9781108057295]

Baker and Leigh: *Bibliotheca Askeviana* (1774–84) [ISBN 9781108065849]

Bodleian Library: *A Catalogue of the Books Relating to British Topography, and Saxon and Northern Literature* (1814) [ISBN 9781108057318]

Christie, James: *Bibliotheca Ratcliffiana* (1776) [ISBN 9781108065825]

Clark, John Willis: *The Care of Books* (1902) [ISBN 9781108005081]

Curwen, Henry: *A History of Booksellers* (1874) [ISBN 9781108021432]

Dee, John, edited by James Orchard Halliwell, James Crossley, John Eglington Bailey and M.R. James: *John Dee's Diary, Catalogue of Manuscripts and Selected Letters* (1842, 1851, 1880, 1921) [ISBN 9781108050562]

Dibdin, Thomas Frognall: *Bibliomania* (1811) [ISBN 9781108015806]

Dibdin, Thomas Frognall: *Bibliophobia* (1832) [ISBN 9781108015592]

Dibdin, Thomas Frognall: *Bibliotheca Spenceriana* (4 vols., 1814–15) [ISBN 9781108051118]

Dibdin, Thomas Frognall: *Reminiscences of a Literary Life* (2 vols., 1836) [ISBN 9781108009355]

Duff, E. Gordon: *A Century of the English Book Trade* (1905) [ISBN 9781108026765]

Duff, E. Gordon: *Early Printed Books* (1893) [ISBN 9781108026741]

Edwards, Edward: *Free Town Libraries, their Formation, Management, and History* (1869) [ISBN 9781108009362]

Edwards, Edward: *Libraries and Founders of Libraries* (1864) [ISBN 9781108010528]

Edwards, Edward: *Memoirs of Libraries* (3 vols., 1859) [ISBN 9781108010566]

Evans, Robert Harding: *A Catalogue of the Library of the Late John, Duke of Roxburghe* (1812) [ISBN 9781108065832]

Evans, Robert Harding: *White Knights Library* (1819) [ISBN 9781108065986]

Fagan, Louis: *The Life of Sir Anthony Panizzi, K.C.B.* (2 vols., 1880) [ISBN 9781108044912]

King, Thomas: *Bibliotheca Farmeriana* (1798) [ISBN 9781108065993]

Oates, J.C.T.: *Catalogue of the Fifteenth-Century Printed Books in the University Library, Cambridge* (2 vols., 1954) [ISBN 9781108008488]

Sayle, C.E.: *Early English Printed Books in the University Library, Cambridge* (4 vols., 1900–7) [ISBN 9781108007818]

Wheatley, Henry Benjamin: *How to Form a Library* (1886) [ISBN 9781108021494]

Wheatley, Henry Benjamin: *How to Catalogue a Library* (1889) [ISBN 9781108021487]

For a complete list of titles in the Cambridge Library Collection please visit:
www.cambridge.org/features/CambridgeLibraryCollection/books.htm

BIBLIOTHECA ASKEVIANA.

SIVE

CATALOGUS LIBRORUM RARISSIMORUM

ANTONII ASKEW, M. D.

Quorum Auctio fiet

Apud S. BAKER & G. LEIGH,

In Vico dicto *York Street*, *Covent Garden*, LONDINI,

Die Lunæ 13 *Februarii* MDCCLXXV. & in undeviginti sequentes Dies.

Catalogi venundantur apud *Londini* Bibliopolas ; *Baker &
Leigh, York-Street, Covent-Garden* ; *Dodsley, Pall-Mall* ;
Robson, Bond-Street ; *Walter, Charing-Cross* ; *Owen,*
Temple-Bar ; *Brotherton* & *Sewell, Cornhill* ; & a
PARIS chez *J. B. Gibert*, Hotel de *Cluny*, Rue des
Mathurins, St. *Jaques* ; & AMSTERDAM chez *Marc
Michel Rey*.

[Price One Shilling and Six-pence.]

☞ There are a few Copies printed on Royal Paper,
Price Four Shillings.

IT is thought unneceſſary to ſay much with reſpect to this Library of the late Dr. ANTHONY ASKEW, as the Collector was, and the Collection is ſo well known in almoſt all parts of Europe: I ſhall therefore only beg leave to mention the manner of taking the Catalogue, and of ſome few particulars.

IN ORDER to render this CATALOGUE of *very rare and valuable Collection of Books,* as uſeful to the Public as poſſible, it is form'd into four different Alphabets, *Engliſh, French, Italian and Spaniſh, and Greek and Latin;* the Italian and Spaniſh Books (being few) are put in one Alphabet, and the Greek and Latin in one Alphabet alſo, becauſe the two Languages are ſo frequently connected.—The Books and Tracts that are bound together of various Authors, *(of which, many are extremely rare and curious)* are all put in the laſt Day's Sale, as it was impoſſible to put them in the ſame alphabetical Order with the others.

The Compiler hopes to be excus'd the Errors that may appear in the Catalogue, as he is conſcious it is not without many, owing in ſome

A 2　　　　　　　　degree

degree to his earneſt deſire of an early publi-
cation of it in all parts of Europe.

The Books in general are in *very fine condition,*
many of them *bound in Morocco, and Ruſſia leather, with gilt leaves.*

To give a particular Account of the *many
ſcarce Editions* of Books in this Catalogue would
be almoſt endleſs, therefore the FIRST EDI-
TIONS of the CLASSICS, *and ſome extremely rare
Books* are chiefly noticed.

This Catalogue without any doubt contains
the *beſt, rareſt and moſt valuable Collection of*
GREEK *and* LATIN BOOKS that were ever ſold
in England, and the great Time and Trouble of
forming it, will, it is hop'd, be a ſufficient Ex-
cuſe for the Price put to it.

In the laſt Day's Sale will be ſold two very
ancient Marbles, which Doctor Aſkew brought
from Greece.

After the Sale of this Catalogue of Books, will
be ſold his Collection of *Prints and Drawings,* by
BAKER and LEIGH.

[v]

De his Duabus Editionibus Horatii in Hoc Catalogo; vide
Bibliographie de M. de Bure.

viz. No. 1900 Horatii Opera, Quarto.
No. 1946 Horatii Sermones, Folio.

*Ne connoissant pas actuellement plus a fond ces deux Edi-
tions, dont il ne nous a pas été possible de decouvrir
aucun exemplaire, nous ne pouvons donner plus d'eclair-
cissement a leur Sujet.* De Bure, No. 2711, pages
310 and 311 Belles Lettres.

Numeri.		Omissiones.
674	Aldi Manutii Rudimenta Linguæ Græcæ,	EDITIO PRINCEPS,
705	Acronis Commentarii in Horatium,	EDITIO PRINCEPS,
888	Aftronomi Veteres, 3 vol. - - - -	EDITIO PRINCEPS,
998	Arretinus in Arift. Ethica, - - - -	EDITIO PRINCEPS,
1516	Epiftolæ diverforum Philofophorum,	EDITIO PRINCBPS,
1567	Dionyfius Halicarnaffeus, Latine, - -	EDITIO PRINCEPS,
1753	Galeni Opera, Græcé, 5 vol. - - -	EDITIO PRINCEPS,
1915	Herodoti Hiftoria, Græcé, - - -	EDITIO PRINCEPS,
2824	Politiani Opera omnia, - - - -	EDITIO PRINCEPS,
3008	Servius in Virgilium, - - - - -	EDITIO PRINCEPS,

CONDITIONS of SALE.

1ſt, THAT the Perſon who bids moſt is the Buyer; but if any Diſpute ariſes, the Book or Books be put up to Sale again.

2d, That no Perſon advance leſs than Six-pence each Bidding; and after the Book ariſes to One Pound, no leſs than One Shilling.

3d, They are ſuppoſed to be perfect; but if any ſhould be found otherwiſe before taken away, the Buyer is at his Choice to take or leave them, as no Book is to be returned after Delivery.

4th, That each Perſon give in his Name, and pay Five Shillings in the Pound (if demanded) for what he buys; and that no Book be delivered in Time of ſelling, unleſs firſt paid for.

5th, The Lots muſt be taken away at the Buyer's Expence, and the Money paid at the Place of Sale, within ſix Days after the Sale is ended.

Any Noblemen or Gentlemen who cannot attend the Sale, may have their Commiſſions faithfully executed,

By their moſt humble Servants,

London, York-Street,   S. B A K E R,
July, 1774.   A N D
                     G. L E I G H.

First Day's Sale, *Monday, February* 13.

O C T A V O & Infra.

LOT

1   ACCOUNT of the Preservation of King Charles II. after the Battle of Worcester, — 1660 *0-1-0*

2   —— of all the celebrated Libraries, 1739 *0-2-0*

3   Adlerfield's Military History of King Charles the XIIth of Sweden, *with Plans*, 3 vol. —— 1740 *0-3-0*

4   Alleine's English Dispensatory, —— 1733 *0-1-0*

5   Allen's Practice of Physick, 2 vol. —— 1733 *0-2-0*

6   Aristophane's Plutus, translated by H. H. B. 1659 *0-2-0*

7   Arbuthnot's Effect of Air on human Bodies, 1733 *0-0-6*

8   Armstrong's Art of preserving Health, a Poem, 1755 *0-1-9*

9   Ascham's School-Master, with Notes by Upton, 1711 *0-1-0*

10   *Askew (The Examination of the worthy Servant of God, Mystresse Anne) younger Daughter of Sir William Askew, lately marry'd in Smithfield by the Romish Broode,* *0-2-0*

11   Atalantis, 4 vol. —— 1720 *0-2-0*

12   Bacon's (Lord) Essays, by Willymot, 2 vol. — 1720 *0-2-6*

13   Bailey's English Dictionary, 1724 *0-3-0*

14   Baker's Reflections on Learning, —— 1700 *0-0-6*

15   Baretti's Travels into Italy, 2 vol. —— 1768 *0-2-6*

16   Barnaby's (Drunken) four Journies to the North of England, *Lat. and Engl. with cuts,* 1723 *0-6-6*

17   Bath Guide (New) 1767 *0-1-9*

18   Beaumont's and Fletcher's Plays, 10 vol. — 1750 *2-12-6*

19   Bennet on Consumptions, 1720 *0-0-9*

20   Bentley's Sermons at Boyle's Lectures, — Camb. 1733 *0-3-0*

21   —— Remarks on Freethinking. ib. 1743 *0-4-0*

22   —— against Boyle, with several Tracts in the same Controversy, 3 vol. *0-15-0*

23   Berdmore's Diseases of the Teeth and Gums, —— 1768 *0-1-9*

24   Bible (Holy) *with neat cuts, ruled and bound in turkey leather,* 2 vol. —— Edinb. printed by Watson 1715 *1-17-0*

25   Blackmore on the Spleen and Vapours, —— 1725 *0-1-3*

26   Blackburne's Considerations on the present State of Popery, *morocco leather,* 1767 *0-3-6*

B   27 Bon

1.6	27	Bonneval's (Count) History of the Wars in Italy,	1734
3.6	28	Boswell's Account of Corsica,	1769
2.6	29	Bowyer's Conjectures on the New Testament,	1772
1.0	30	Boyle against Bentley,	1699
0.6	31	Brakenridge's Sermons, *sewed*,	1764
1.9	32	—— Sermons, *bound*,	1764
3.9	33	Bromley's (the Hon. Mr) Tour to France and Italy,	1692
6.6	34	Brown's (Sir Tho.) Religio Medici, by Digby,	1678
	35	—— (Thomas) Works, 4 vol.	1715
1.0	36	Brook's general Dispensatory,	1753
4.0	37	—— Practice of Physick 2 vol.	1754
7.6	38	Brydone's Travels thro' Sicily and Milan, 2 vol.	1773
2.0	39	Budgell's Memoirs of the Family of Boyles,	1732
	40	—— Letter to Cleomenes K. of Sparta,	1731
3.0	41	Butler's Hudibras, by Grey, *large paper, with cuts, the first impression*, 2 vol.	1744
2.0	42	Byron's (the Narrative of the Hon. Commodore) on the Coast of Patagonia from 1740 to 1746,	1768
8.0	43	Byrom's Short Hand, *Manchester*, 1767	
6.0	44	Carr's Medicinal Essays, by Quincy,	1714
	45	Catalogue of the Lords, Knights and Gentlemen that have compounded for their Estates,	1655
4.6	46	—— of Oxford Graduates,	1727
5.0	47	—— of Dr. Pellet's Library, *pric'd*,	1745
	48	—— of Sclater Bacon's, *large paper*,	1736
3.6	49	—— of the Manuscripts and printed Books of Thomas Rawlinson, Esq;	1733
7.6	50	—— of the Library of Mr. Maittaire, 2 parts,	1748
3.6	51	—— of Dr. Woodward's Library and Antiquities,	1728
		——Catalogue of Dr. Freind's Library——Ditto of Charles Bernard's, Esq;	1710
1-4-0	52	—— of the Library of Bryan Fairfax, Esq; —— *This Collection was sold to Francis Child, Esq; for Two Thousand Pounds, and all the Catalogues destroyed except Twenty, ruled and bound in blue turkey,*	1756
5.6	53	—— of the Library of Sir John Stanley, *priced*,	1744
2.6	54	—— of the Library of Mr. Bridges, *classed, with the Prices*, *Lond.* 1729	
1-5-0	55	—— of Dr. Mead's Library, *large paper, with the Prices, bound in morocco, gilt leaves*, *ib.* 1754	
3-6-0	56	—— of Dr. Mead's Antiquities and Coins, *bound in morocco, ruled, gilt leaves, with the Prices*, *ib.* 1754	
1-1-0	57	—— of the Library of Martin Folkes, Esq; *bound in morocco, ruled, and gilt leaves, large paper, with the Prices*, 1756	
8.0	58	—— of General Dormer's, *l. p. ruled*,	1764
5.6	59	Cellini's Life of Himself, by Nugent, 2 vol.	1771
2.0	60	Certain Rules of the Regiment, or Construction of the eight Parts of Speech,	1537

61 Cham-

5 —	61	Chamberlayne's present State of Great Britain,		1755	0- 5- 0
3 —	62	Chapone's Letters on Improvement of the Mind, 2 vol.		1773	0- 3- 0
1 —	63	Charleton's Treatise of Bath Waters,	———	1754	0- 1- 0
1 —	64	Constable on the Accuracy of Style.	———	1734	0- 1- 0
1- 7	65	Collin's Peerage of England, in russia leather, 6 vol.		1756	1-17- 0
1- 16- 6	66	Common Prayer, engrav'd with cuts, by Sturt, and bound in turkey leather,		1717	1- 16- 0
2- 7	67	Congreve's Works, 8vo. large paper, 3 vol. ———		1710	2- 7- 0
1- 6	68	Cowley's Works, large paper, 2 vol. ———		1707	1- 6- 0
1- 1	69	——— Works, 8vo. 3 vol. ———		1707	1- 1- 0
4-	70	Coronelli's Description of the Morea, with 43 maps,		1687	0- 4- 6
11-	71	Denham's (Sir John) Poems, 8vo. royal paper, ———		1709	0- 11- 0
6	72	Dennis's (John) select Works, royal paper, 2 vol.		1718	0- 6- 0
2-	73	——— Letters, royal paper, 2 vol.		1721	0- 2- 0
15- 6	74	Disputation concerning the controverfit Headdis of Religion, haldin in the Realme of Scotland, the Zeir of God ane thousand, fyve hundreth fourscoir Zeiris: Betvix the prætendit Ministeris of the deformed Kirk in Scotland and Nicol Burne Professor of Philosophie in S. Leonardis College, in the Citie of Sanctandrois, brocht up from his tender eage in the Perversit Sect of the Calvinists, and nou be ane special Grace of God, ane Membre of the halie and Cacholick Kirk. Dedicat to his Soverane the Kingis M. of Scotland, King James the Saxt, Imprented at Parise the first day of October, 1581			0- 15- 6
11 —	75	Dodsley's Collection of Poems, 6 vol. ———		1755	0- 11- 0
1 —	76	Dover's ancient Physician's Legacy, ———		1742	0- 1- 0
1- 3	77	Douglas's Treatise of the Hydrocele, ———		1755	0- 1- 3
7-	78	Egmont's Travels thro' Europe, Asia, &c. 2 vol.		1759	0- 7- 0
2- 6	79	Emerson's Doctrine of Fluxions, 1743 ——— His Projection of the Sphere,		1749	0- 2- 6
1 —	80	Enquiry into the Merits of Doctor Cadogan's Dissertation on the Gout,		1772	0- 1- 0
2 —	81	Epigrams (a Collection of) 2 vol. ———		1735	0- 2- 0
6 6	82	Evangelical History of our Lord Jesus Christ harmoniz'd, explain'd and illustrated, 2 vol. ———		1757	0- 6- 6
1- 6	84	Examiners, 3 vol. ———		1714	0- 1- 0
6- 6	85	Farquhar's Plays and Poems, 2 vol. ———		1736	0- 6- 6
2- 6	86	Falconer on Bath Waters, ———		1774	0- 2- 6
1 —	87	Floyer and Baynard on cold Bathing, ———		1709	0- 1- 0
1- 6	88	——— Treatise of the Asthma, ———		1717	0- 1- 6
1- 6	89	——— Physician's Pulse-Watch, ———		1707	0-
2 —	90	Foster on Greek Accents, ———		1762	0- 2- 0
3- 6	91	——— on Greek Accents, best Edit. ———		1763	0- 3- 6

QUARTO.

QUARTO. English.

FOLIO. *English.*

2.12.6	146	Bible (Holy) Archbishop Cranmer's, *black letter, bound in morocco, gilt leaves,* 2 vol. —— 1572	2.12.6
1.0.0	147	—— *black letter,* —— *printed by Grafton,* 1541	1 ——
2.0.0	148	—— with Commentary by Dr. Dodd, 3 vol. 1765	2 ——
14-14	149	*Biographia Britannica;* or, Lives of the most eminent Persons of Great Britain, 7 vol. —— 1747, &c.	
1.8.0	150	Blome's History of the Bible and New Testament, *bound in blue turkey,* —— —— 1712	1.8
1.12.0	151	Borlase's Antiquities of Cornwall, —— 1769	1.12
1.12.0	152	Bowen's new Set of Maps for England and Wales, *the maps coloured,*	1.12
1.10.0	153	Burnet's History of his own Time, *large paper,* 2 vol. 1724	1-10
7.6	154	Burton's Commentary on Antoninus's Journies through Great Britain, *with head and map,* —— 1658	7.6
	155	Buck's nine Collections of Abbies, Castles, Priories, &c. twenty four Prints in each Collection,	
2.6.0	156	Camden's Britannia, by Gibson, *large paper,* 2 vol. 1722	2-6 —
2.2.0	157	Catalogue of the Harleian Manuscripts in the British Museum, 2 vol. —— 1759	2-2 —
25	158	Catesby's History of Carolina, *coloured by himself and bound in russia leather, with gilt leaves,* 2 vol. —— 1731	
9.15.0	159	Chambers's Cyclopædia; or, Universal Dictionary of Arts and Sciences, with the Supplement, *bound in russia leather,* 4 vol. —— 1741 & 1753	9.15—
7.0	160	Chaucer's Works, *black letter,* —— 1687	— 7
5.6	161	—— Works, *black letter,* —— 1602	— 5.6
4.6	162	—— Works, *black letter,* —— 1598	— 4.6
5.0	163	—— Works, *black letter,* —— 1561	
14.0	164	—— Works, *black letter, very fair,* —— 1561	14
4.0	165	—— Works, *black letter,* —— 1542	4-
2.6	166	—— Works, *black letter, imperfect,* —— 1532	2.6
10.6	167	—— Works, *black letter,* —— 1532	10.6
7.17.1	168	—— Works, *black letter, bound in russia leather, and fine Copy,* —— *printed by Pynson, without date,*	
5.15	169	Chauncy's History of Hertfordshire, *fine copy,* 1700	
2.5.0	170	Cheselden's Anatomy of the Bones, *bound in russia leather,* 1733	2 5—
18.0	171	Chishull's Travels into Turkey, *large paper,* 1747	— 18-
13.13	172	Cicero of old Age and Friendship, *very fair copy, bound in russia leather,* ~~*ruled*~~ *printed by Caxton,* 1481	
6.0	173	Cole's Memoirs of Affairs of State, *large paper,* 1733	— 6-
12.0	174	Collier's Church History of Britain, 2 vol. —— 1708	12-
8.6	175	Common Prayer, *large paper, ruled, and bound in morocco leather,* —— Oxon. 1681	8.6
13.0	176	Dryden's Comedies, Tragedies, and Operas, 2 vol. 1701	13
2.0	177	Duty of Man's Works, —— Oxf. 1704	2-

Second

Second Day's Sale, *Tuefday*, *February* 14.

OCTAVO & *Infra*.

LOT

3 —	180	Fothergill on a Sore Throat, ——	1754	0..3.0
16 —	181	Free-Thinker, 8vo. *large paper,* 3 vol.	1722	0-16-0
1 —	182	Fuller's Medicina Gymnaftica, ——	1718	0-1-0
2 —	183	Gally on Greek Accents, 2 *parts,* ——	1754	0-2-0
2 —	184	Garth's Difpenfary, a Poem, ——	1714	0-2-0
1.6	185	Georgine's (Archbp.) State of Samos, Nicaria, Patmos, and Mount Athos, ——	1678	0-1-6
1 —	186	Gibfon's Method of Dieting Horfes, ——	1726	0-1-0
1-6	187	Gordon's Geographical Grammar, — ——	1749	0-1-6
6.6	188	Greaves's Mifcellaneous Works, 2 vol. ——	1737	0-6.6
4 —	189	Grey's *Memoria Technica,*	1737	0-4-0
— 6	190	Greenwood's Grammar of the Englifh Tongue,	1746	0-0-6
5-6	191	Grofley's Obfervations on England, 2 vol. ——	1772	0-5-6
5 —	192	Guicciardin's Hiftory of Italy, by Goddard, 10 vol.	1753	0-5-0
3-9	193	Guy's (Thom.) Laft Will and Teftament, with the Act for the difpofing of his Charities, *bound in morocco,*	1725	0-3-9
1 —	194	Hall's (John) Poems, —— ——	1646	0-1-0
3.6	195	Harris's *Hermes,* or Inquiry into Language,	1751	0-3-6
3.6	196	Heath's Revifal of Shakefpear's Text, ——	1765	0-3-6
1 —	197	High German Doctor, 2 vol. ——	1720	0-1-0
15-6	198	Hill's (Aaron) Works, 4 vol. ——	1763	0-15-6
12-6	199	*Hiftoria Literaria;* or, an Account of the moft valuable Books publifhed in Europe, 4 vol. ——	1731	0-12-6
2-3	200	Hippocrates upon Air, Water and Situation; upon Epidemical Difeafes and Prognofticks, by Clifton, ——	1734	0-2-3
2 —	201	Hodges and De Foe on the Plague, ——	1720	0-2-0
4 —	202	Homer's Iliad and Odyffey, tranflated by Mr. Pope, *Octavo* edit. 11 vol. —— ——	1760	2-4-0
5.6	203	Hopfon's Treatife of the Dyfentery, ——	1771	0-5-6
2-9	204	Horace (Imitations of) by Neville, Lat. and Engl. *bound in morocco leather,* —— ——	1758	0-2-9
8 —	205	Horace's Art of Poetry, and Epiftle to Auguftus, tranflated with Notes by Hurd, *large paper,* 2 vol. Cambr. 1757		0-8-0
2-9	206	Howel's familiar Letters, ——	1754	0-2-9
— 6	207	Howard's Thoughts, Effays and Maxims, ——	1768	0-0-6
— 6	208	Hulme on the puerperal Fever, ——	1772	0-0-6

209 Hux-

— 1. 6 209 Huxham's Essay on Fevers, ———— 1750
— 2. 6 210 Jenkins on the Christian Religion, 2 vol. ———— 1721
— 1 — 211 Independent Whig, by Gordon and others, *large paper*, 1721
— — 6 212 Johnson's (Rich.) Grammatical Commentaries on Lilly's Grammar, ———— ———— Lond. 1706
— 1. 9 213 Jones's (Mary) Miscellanies, *large paper*, Oxf. 1750
— 1. 6 214 ———— (Will.) Poems from the Asiatic Languages, 1772
. 1 6 — 215 Jonson's (Ben) Works, by Whalley, 7 vol. ———— 1756
— 7. 6 216 Jortin's six Dissertations, 1755
— 1. 9 217 King's (Dr. Will. of Oxford) Dreamer, 1754
— 1 — 218 ———— (Dr. Will.) Posthumous Works, ———— 1734
— 3 6 219 Lavington's (Bp.) Enthusiasm of Methodists, &c. 2 vol. 1754
— 1 — 220 Law is a bottomless Pit, exemplify'd in the Case of Lord Strutt, John Bull, Nicolas Frog, and Lewis Baboon, who spent all they had in a Law Suit, 3 *parts*, Edinb. 1712
— 2. 6 221 Leake's Observations on a Child Bed Fever, 1772
— 5. 6 222 Lee's (Nath.) Dramatick Works, 2 vol. ———— 1713
— 2. 6 223 Leigh's Discourses of Travel, Money, or Coins, and Measuring the Distance betwixt Place and Place, ———— 1671
224 Lewis's New Dispensatory, ———— 1753
— 1 — 225 ———— Plan and Draught for a new London Pharmacopeia, 2 vol. ———— 1742
— 5. 6 226 Lexicon (an English Greek) ———— Lond. 1661
— 1. 6 227 Life of Mary, Queen of Scots, ———— 1725
— 1 — 228 ———— of Doctor Radcliffe, ———— 1715
— 6 229 Lockhart's Memoirs of Scotland, ———— 1714
— 4 — 230 Lyttelton's (Lord) Dialogues of the Dead, ———— 1760
— — 9 231 Magensie's Doctrine of Inflamations, 1768
— — 6 232 Mainwaring's Legitimacy of Amicia, Daughter of Hugh Cyveliok, Earl of Chester clear'd prov'd 1679
— 17 — 233 Maps of twenty-three various Counties, in Cases
— 4 9 234 Martyn's (John) Remarks on the Æneid of Virgil, 1770
— 2. 9 235 Martin's (Isaac) Sufferings in the Inquisition, ———— 1723
— 2 — 236 ———— (M.) Voyage to St. Kilda, ———— 1698
— — 6 237 Marten's (Benj.) Theory of Consumptions, ———— 1722
— 3. 9 238 Markland's Remarks on the Epistles of Cicero to Brutus and of Brutus to Cicero, ———— 1745
— 2. 6 239 Marriott's Poems, and other Works, ———— 1760
— 5. — 240 Massinger's Dramatic Works, 4 vol. 1761
— 6. 6 241 Maundrell's Journey from Aleppo to Jerusalem, *large paper*, Oxf. 1721
— 1 — 242 Mead on the Plague, *large paper*, ———— 1744
— 3. 6 243 ———— upon Poisons, *large paper*, ———— 1745
— 1 — 244 ———— on the Scurvy, and Sutton's Machines for extracting the Foul Air out of Ships, *large paper*, ———— 1749
— 16. 6 245 Medical Transactions of the College of Physicians, 2 vol. 1768
— 14 — 246 ———— Essays of Edinburgh, 8vo. 6 vol. Edinb. 1733
— 3 6 247 Medleys, and Whig-Examiners, *large paper*, 1712

248 Me-

1-6 248 Memoirs of Cardinal Woolfey, —— 1705 0- 1-6
6 249 ——— (fecret) of Dudley, Earl of Leicefter, 1706 0- 0-6
1-6 250 Mendez's Supplement to Dodfley's Poems, —— 1767 0- 1-6
2 251 Metaftafio's Works, vol. 1ft and 2d 1767 0- 2. 0
-6 252 Microcofmography; or, Effays and Characters, 1732 0-0-6
3. 9 253 Middleton's Letters of Cicero to Brutus, and of Brutus 0- 3.9
        to Cicero, *Lat. and Engl.* with Notes, —— 1743
2-6 254 Milton's Poerrs, *with his Head*, —— 1645 0- 2-6
2-3 255 ——— Paradife Loft, *ninth edit.* —— 1711 0- 2-3
12-6 256 ——— Poetical Works, *large paper*, 2 vol. 1705 0- 12-6
1-14 257 ——— Poetical Works, 2 vol. *bound in morocco, gilt leaves,*
                                    printed by Bafkerville 1760 1- 14. 0
1— 258 Mifcellanies on feveral curious Subjects, —— 1714 0- 1. 0
5-7 25 Mitchell's Poems. *large paper*, 2 vol. 1729 0- 5. 0
2-6 260 Montague (Mrs.) on the Genius of Shakefpeare, 1769 0- 2-6
-6 261 Morden's Atlas Tereftris, 0- 0-6
1-6 262 Morgan's Principles of Medicine, —— 1732 0-1-6
    263 Moyle's Works, with his Life, —— 1727
3— 264 Naudeus's Inftructions for erecting a Library, 1661 0-3. 0
1—1 265 Nelfon on the Government of Children, 8vo. 1753 0-1-0
    266 Newton's (Sir Ifaac) Tables for renewing Leafes, 1742
2-3 267 ——— ——— two Letters to M. Le Clerc, 1754 0-2-3
6 268 Newman's Sermons on the Progrefs of Vice, 1755 0-0-6
1-9 269 Nihel's (Mrs.) Treatife of Midwifery, —— 1760 0-1-9

QUARTO.

7-6 271 Norden's Defcription of Cornwall, *with the Maps, and cuts*
        neatly colour'd, —— 1728 0- 7-6
6 272 Pettingal's Infcription on the Copper Table difcover'd near 0-0-6
        Heraclea in the Year 1732, —— 1760
1-2— 273 *Pierce Plowman's Vifion, and his Crede, very fair copy,* 1-2-0
                                    Imprynted by Owen Rogers,
    274 Plato's Rivals, by Sydenham, —— 1758
    275 —— Io, on Poetry, by ditto, 1758
1-1— 276 ——— Greater Hippias, by ditto, 1759 1-1-0
    277 ——— Meno, by ditto,
    278 ——— Banquet, by ditto, —— 1767
    279 ——— Alcibiades, 2 parts, by ditto, 1772
    280 ——— Works (Synopfis of) by ditto, 1759
1-2— 281 Ricaut's (Sir Paul) Capitulations and Articles of Peace 1-2-0
        between the King of England and the Sultan of the
        Ottoman Empire, *bound in morocco leather, printed at*
                                    Conftantinople 1663
6 282 Rous's Attick Antiquities, —— 1667 0-0-6
5-6 283 Smart's (Chriftopher) Poems, —— 1752 0-5-6
                    C   284 So-

Livres Francois. QUARTO.

FOLIO.

339 Pine's

1. 12 – 339 Pine's Tapestry Hangings of the House of Lords, 1739
– 13 – 340 Prideaux's History of the Old and New Testament, 2 vol. 1718
– 12 – 341 Prior's Poems, *large paper,* ———— 1718
3. 5 – 342 Ruins of Balbec, *bound in Russia leather,* ——— 1757
4.13 / 343 —— of Palmyra, *bound in Russia leather,* ——— 1753
/ – 344 Sacheverell's (Doctor) Tryal, *large paper,* ——— 1710
1. 14 – 345 Sandford's Order and Ceremonies used for the Interment of George Duke of Albemarle, *fine-cuts,* Will. 1670
1. 12 – 346 Sandys's Travels, *large paper,* ———— 1621
5 - 10 – 347 Shakespeare's Works, *bound in Morocco leather, gilt leaves,* 1632

G. Steevens In this Book, is the writing of King Charles the First in these Words; *Dum Spiro Spero,* C. R. also in Mr. Herbert's Hand; *ex Dona serenissimi Regis Car. servo suo Humiliss. T. Herbert*

1. 10 – 348 Shaw's Travels into the Levant, with the Supplement, *large paper,* 2 vol. ———— Oxf. 1728
– 18 – 349 Snelling's View of the Gold, Silver and Copper Coin and Coinage of England, 3 vol. ——— 1766
– 9 – 350 Speed's Book of Maps,
1. 15 – 351 Stackhouse's History of the Bible, 2 vol. ——— 1752
– 7 – 352 Stephenson's Mechanical Practise of Physick, —— 1744
5 - 10 – 353 Stukeley's *Itinerarium Curiosum,* ———— 1724
5 —– 354 Stuart's Antiquities of Athens, *bound in Russia leather,* 1762
Leman

❀❀❀❀❀❀❀❀❀❀:❀❀❀❀❀❀

Third Day's Sale, *Wednesday, February* 1 5.

O C T A V O & Iufra.

Lot
– 4. 6 357 N One-Such (Charles) his Character, ——— 1751
– 1 – 358 Nugent's Essay on the Hydrophobia, — 1753
– 14 . 6 359 Observations on divers Passages of Scripture, grounded on Circumstances mentioned in Books of Voyages and Travels into the East, ——— 1764
– 7 – 360 Ockley's History of the Saracens, 2 vol. ——— 1757
– 1 – 361 Oldham's Poems and Remains, ——— 1703
– 1 – 362 Order of the Hospitals of King Henry the VIIIth and Edward the Sixth, *black letter,* ——— 1557
– 2 – 363 Orthodox Confession of the Catholic and Apostolic Eastern Church, ——— 1762

364 Orrery's

4 —	364	Orrery's (Lord) Remarks on the Life of Swift,	1752	0- 4- 0
1 —	365	Overbury's (Sir Thomas) Works, with his Life,	1756	0- 1- 0
1 —	366	Parker's (Bp.) History of his own Time, ———	1730	0- 1- 0
5 —	367	Peerage of Scotland, ——— *printed for Almon,*	1767	0- 5- 0
1 —	368	Penn's Latin Grammar for Chrift's Hofpital, —	1761	0- 1- 0
10.6	369	Percy's Reliques of ancient Englifh Poetry, 3 vol.	1765	0-10-6
3.3	370	Petvin's View of the Soul's Perfpective Faculties,	1767	0- 3- 3
		———His Letters on Mind, 1750——— His Remarks on it,	1752	
1—	371	*Pharmacopeia Meadiana,* in three parts, ———	1758	0-1- 0
3.6	372	Philips's (Mrs. Katherine) Poems, *large paper,*	1710	0- 3- 6
2.6	373	Plautus's Comedies, by Thornton, vol. 1ft and 2d	1757	0- 2- 6
3—	374	Pluche's Faith of the Gofpel demonftrated, 2 vol.	1751	0- 3- 0
10.6	375	Plutarch's Lives, by feveral Hands, 5 vol. ———	1711	0-10-6
11.6	376	——— Morals, by feveral Hands, 5 vol. —	1704	0-11-6
1—	377	Pomfret's Poems, ———	1736	0-1- 0
1.18	378	Pope's Works, by Warburton, *Octavo,* 9 vol.	1752	1-18- 0
1—	379	Pott on the Fiftula Lachrymalis, ———	1763	0-1- 0
2.6	380	——— on the Wounds of the Head,	1760	0- 2- 6
5—	381	——— on a Fiftula in Ano, *large paper,*	1765	0- 5- 0
3.6	382	——— Treatife of Ruptures, *large paper,*	1763	0- 3- 6
2.9	383	——— Remarks on the Hydrocele,	1762	0- 2- 9
2.6	384	——— Remarks on ditto, *large paper,*	1767	0- 2- 6
4.3	385	——— Remarks on Fractures, &c.	1768	0- 4- 3
—	386	Prieftley's Defcription of a Chart of Biography,	1765	0- 0- 6
3.9	387	Primatt of Greek Accents, ——— Cambr.	1764	0- 3- 9
3.3	388	Pfalmanazaar's Defcription of Formofa	1704	0- 3- 3
3.3	389	——— Life,	1764	0- 3- 3
1.6	390	Quincy's Lexicon Medicum, ———	1730	0- 1- 6
2—	391	——— Difpenfatory,	1733	0- 2- 0
12—	392	Quintilian's Inftitutes of Eloquence, tranflated by Guthrie, 2 vol. ———	1756	0-12- 0
8	393	Rabelais's Works, 5 vol.	1737	1- 8- 0
1	394	Randall's Introduction to Arts and Sciences, —	1765	0- 1- 0
7	395	Republick of Letters, 10 vol. ———	1728, &c.	0- 7- 0
1.6	396	Richardfon's Notes on Milton's Paradife Loft,	1734	0- 1- 6
6	397	Roche's Memoirs of Literature, 8 vol. ———	1722	
	398	——— New Memoirs of ditto, 6 vol. ———	1725	1- 6- 0
3.3	399	Robinfon's Chriftian Philofopher, 2 vol. *l. p.*	1757	0- 3- 3
6—	400	Ruffel's Letters of a young Painter, 2 vol.	1750	0- 6- 0
3.6	401	——— (Doctor) Ufe of Sea Water, ———	1769	0- 3- 6
1—	402	Sanctorius's Aphorifms, by Quincy, ———	1728	0- 1- 0
	403	Sandys's Chrift's Paffion, a Tragedy,	1687	
2.9	404	Schomberg on the Colica Pictonum,	1764	0- 2- 9
1—	405	Selden's Table Talk, ———	1716	0- 1- 0
3.6	406	Seller's Antiquities of Palmyra, ———	1696	0- 3- 6
1.9	407	Seneca's Morals, tranflated by L'Eftrange,	1711	0- 1- 9
3.6	408	——— Tragedies, by Sir Edw. Sherburne,	1702	0- 3- 6

409 Sharp's

445 Walker's History, illustrated by Coins and Medals, 1692 *0 - 3. 0*
446 Waller's Poems, *small edit.* ——— ——— 1712 *0 - 1 - 9*
447 ——— Poems, *best edit. large paper,* ——— 1711 *0 - 16 - 0*

QUARTO.

449 Loir, (les Voyages du Sieur du) ——— *Par.1654* *0 - 9 - 0*
450 Moliere (Oeuvres de) *en maroquin, & feuilles dorés,* 6 vol. *7 - 7 ——*
    ib. 1734
451 Oudin (Cefar) Trefor des Langues, *Efpagn. & Fran.*
    2 tom. ——— *ib. 1660* *0 - 3 - 6*
452 Pelerin Recueil des Medailles de Peuple & de Villes, 8 vol.
    ib. 1763
453 Philoftrate (les Images de platte Peinture de) par Vige-
    nere, *ib.1597* *0 - 1 - 3*
454 Pois (Ant. le) Difcours fur les Medailles & Graveurs Antiques,
    une belle exemplaire, ——— *Par. ap. Patiffon,*1579 *1 - 1 - 0*
455 Rapin, Hiftoire d'Angleterre, avec Remarques, *grand pap.*
    14 vol. ——— *Haye,*1724 *2 - 12*
456 Recueil des Pieces fervant de Preuves aux Memoirs fur les
    Troubles excités en France par Charles II. Roy de Na- *0 - 5 - 6*
    varre, ——— ——— *Par.* 1755
457 Richelet, Dictionnaire Francois, ——— *Genev.* 1680 *0 - 1 - 0*
458 Secouffe, Memoirs pour Servir a l'Hiftoire de Charles II.
    Roy de Navarre, ——— ——— *Par.* 1758 *0 - 2 - 6*
459 Sharp (Jean) Archeveque de York, Relation des Mefures
    qui furent prifes dans les Anneés 1711-12 & 13. pour In- *0 - 6 - 6*
    troduire la Liturgie Anglicane dans le Roiaume de Pruffe
    & Hanover, ——— ——— *Lond.* 1767 *0 - 6 - 0*
460 Spon, Recherches curieufes d'Antiquité, *Lyon,* 1683 *0 - 15 - 0*
461 Thevenot, Voyage fait au Levant, 3 tom. *Par.* 1665 *0 - 2 - 6*
462 Virgile, traduit par Monf. de Segrais, *Par.* 1668 *0 - 5 - 0*
463 Voyage de Levant, fait 1621, par le Sr. D. C. *Par.* 1624
464 Winckleman (Abbe) Defcription des Pierres Graveés du Baron *3 - 3 - 0*
    de Stofch, ——— ——— *Florent.*1760

LIBRI ITALICI ET HISPANICI.
QUARTO.

465 Agoftini (Leon.) Le Gemme Antiche. *con figure, e carta granda,*
    Rom. 1657 *0 - 16 - 0*
466 *Aldrete (Bern.) varias Antiguedades de Efpana, Africa y Otras*
    Provincias, ——— ——— *Amber.* 1614 *0 - 4 - 0*
457 Ariofto, Orlando Furiofo, *con figure,* *Ven. ap. Giolito,* 1549 *0 - 5 - 0*
468 ——— Orlando Furiofo, ——— *Venet. ap. Ald.* 1545 *De Bure*
    469 Ariofto, *1 - 2 - 0*

$\smile$ —— 469 Ariofto, Orlando Furiofo, *con figure di Porro, in marochino, e foglie dorat.* ———— ———— *Venet.* 1584

— 470 Auria (Vinc.) dell'Origine ed Antichita di Cefalu citta pia-centiffima di Sicilia, ———— *Palerm.* 1656

471 Boccaccio (Decamerone di) per Martinelli, *Lond.* 1762

472 Bofchini (Marco) l'Archipelago con tutte le Ifole, Scogli Secche e Baffi Fondi, ———— *Venet.* 1658

473 Calvi (Giovan.) della Morte di Socrate, *Pifa* 1763

474 Cafas *(Barth. de las) Relacion ae la Deftruycion de las Indias, Sevill.* 1552

475 Chiaranda (Paolo) Piazza Citta di Sicilia Antica, *Meffin.* 1654

476 Choul *(Guil.) los Difcurfos de la Reiigion, Caftramentacion, &c. de los Antiguos Romanos y Griegos,* *Leon.* 1579

477 Cocchi (Ant.) Difcorfo dell'Anatomia, *Firenz.* 1745

478 ———— ———— Lettera critica fopra un Manofcritto in Cera, *Firenz.* 1746 —— Cocchi del Vitto Pitagorico, *ib.* 1743

479 Dante (Comedia di) di Velutello, ———— *Vineg.* 1544

480 Delfino (Card) Tragedie, ———— *Rem.* 1733

481 Fanelli (Fran.) Atene Attica, ———— *Venet.* 1707

482 Fantis (Sigifm. de) Liber Elementorum Litterarum, *con figure,* ———— *Venet.* 1513

483 Ghezzi (Giuf.) Le tre Arti Pittura, Scultura, e Architettura in Lega coll' Armi per difefa della Religione, *Rom.* 1716

484 Giuftiniani (Mich.) de Vefcovi e de Governatori di Ti-voli, ———— *Rom.* 1665

485 Guarini (Batt.) Il Faftor Fido, ———— *Venet.* 1590

486 Ingraffia (Filip.) Informatione del Peftifero, & contagiofo Morbo in Sicilia, &c. 1575 & 1576, *Palerm.* 1576

487 Machiavelli, il Principe, e Difcorfi fopra Tito Livio, *Rom.* 1532

488 ———— Opere, di Baretti, 3 tom. —— *Lond.* 1772

489 Maffei (Scip.) Iftoria Diplomatica, *Mantoua,* 1727

490 Marafioti (Girol.) Antichita di Calabria, *Padoua,* 1601

491 Marfilii (Ferd.) Offervazioni intorno al Bosforo Tracio, *Rom.* 1681

492 Mauro (Stef.) Meffina difefa, ———— *Monteleon.* 1666

493 Morga *(Ant de) Sucefos de las Iflas Filipinas, en Mexico,* 1609

494 Orlandi (Ant.) Origine e Progreffi della Stampa o fia dell' Arte Imprefforia e Notizie dell' Opere Stampate dell' Anno 1457 all Anno 1500, ———— *Bologn.* 1722

495 Petrarca, ———— *Napol* 1533

496 Il Steffo, ———— *Vineg. ap. Giolito,* 1553

497 Pindaro, tradotto da Aleff. Adimari, ———— *Pifa,* 1631

498 Plinio (Lettere di) tradotte del Giov. Tedefchi, *Livorn,* 1764

F O L I O.

F O L I O.

499 Tanner's *Notitia Monaſtica,* ——— 1744 *4. 4. —*
500 Thurloe's State Papers, *large paper, neatly bound, with a bor-*
der of gold, 7 vol. ——— 1742 *6 10 —*
5. 6 501 Ward's Lives of the Profeſſors of Greſham College, 1740 *0. 5. 6*
2. 5 — 502 Wheler's Travels into Greece, *large paper,* ——— 1682 *2. 5. 0*
2. 3 — 503 Wood's Athenæ Oxonienſes, *beſt edit. large paper,* 2 vol. 1721 *2. 3. 0*

Lıvres Francois. *F O L I O.*

(Nothing)
504 Bayle, Oeuvres diverſes, *grand papier,* 4 vol. *Haye,* 1727 *4. 10*
12 — 505 B. S. Recueil de pluſieurs Deſſeins de Fortifications & de Machines, ——— *Par.* 1639 *0. 12. 0*
506 Brun (Corn. le) Voyages par la Moſcovie, en Perſe, & aux
Indes Orientales, *relié en maroquin, feuilles dorés, & grand*
papier, 2 vol. ——— *Amſt.* 1718 *9 19. 6*
507 ——— ——— Voyage au Levant, *relié en maroquin, feuilles*
dorés, & grand papier, *Delft,* 1700 *Leman*
508 Boze (Catalogue des Livres du Cabinet de M. de) *en maro-*
quin, & feuilles dorés, & grand papier, *Par.* 1743 *6 —*
Hujuſce Libri exemplaria tantum Duodecim in Folio impreſſa erant,
ut ex Epiſtola patet Domini de Boze ad Vir. celeb. Ricardum
Mead, M. D. cui dono miſſus fuit.
509 Calmet (Auguſtin) Commentaire literal ſur tous les Livres *4. 15*
de l'Ancien & du Nouveau Teſtament, 9 vol. *Par.* 1724
510 Caſtelnau (Les Memoires de Mich.) *relié en maroquin, feuilles* *2. 2*
dorés, 2 vol. *Par.* 1659
512 Commines (Memoires de Philippe de) *en maroquin, & feuilles* *2. 3*
dorés, & grand papier, ———*Par. de l'Imp. Royale* 1649
513 Deſcription de l'Egliſe des Invalides, *relié en maroquin, feuilles*
dorés, 2 vol. ——— *Par.* 1706 *2. 2*
514 ——— de l'Hotel Royal des Invalides, *relié en maroquin,*
& feuilles dorés, ——— *Par.* 1683
515 Eſtampes (Explication des cent) qui repreſent different Nations *14 —*
du Levant, avec de Eſtampes de Ceremonies Turques, *en*
maroquin, feuilles dorés, & figures colorés, ——— *Par.* 1715
516 Froiſſart (Hiſtoire & Cronique de Jehan) *relié en maroquin, &* *3. 3*
feuilles dorés, 2 vol. ——— *Par. ap. Tournes.* 1559
517 Furetiere, Dictionnaire Univerſel, 4 tom. *Haye* 1727 *1. 6*
518 Gilles (Nicole) Annales & Chroniques de France, depuis la
Triſte Deſolation de fameuſe Cité de Troy, IMPRIME SUR *31. 10*
VELIN, *avec figures & lettres initiales illuminés, & feuilles*
dorés, 2 vol. ——— *Par.* 1520
D 519 Halde

4. 10. 6   519   Halde (Du) Defcription de l'Empire de la Chine, *grand papier,*
    4 vol. ————   ————   *Par.* 1735

2. 10.   520   Marfili Hiftoire Phyfique de la Mer, *relié en maroquin, avec*
    figures colorés, ————   —   *Amft* 1725

4. 4. —   521   Martiniere Dictionnaire Geographique & Critique, 9 tom.
    a la Haye, 1732

21 —   522   Merian (Marie) Differtations fur la Generation & les Trans-
    formations des Infectes de Surinam, *relié en maroquin, feu-*
    Way   illes dorés, avec figures, fort bien coloreés par d'elle meme,
    a la Haye, 1726

4. 15. —   523   Monftrelet (Chronique de) *relié en maroquin, & feuilles dorés,*
    2 vol.   *Hunter*   *Par.* 1595

— 1. —   524   Montaign (Efais de Michael de)   ————   *Par.* 1640

17. 17. —   525   Montfaucon, Antiquité Expliqueé & reprefenteé en Figures,
    avec le Supplement, *grand papier,* 15 vol.   *Par.* 1722
    Leman.   & 1724

3. 13. 6   526   Olearius & Mandelflo, Voyages faits en Mofcovie, Tartarie,
    Perfe, & Indes Orientales, *grand papier,* 4 tom. *Leide,* 1709

1. 1. —   527   Oftervald, la Sainte Bible, *en peau Ruffien,*   *Neuchatel,* 1764

— 14. —   528   Richelet, Dictionnaire François, 2 vol.   *Rouen,* 1719

— 12. —   529   Ruffi (Ant. de) Hiftoire de la Ville de Marfeilles, *relié en maro-*
    quin, & feuilles dorés, ————   *Marfeill.* 1696

— 2. 6   530   Scamozzi, fur les Ordres d'Architecture,   *Par.* 1685

1. 6. —   531   Verdier (Ant. de) Defcription des Hommes Illuftres & autres
    Renommez, *relié en maroquin,* 3 tom.   *Lyon,* 1603

3. 7. —   532   *Virgille, traduit en Profe Francois, avec figures,*   *Lyon,* 1483

Libri Italici & Hifpanici.   F O L I O.

— 10. 6   533   Amaltheo (Cav.) Il Tempio della Pace edificato della Virtu,
    del Card. Mazarino, *foglie dorat.*   ————   *Par.* 1660

— 2. 6   534   Ammirato (Scip.) delle Famiglie Nobili,   *Florent.* 1580

— 10. 6   535   Angeloni (Fran.) la Hiftoria Augufta da Giulio Cefare infino a
    Conftantino il Magno, *foglie dorat.*   *Rom.* 1641

2. 19. —   536   Aretino (Leon.) Hiftoria de Popolo Fiorentino, tradotto per
    Donato Accioli, EDITIO PRINCEPS, *Vineg. Jac. de Roffi,*
    1476

8 —   537   *Bluteau Vocabulario Portuguez e Latino,* 10 tom. *Coimbra,* 1712

Fourth

Fourth Day's Sale, *Thursday*, *February* 16.

O C T A V O & *Infra.*

LOT

2 – 538	Warburton's (Bishop) Doctrine of Grace, 2 vol.		1763	0 - 2 - 0
4 - 3 539	Ward's (Dr. John) Differtations upon feveral Paffages of the Holy Scriptures. ———.		1761	0 - 4 - 3
1 - 3 540	Warwick's (Sir Philip) Memoirs of King Charles the First and Second, ———		1702	0 - 1 - 3
9 - 541	Watfon's Hiftory of Printing, ———	*Edinb.*	1713	0 - 9 - 0
6 542	Werge's Poems, Effays, and Epiftles, —	*Stamford,*	1753	0 - 0 - 6
7 6 543	Wharton's (Duke of) true Briton and Life, 2 vol.		1731	0 - 2 - 6
2 6 544	Whifton's primitive Chriftianity reviv'd, 5 vol.		1711	0 - 2 - 6
6 545	Wilkes's (Wetenhall) Advice to a young Lady,		1744	0 - 0 - 6
1 7 546	Wilfon's Life and Writings of Mr. Congreve, —		1730	0 - 1 - 0
3 6 547	Wotton on ancient and modern Learning, *beft edit.*		1705	0 - 3 - 6

Livres François. OCTAVO & INFRA.

1 6 548	Amours de Daphnis & Chloe, *avec figures,*	*Amft.*	1716	0 - 1 - 6

A N A.

3 6 549	Arliquiniana, ———	*Lyon,*	1694	0 - 3 - 6
3 9 550	Carpentariana, ———	*Par.*	1724	0 - 3 - 9
7 6 551	Caulaboniana, ———	*Hamb.*	1710	0 - 7 - 6
6 6 552	Chevræana, 2 vol. ———	*Amft.*	1700	0 - 6 - 6
3 6 553	Ducatiana, ———	*Amft.*	1733	0 - 3 - 6
3 3 554	Fureteriana, ———	*Bruff.*	1696	0 - 3 - 3
4 3 555	Gafconiana, ———	*Amft.*	1703	0 - 4 - 3
2 6 556	Huetiana, ———	*Par.*	1722	0 - 2 - 6
6 6 557,	Longueruana, 2 vol. ———	*Berlin*	1754	0 - 6 - 6
6 6 558	Matanafiana, 2 vol. ———	*Haye,*	1740	0 - 6 - 6
6 6 559	Maupertuifiana, ———	*Hamb.*	1753	0 - 10 - 6
16 6 560	Menagiana, *la meill. edit.* 4 vol. ———	*Par.*	1729	0 - 16 - 6
3 6 561	Naudæana & Patiniana, ———	*Par.*	1701	0 - 3 - 6
3 6 562	Perroniana, ———	*Genev.*	1669	0 - 3 - 6
6 563	Parrhafiana, 2 vol. ———	*Amft.*	1701	0 - 6 - 0
6 6 564	Poggi-na, 2 vol. ———	*Anft.*	1720	0 - 6 - 6
7 6 565	Polifloniana, ———	*ib.*	1725	0 - 7 - 6
3 566	Saint-Evremoniana, ———	*Par.*	1700	0 - 8 - 0
3 6 567	Scaligerana, ———	*Cologn!*	1695	0 - 3 - 6

568 Sca-

568 Scaligerana, Thuana, Perroniana, & Colomefiana, 2 vol.
Amft. 1740
569 Sorberiana, —————— —————— Par. 1696
570 Valefiana, —————— —————— Par. 1695
571 Anacreon, Gr. & Fran. par La Foffe, —————— Par. 1706
572 —————— & Sapho, Gr. & Fran. par fans Fard, Rotterd.1712
573 —————— & Sapho, Gr. & Fran. par Longepierre, Par.1692
574 —————— & Sapho, Gr. & Fran. —————— ib. 1684
575 —————— & Sapho, Gr. & Fran. par Dacier, Amft. 1716
576 Anecdotes Literaires, 2 tom. Par. 1750
577 Antiquités de la Ville de Lyon, 2 tom. Lyon, 1733
578 Baillet, Jugemens de Savans, 17 tom. Amft. 1725
579 Barbinais, Voyage autour du Monde, 3 tom. Par. 1728
580 Baudelot de Dairval, Utilité des Voyages, 2 tom. ib. 1686
581 Bibliotheque des Sciences & des Beaux Arts, 33 vol. a la
Haye 1754, &c.
582 —————— Britannique, 23 tom. —————— ibid. 1733, &c.
583 —————— Raifonneé des Oeuvrages des Savans de l'Europe,
avec les Tables, 52 tom. Amft. 1728
584 Bion & de Mofchus, Gr. & Fran. Lyon, 1697
585 —————— & de Mofchus, Gr. & Fran. —————— Amft. 1688
586 Catalogue de la Bibliotheque de Falconet, 2 tom. Par. 1763
587 —————— des Livres de Rothelin, par Martin, ib. 1746
588 —————— de Livres de M. de Boze, —————— ib. 1754
589 Chaumont, Relation de l'Ambaffade a la Cour du Roy de
Siam, —————— —————— Par. 1686
590 Comines (Supplement aux Memoires de) Bruff. 1713
591 Crebillon (Le Sopha de) 1720
592 Courte, Voyage fait au Perou, —————— Par. 1751
593 Coufin, Hiftoire de Conftantinople) 8 tom. —————— 1685
594 Daudet, Voyage de Louis XV. &c. —————— Par. 1729
595 De Bure, Bibliotheque Inftructive, ou Traité de la Connoif-
fance de Livres Rares, avec le Supplement des Livres de
Gaignat, 9 tom. —————— Par. 1768, &c.
596 —————— Catalogue des Livres de M. G. D. P. 1757
597 Dellon (Voyages de) 3 tom. Cologn. 1711
598 Eftampes (Idée generale d'un Collection d') avec une Differta-
tion fur l'Origine de la Graveur, avec figures, Lipf. 1770
599 Eftienne (Henri) Introduction de la Conformité des Merve-
illes anciennes avec les modernes, ou, Apologie pour He-
rodote, —————— ap. H. Steph. 1532
600 Evremond (Saint) Oeuvres de, 7 tom. Amft. 1726
601 Fleury, Mœurs de Ifraelites, —————— Bruff. 1732
602 —————— Mœurs des Ifraelites, & Chretiens, —————— ib. 1753
603 Garengeot, Anatomie des Vifceres, 2 tom. Par.1742
604 Gemelli, Voyage autour du Monde, 6 tom. ib. 1719
605 Guilletiere, Athenes Anciene & Nouvelle, ib. 1675

606 Hiftoire

1. 9 | 606 | Hiftoire Critique des Journaux, — Amft. 1734 0.. 1. 9
5. - | 607 | Homere, par Dacier, 7 tom. — ib. 1731 0 - 5. 0
7. 6 | 608 | Horace, *Lat. & Fran.* par Dacier, 10 tom. ibid. 1727 0. 7.. 6
4 - | 609 | Janiçon Lettres Serieufes & Badines, 6 tom. Haye, 1729 0. 4. 0
1. 6 | 610 | Jardiniere (La) de Vincennes, 2 tom. — Lond. 1759 0. 1.. 6
611 | Jardin des Racines Greques, Par. 1682
2 - | 612 | Jerufalem (Recueil de fix Difcours par W.) ib. 1748 0. 2. 0
1. 6 | 613 | Joubert, Science des Medailles, Amft. 1717 0. 1. 6
8. - | 614 | La Roque, Voyage de Syrie & Mont-Liban, 2 tom. Par. 1722 0.. 8. 0
17 - | 615 | Le Gendre Traité de l'Opinion, 7 tom. — ib. 1741 0.. 17.. 0
16 | 616 | Lucas (Voyages de) 7 tom. — ib. 1704, &c. 0.. 16. 0
1 | 617 | Maffie (Voyages de !aque) — Bourd. 1710 0. 1.. 0
1. 3 | 618 | Matty, Journal Britannique, 18 tom. Haye, 1750, &c. 0.. 1.. 3
1. 6 | 619 | Menage, Anti-Baillet, 2 tom. — Haye, 1699 0. 1.. 6
6 | 620 | Methode pour apprendre la Langue Italienne, Par. 1696 0.. 0.. 6
7. 6 | 621 | Miffon, Voyage d'Italie, 3 tom. — Haye, 1702 0.. 7.. 6
2. 15 - | 622 | Miroir (Le) de Princeffe Marguerite, auquel elle voit & fon Neant & fon tout, *en maroquin,* — Par. 1533 2.. 15. 0

N. B. *Ce Livre eft imprimé fur Velin.*

6, | 623 | Monville, la Vie de Mignard Peintre, — Par. 1730 0.. 0. 6
2 - 12 - 6 | 624 | Niceron, Memoires pour fervir a l'Hiftoire des Hommes Illuftres, 40 tom. — Par. 1729, &c. 2. 12. 6
6. 6 | 625 | Nouvelifte Œconomique & Literaire, 11 tom. Haye, 1754, &c. 0.. 6.. 6
4. 6 | 626 | Ocellus Lucanus, *Grec. & Fran.* Utrecht. 1762 0.. 4. 6
1 - | 627 | Oudin, Grammaire Italienne, Par. 1617 0.. 1.. 0
3. 3 | 628 | Ovide (Les Metamorphofes d') par Bellegarde, *avec figures,* 2 tom. — ib. 1712 0.. 3. 3
10. 6 | *628 | —— (Les Epiftres) avec Commentaires par Gafper Bachet Meziriac, *en maroquin,* — Bourg 1626 0.. 10.. 6

In hoc Libro; Hæc nota eft; *Liber non minus ob raritatem quam ab immenfam eruditionem vere fingularis & pretiofus.*

Q U A R T O.

4 | 629 | Pozzo (Bart. del) Hiftoria della facra Religione Militaire di S. Giovanni Gerofolomitano, Venet. 1715 0.. 4 0
| 630 | Prefti (Maria Io) Defcrizzione di Fonte di Palermo, Palermo, 1737

4. - | 631 | Roffi (Ottav.) Le Memorie Brefciane, Brefcia, 1693 0.. 4.. 0
6 - | 632 | Saavedra (Diego) Empreffas Politicas, — Valenc. 1675 0.. 6. 0
1. 5 - | 633 | Saggi di Differtazioni Accademiche lette nella Accademia Etrufca, 4 vol. — Rom. 1742 1.. 5. 0
1. 6 | 634 | Scappi (Bart.) dell Arte del Cucinare, *con figure,* 0.. 1.. 6
2. 6 | 635 | Scarfo (Giangrif.) Lettera nella quale Vengono efpreffi colle figure in Rame colle Annotazioni, — Venet. 1739 0.. 2.. 6
3 6 | 636 | *Sobrino, Dicionario Efpan. y Fran.* Bruff. 1705 0.. 3.. 6

637 So-

- *12*- 637 Somavera (Aleffio de) Teforo della Lingua Græca-Volgare ed
Italiana. dal Tom. de Parigi, ——— *Par.* 1709
-- 638 Taffelli (Luigi) Antichita di Leuca, *in Lecce,* 1693
-*2* · 639 Taffo, La Gierufalemme Liberata, *con figure di Bern. Caftello,
in marcchino e foglie dorat.* Payk *Genoa* 1590
--- 640 Terzago Mufeo Settaliano, ——— *Torton,* 1666
1.18-641 Varo (Fran) Arte dela Lengua Mandærina, Ligado en Cordovan. —— *Imprefa en Cantos,* 1703
- *1* - 642 Venuti (Marcello de) Defcrizione delle prime Scoperte deli'
Antica Citta d'Ercolano, ——— *Rom.* 1748

Authores Græci & Latini. QUARTO

1. 2 - 643 Abulfeda Tabula Syriæ, *Arabicé & Latiné,* cum Notis Bern.
Koehler, acceffere Jac. Reifkii Animadverfionibus ad A-
bulfedam & ad Hiftoriam & Geographiam Orientalem,
Lipf. 1766
-*16* -644 Accipitrariæ Rei (Scriptores varii) Gr. & Lat. per Rigal-
tium, ——— ——— *Par.* 1612
12 ——— 645 Acta Eruditorum ab Anno 1682 ad Annum 1770, cum Supple-
mentis & Indicibus, cx1 vol. *1682,* &c.
- *4* -646 Acta Apoftolorum, cum Epiftolis S. Pauli, Græcé, *Venet.* 1621
11 ——— 647 Æginetæ (Pauli) Præcepta Salubria, interprete Guil. Copo,
IMPRESS. IN MEMBRANA, *compact. in corio turcico, cum
foliis deaurati*, H... *Par. ap. Hen. Stephan.* 1510
- *10.6* 648 Ælianus de Militaribus Ordinibus inftituendis, Græcé, a
Fran. Robortello, ——— *Rom.* 1552
- *4.6* 649 ——— & Leonis Imperatoris Tactica, Gr. & Lat. cum Notis
Meurfii, &c. &c. *L. Bat. ep. Elz.* 1613
- *6* - 650 Æliani varia Hiftoria, &c. Græcé, *Roma,* 1545
1. 4 -651 ——— varia Hiftoria, Gr. & Lat. a Gronovio, 2 vol. *L.
Bat.* 1731
1. 9 -652 ——— Hiftoria Animalium, Gr. & Lat. a Gronovio, *chart.
max.* 2 vol. ——— *Lond.* 1744
- *11* 653 Æfchinis & Demofthenis Contrariæ Orationes in Ctefiphontem & pro Corona, Joach. Perionio interprete, *Lut. ap.
Vafcofan* 1554
-*4* - 654 ——— & Demofthenis Orationes adverfariæ, Græcé, *Par.
ap. Wechel.* 1531
-*4* -655 ——— & Demofthenis Orationes adverfariæ, Græcé, *Par.
ap. Car. Perier,* 1555
-*7* - 656 ——— & Demofthenis Orationes adverfariæ, Græcé, *comp.
in corio turcico, ac foliis deaurat.* *Par. ap. Wechel.* 1543
-*6* - 657 Æfchyli Tragedia Prometheus, *Gr. & Ital.* *Rom.* 1754
-*11* -658 ——— Tragedia Septem Thebana, Gr. & Lat. *Lut. ap.
Morell.* 1585
659 Æfchyli

12 659 Æſchyli Tragedia Prometheus Vinĉtus, cum Verſione Stan-
leiana, *Gr. Lat. & Angl.* cum Scholiis a Thom. Morell,
foliis deaurat. ———— *Hunker* ———— *Lond.* 1773 *0 . 12 . 0*

10 — 660 ———— Tragœdiæ Septem, Græcé, cum Scholia, a cura Petri
V.iĉtorii, ———— *ap. Hen. Steph.* 1575 *0 . 10 . 0*

8.6 661 Æſopi Fabulæ & Vita, Gr. cum Aldi Manutii Interpretatione,
Lovan. 1503 *0 . 8 . 6*

8 — 662 ———— Fabulæ, *Græco-Modern.* ———— *Venet.* 15430 *. 8 . 0*

13 — 663 ———— Fabulæ, Gr. & Lat. *compaĉt. in corio turcico, cum foliis
deauratis,* ———— *impreſſ. per Dionyſ. Bertochum* 1497 *0 . 13 . 0*

2 . 12 . 6 664 ———— Fabulæ, ac Vita, Græcé, *compaĉt. in corio turcico, foliis
deauratis, cum lineis rubris,* *Lutet. ap. Rob. Stephan.* 1546 *2 . 12 . 6*

2 . 18 665 ———— Fabulæ, Græcé, *compaĉt. in corio turcico, cum foliis deauratis,* ———— VENET. AP. BRACIUM, *ſine anno.* *2 . 18 . 0*

6 . 6 666 ———— Fabulæ, Græcé, EDITIO PRINCEPS, *compaĉt. in corio
Hunker turcico, cum foliis deauratis,* *Mediolan. ap. Bonum Accur-
ſium,* 1481 *6 . 6 . 0*

5 — 667 Agathia de Imperio & Rebus Geſtis Iuſtiniani Imperatoris,
Gr. & Lat. cum Notis Bonavent. Vulcanii, *L. Bat. ap.
Plant.* 1594 *0 . 5 . 0*

6 668 Idem Liber, *exemplar nitid.* ———— *ib. ib.* 1594 *0 . 6 . 0*

2 . 2 669 Agrariæ Rei (Varii Scriptores) a Guil. Goeſio, *chart. max.*
2 vol. ———— *Amſt.* 1674 *2 . 2 . 0*

4 . 6 670 Alberii Triuncariani Organon, id eſt Inſtrumentum Doĉtri-
narum omnium, *exemplar. elegant. cum foliis deauratis,
Morgii ,* 1594 *0 . 4 . 6*

10 . 6 671 Alcinous de Doĉtrina Platonis, Gr. Lat. *Par. ap. Benenat.* 1567 *0 . 10 . 6*
Primus Liber Græce, a Benenato impreſſus.

1 . 11 . 6 672 Aldi Manutii Inſtitutiones Grammaticæ, *Venet. ap. Ald.* 1507 *1 . 11 . 6*

1 . 11 . 6 673 ———— Manutii Grammaticæ Inſtitutiones Græcæ, *ib. ib.* 1515 *Hunker*

5 . 10 674 ———— Manutii Rudimenta Linguæ Græcæ, *cum foliis deauratis,*
Laſcaris gramm . *Venet.* 1494 *8 8*

7 — 675 Alexandri Aphrodienſis in priora Analytica Ariſtotelis Commentaria, Græcé, *Florent. ap. Junt.* 1521———Ejuſdem in
Sophiſticos Ariſtotelis Commentaria, Græcé, *ib. ib.* 1521 *0 . 7 . 0*

4 . 6 676 Alexii Doĉtrina, Græcé, ———— *Venet.* 1560 *0 . 4 . 6*

1 — 677 Alexiados Libri VIII. Græcé, ———— *Aug. Vind.* 1610 *0 . 1 . 0*

3 — 678 Allatii (Leonis) Græciæ Orthodoxæ, Gr. Lat., Tom. I.
Rom. 1652 *0 . 3 . 0*

2 679 Alphabetum Hebraicum & Græcum, *Par. ap. Gourmontium,* 1507 *0 . 2 . 0*

11 . 6 680 Ammonius Grammaticus de Adſinium Vocabulorum Differentia, Græcé, cum Notis Valckenaer, *Lug. Bat.* 1739 *0 . 11 . 6*
Cater

F O L I O.

FOLIO.

£ 85.
The King

684 Boccacio, Il Teseide, *in marochino e foglie dorat.* Ferar. 1475.
De hoc Libro rariſſimo & fere unico, vide quæ diſſeruit Doc-
tiſſimus Whartonus in Libro naper edito. Hiſtory of Engliſh
Poetry, 4to. 1774, p. 352.

685 ———— Il Forze de Hercole, *in marochino, e foglie dorat.*
de hoc Jibro rariſſimo, vide De Bure Ferrar. 1475

—9— 686 Bonanni della Antiche Siracuſe, *foglie dorat.* Palermo, 1717

3. 11 - 687 Campo (Ant.) Hiſtoria di Cremona, *migliora ediz.* Cremon,
1585

—12 688 Caro (Rodrigo) *Antiguedades de la Illuſtriſſima Ciudad de Se-
villa,* Sevil. 1634

—6 6 689 Carrera (Pietro) Memorie Hiſtoriche della Citta di Catania,
Catan. 1639

— 3 — 690 Caſſini, La Meridiana del Tempio di S. Petronio, Bologn.
1695

1. 1 - 691 Caſtelli (Principe di Torremuzza) le Antiche Iſcrizioni di
Palermo, —— —— Palerm. 1762

— 17 — 692 Dante, con Comento di Landini, —— Venet. 1493

4. 5- 693 ———— con Comento di Landini, *carta granda,* Firenz. 1481 *Monro*

6. 10 694 ————— EDITIO PRINCEPS, *comp. in corio turcico,* ap. Jo.
De Bure Numeiſter, 1472

1. 2 695 Marmol (Luys de) Deſcripcion de Africa, 3 tom. Granad. 1573 *Percy*

— 3- 696 Miltoni, Paradiſo Perduto, traduzione di Rolli, Lond. 1736

— 16 6 697 Mirabella, delle Antiche Syracuſe, Palerm. 1717

—18 698 Pancrazi, Antichita Siciliane Spiegate, Napol. 1751

1. 15 699 Pedruſi, J. Ceſari in Oro raccolti nel Farneſe Muſeo, 10 vol.
In Parma, 1694

— 10 6 700 Petrarcha, —— —— Venet. 1494

5 5 - 701 Roſſi, Raccolta di Statue Antiche e Moderne, Rom. 1704

— 4 - 702 Santos (Fran. de los) Deſcripcion del Monaſterio del Eſcorial,
Madr. 1657

— 1 703 Souſa (Madeyra de) Allegacaio de Direito pela Juſticia,
Lisbon, 1748

— 5 704 Toppi (Nic.) Bibliotheca Neapolitana, Napol. 1678

Libri Græci & Latini. FOLIO.

6. 10 705 Acronis Commentarii in Horatium, EDITIO PRINCEPS, *comp.*
Monro in corio turcico, cum foliis deauratis, Mediolan. ap. Zaroth. 1474

—16 706 Æginetæ (Pauli) Opera, Græcé, —— Baſil. 1538

— 12 707 Æliani Opera omnia, Gr. & Lat. per Conrad. Geſnerum,
Tigur. 1556

708 Æmi-

11. 11. — 708 Æmilius Probus, EDITIO PRINCEPS, *compact. in corio turcico, cum foliis deauratis,* CUM LITERIS CAPITALIBUS ILLUMINAT. *& exemplar pulcherrimum. Venet. ap. Jenson,* 1471 *11. 11. 0*
Crachorsie

1. 8 709 Æsopi Fabulæ, Gr. & Lat. ——— *Venet. ap. Ald.* 1505 *1. 8. 0*
17 710 Ætii Amideni Libri Medicinales, Græcé, *ib. ib.* 1531 *0. 17. 0*
4 711 Agricola de Mensuri & Ponderibus Romanorum & Græcorum, &c &c. ——— *Baf. ap. Froben.* 1550 *0. 4. 0*
8. 15 712 Aldrovandi Opera omnia, *exemplar pulcherrimum, & uniformiter compact.* 13 vol. *Cater* ——— *Bonon.* 1599, &c. *8. 15. 0*
15. 15 713 Alexander de Ales super tertium Sententiarum, IMPRESS. IN MEMBRANA, *compact. in corio turcico, Venet. ap. Joh. de Colonia,* 1474 *15. 15. 0*
De Bure

1. 11. 6 714 Alexandri Aphrodiensis Commentaria in Topica Aristotelis, Græcé, *compact in corio turcico,* *Elmsly* *Ven. ap. Ald.* 1513 *1. 11. 6*
13 715 ——————————— Quæstiones de Anima, Græcé, *Venet.* 1536 *0. 13. 0*
De
1. 6 716 ——————————— in priora Analytica Aristotelis Commentaria, Græcé, ——— *Venet. ap. Ald.* *De* *0. 1. 6*
1. 8 717 ——————————— in Sophisticos Commentaria, Græcé, *ib. ib.* 1520 *1. 8. 0*
Hunter

Fifth Day's Sale, *Friday, February* 17.

O C T A V O *&* Infra.

LOT

2. 6 718 PErefixe Histoire d'Henry le Grand, ——— *Par.* 1749
4. 3 719 Pindare, Meslée de Vers & de Prose, par le Sieur de Lagausie, *avec figures,* ——— *ib.* 1626
1. 6 720 Pline (Lettres de) 3 tom. ——— *ib.* 1721
4. 6 721 Richard, Relation de ce qui s'est passé de plus Remarquable a Sant-Erini Isle de l'Archipel, ——— *ib.* 1657
2. — 722 Sophocles (Tragedies de) par Dacier, ——— *ib.* 1693
7. — 723 ——————— par Dupuy, 2 tom. ——— *ib.* 1762
8. — 724 Spon & Wheler Voyage de Grece & Levant, 2 tom. *Haye,* 1724
4. — 725 Terence, *Lat. & Fran.* par Dacier, 3 tom. *Par.* 1699
11. — 726 Tour efort, Voyage du Levant, 3 tom. ——— *Lyon,* 1727
4. — 727 Vassor (Mich. le) Histoire du Regne du Louis XIII. 19 tom. *Amst.* 1700
5. — 728 Vertot, (Abbé) Revolutions de Suede, 2 tom. *Par.* 1730

E   729 Vol-

— 6 — 729 Voltaire, Histoire Generale, 7 tom: — *Lond* 1758
— — 6 730 Vondels Palamedes, *avec figures*, — — *Amst.* 1736
— 2. 6 731 Voyage du Monde de Descartes, *en maroquin*, *Par.* 1690
— — 6 732 Xenophon (Hieron de) *Gr. Fran.* par Coste, *Amst.* 1711

Libri Italici & Hispanici. OCTAVO & INFRA.

— — 6 733 Anacreonte, in verso Toscano da Corsini, *Par.* 1672
1-1 — 734 Appiano Alessandro, *in marochino, foglie dorat. & essemplar bellis.* 2 tom. Hunter — *Ven. ap. Ald.*1545
— — 6 735 Aretini Vite di Dante e del Petrarcha, *Firenz.* 1672
— 7 — 736 Ariosto Orlando Furioso, *Venet.*1574
3. 3 — 737 Aristophane (Le Comedie di) Lis hume Ven. ap. *Valgrisi,* 1545
— 2. 6 738 Aristotele (Rettorica & Poetica di) tradotte da Bern. Segni, *Vineg.* 1551
— 3 — 739 Balbi, Viaggio dell' Indie Orientali, —— *Venet.*1590
— 1 — 740 Bianchini, Lettere intorno alle Febbri Maligne, *ib.* 1750
— 3 — 741 Boezio della Consolazione della Filosofia, tradotto da Bened. Varchi, *ib.*1737
— 2. 3 742 Bonarelli, Filli di Sciro, *in marochino*, —— *Par.*1678
— 2 — 743 Boschini Descrizione di tutte le publiche Pitture della Citta di Venezia, —— *Venet.*1733
— 3. 6 744 Capella (l'Anthropologia di Galeazzo) *Ven. ap. Ald.* 1533
— 12 -6 745 Castiglione (Il Cortegiano del Conte) *in marochino, foglie dorat. & essemp. bellis.* ——, *ib. ib.*1547
— 2. 9 746 Cesare (Commentarii di Giulio) *foglie dorat.* *Vineg.* 1530
1. 5 — 747 Cicerone (Epistole Famigliari de) *in marochino, foglie dorat. & essemp. bellis.* 4 tom. Worllock — *Ven. ap. Ald.*1554
— 1 — 748 Conversione dell' Inghilterra al Cristianismo. *Napol.* 1742
— 7. 6 749 Dante, *Venet. ap Ald.*1515
1. 13 -750 Il Stesso, *essemplar bellis. & foglie dorat.* *ib. ib.* 1502
2. 19 -751 Demosthene (Cinque Orationi di) & una di Eschine, *Ven.* Hunter *ap. Ald.* 1557
— 4. 6 752 Dolce (Lodov.) Trattato delle Gemme che produce da Natura, —— —— *Venet.*1617
— 1. 6 753 Duez Dittionario, *Ital. e Fran.* 2 tom. *Genev.*1664
— 1. 5 754 Franciosini Vocabulario, *Ital. & Spagn.* *ib.* 1665
— 7 755 Galesini Dittionario della Lingua Italiana *Venet.*1676
— 2 — 756 Guarini, Il Pastor Fido, —— *ib.*
— 1. 6 757 —— Il Stesso, —— *Amst.*
— 5. 6 758 Haym Notizia de Libri Rari nella Lingua Italiana, *Lond.*1726
— 6. 6 759 *Homero (La Ulyxea de) por Gons. Perez, Ligado in Cordovan,* Hunter *Anvers.* 1556
— 1 — 760 Lettere di diversi Huomini, Libro primo, *Ven. ap. Ald* 1543
— — 761 —— di diversi Huomini, 2 tom. —— *ib. ib.*1546
762 Leone

2.6 762 Leone Hebræo, Dialoghi di Amore,   *Ven. ap. Ald.*1545 0-2-6
8 -763 ——————— Dialoghi di Amore, *in marochino, foglie dorat.*
   & essemp. bellis. Hunter ——————— *ib. ib.* 1552 0-8-0
1 - 764 Liburnio (Nic.) Occorrenze Humane,   *ib. ib.*1546 0-1-0
6 - 765 *Lucano Poeta, traduzido en Romance por Mart Lasso de Oropesa*   *Anvers.*1553 0-6-0
1-9 766 Machiavelli, Il Prencipe, *Ven. ap. Ald.* 1541 ———— Arte della
   Guerra, di Machiavelli,   *Venet* 1541 0-1-9
2-9 767 Machiavelli (Opere di) *essemp. bellis. in marochino e foglie dorat.*
   4 tom. ——————— *Ven. ap. Ald.*1540 2-9
3 - 768 Manni Vita di Aldo Manuzio,   *Venet.*1759 0-3-0
1 -769 Manutii (Paolo) Lettere Volgari,   *Ven. ap. Ald* 1556 0-1-0
3 -770 ——————— (Aldi) Eleganze Toscane e Latine,   *ib. ib.* 1561 0-3-0
4-9 771 Marino (L'Adone del) 4 tom. ———————   *Par* 1578 0-4-9
772 ——————— La Murtoleide Fischiate,   *Spira,*1629
5-6 773 Memorie per Servire alla Storia Letteraria di Sicilia,
   2 tom.   *Palermo,*1756 0-5-6
13-774 Metastasio, Opere Drammatiche, 6 tom.   *Rom.* 1737 0-13-0
2.6 775 Noto, Iscrizione della Palermo, ——————— *Palermo,* 1721
2-776 Notizie del Memorabile Scoprimento dell' Antica Citta 0-2-6
   Ercolano, da vari Letterati, ——————— *Firenz.*1748 0-2-0
4.6 777 Oppiano della Pesca, e della Caccia, tradotto con Annotazioni
   da Maria Salvini. ——————— *ib.*1738 0-4-6
6.6 778 Patritii (Fran) sopra alle Cose appartenendi ad una Citta
   Libera, e famiglia Nobile, ——————— *Ven. ap. Ald.*1545 0-6-6
4 - 779 Il Stesso,   *ib. ib.* 1545 0-4-0
-9 780 *Perez (Ant.) Cartas,* ——————— *Par.* 0-0-9
-6 781 Persio (Anton.) Trattato dell' Ingegno 'dell' Huomo, *Ven.*
   ap. Ald. Manut. 1576 0-0-6
8-6 782 Petrarcha, *in marochino, e foglie dorat.* *Ven. ap. Ald.*1546 0-8-6
11-783 Il Stesso. ——————— *ib. ib.*1501 0-11-0
3.6 784 Il Stesso, *in marochino, e foglie dorat.* ——————— *Venet.*1586 0-3-6
16 785 Polieno, Stratagemi del' Arte della Guerra, *in marochino,*
   foglie dorat. & essemp. bellis. Hunter *Vineg.* 0-16-0
4.6 786 Quinto Curtio, tradotto da P. Candido, *Ven. ap; Giunti,*
   1519 0-4-6
2-9 787 Sannazaro (Arcadia del) ——————— *Ven. ap. Ald.*'514 0-2-6
9- 788 ——————— (Arcadia del) *ib. ib.*1534 0-9-0
3 789 Speroni (Speron) Dialoghi, ——————— *ib. ib.* 1546 0-3-0
1-790 Statuti della Religione de Cavalieri Gierosolimitani, *Fioenz.*
   ap. Giunti, 1567 0-1-0
1-791 Tasso (Torquato) Aminta Favola, ——————— *Osf.*1726 0-1-0
2-792 *Teixera (Pedro) Relaciones de los Reyes de Persia, y de Harmuz,*
   Amber. 1610 0-2-0
1-793 Tempio alla divina Signora Donno Giovanni d'Ara-
   gona, ——————— *Venet.*1555 0-1-0
2.3 794 Teocrito, tradotto da Regolotti, ——————— *Torin-*1729 0-2-3
1-795 ——————— tradotto da Salvini, ——————— *Venet.*1726 0-1-0

_8.6 796 Teofrasto (Caratteri di) colle Illustrazioni, varie Lezioni e
Note, 4 tom. ————— -- *Firenz.*1761

1.1 — 797 Thucydide, tradotto per Fran Strozzi, *in marocchino figlie dorat.
e essemp. bellis.* 2 tom. ————— *Venet.*

— 8.6 798 Viaggi fatti da Venetia, alla Tana, in Persia, in India, &c. &c.
Venet. ap. Ald. 1543

2 - 6 — 799 Xenophonte, (Opere di) tradotte per Lodov. Domenichi,
in marochino, foglie dorat. e essemp. bellis. 4 tom. *Venet. ap.*
Giolito, 1547

—2—800 Zanetti (Girol.) dell' Origine e della Antichita della Moneta
Viniziana, ————— ————— *Venez.* 1750

Libri Græci & Latini. OCTAVO & INFRA.

—4— 801 Abderitæ (Hecatai) Eclogæ sive Fragmenta de Historia, Gr.
Lat. cum Notis Scaligeri, ————— *Alton.*1730

3—3 - 802 Abdollatiphi Historia Ægypti Compendium, *Arab. & Lat.*
Oxon.

N. B. In hoc Libro hæc Nota est ——— *Hic Liber inter
rarissimos numerandus est. a Thoma Hyde edi cæptus
est, sed Morte erepto, nunquam perfectus desinit Pa-
gina* 96

_13_803 Abresch (Ludov.) Dilucidationes Thucydideæ, 2 vol. *Traj.*
Rhen. 1753

_1h_804 ——— Animadversiones in Æschylum, accedunt Adnotationes
in Novum Test. 2 tom. ———— *Medio b.*1743

_2.9 805 Achilles Tatius de Clitophontis & Leucippes Amoribus, Gr.
Lat. a Salmasio, ————— *Lug. Bat.*1640

Q U A R T O.

_15_806 Anacreontis Opera, Gr. Lat. a Maittaire, *Lond.* 1725
—4.807 ———— Opera, *Gr. Lat. & Ital.* a Salvinio, *Venet.*1736
—7.6 808 ————— Opera, Gr. Lat. cum Notis Pauw, *Traj.*
Rhen. 1732
—2 - 809 ———— Opera, Gr. Lat. a Lubino, *Rostoch.* 1597
—4 - 810 ———— Græcé, *Andegav.* 1611— Anacreontis Odæ Latiné ab Helia Andrea, *Par. ap. Richard.*1555
—5 - 811 Angelus (Christ.) de Statu Hodierhorum Græcorum, Gr. & Lat.
cura Georgii Fehlavii, ————— *Lips.*
—1 - 812 Anonymi Philosophi Antiquiss. Isagoge Anatomica, Gr. & Lat.
a Petro Laurembergo, ————— *Hamb.*1616
—3.3 813 Anthologicum, seu Liber continens preces totius Anni, *Grecé,*
Modern. ————— ————— *Wailach.*1697
814 An-

16 6 814 Anthologia veterum Latinorum Epigrammatum & Poematum,
cum Notis Variorum & Burmanni, —— *Amst.*1759 *0. 16. 6*

5 — 815 Anthologia veterum Græcorum Poetarum, Gr. & Lat. a Lubino, —— —— *ap. Commelin.* 604 *0 – 5. 0*

15. 15 816 Anthologia Græca, EDITIO PRINCEPS, IMPRESS. IN LITERIS *Major* CAPITALIBUS, *exemplar elegant. compact. in corio turcico* *15.. 15. 0* *cum foliis deauratis,* *Florent ap. Laur. de Alop* 1494

28. 7 817 Anthologia Græca, EDITIO PRINCEPS, IMPRESS. IN MEM- *Hunter* BRANA, ET IN LITERIS CAPITALIBUS, *compact. in corio tur-* *28. 7. 0* *cico, cum foliis deauratis,* —— *ib. ib.* 1494

2 2 818 Antoninus (Imp) de Rebus Suis, Gr. & Lat. cum Notis *2. 2. 0* *Crackerode* Gatakeri, Dacerii, & Stanhopii, *chart. max. compact. in corio* *turcico, cum foliis deauratis,* —— *Lond.* 1697 *0.. 3.. 6*

3. 6 819 Apocrypha, Græcé, —— *Antv. ap. Plantin,* 1584

1 — 820 —— & Novum Test. Græcum, 1545 *0 – 1 – 0*

8. 6 821 Apollonius Alexandrinus de Syntaxi, Gr. & Lat. ab Fran. Porto,
& Frid. Sylburgio, *Francf. ap. Wechel.* 1590 *0. 8.. 6*

822 Apollonii Rhodii Argonautica, Græcé, IMPRESS. IN LITE- *12.. 12* RIS CAPITALIBUS, *exemplar elegant. cum foliis deauratis,* *de Bure* *Florent.* 1496

5. 6 823 Apostoli Proverbia, Gr. Lat. cum Notis Pantini, *L. Bat.* 1653 *0. 5. 6*

2. 6 824 Apostolus, Gr. *Modern,* —— *Venet.* 1521 *0. 2. 6*

1 — 825 Apostolorum & Sanctorum Conciliorum Decreta, Græcé,
Par. ap. Conrad. Neobarium, 1540 *0.. 1. 0*

2. 6 826 Aptalii (Geo.) & Marulli Juvenum Græcorum apud Oxonienses Commerantium Dissertationes duæ, *corio turcico,* *0 – 2. 6* *Oxon.* 1702

1. 3 — 827 Arati Phænomena, Gr. Lat. a Grotio, *ap. Raphaleng.* 1600 *1.. 3. 0*

5 — 828 —— Phænomena, Gr. cum Interpretatione Ciceronis, *Par.* *ap. Colin.* 1540 *0.. 5. 0*

1. 17 — 829 —— Phænomena, Gr. & Lat. *compact. in corio turcico, cum* *foliis deauratis,* —— *Par ap. Morel.* 1559 *1.. 17. 0*

16 830 Aretius (Bened.) in Pindarum, *Hunter ap. Joan. le Preux* 1587 *0. 16. 0*

3. 6 831 Arhetini (Fran.) in Phalaridis Epistolas, EDITIO PRINCEPS,
Impress. Joan. de Reno, 1475 *3. 6. 0*

3. 6 832 Aristæneti Epistolæ, Græcé, *Antv ap. Plantin.* 1566 *0. 3. 6*

3. 5 — 833 Aristidis Opera omnia, Gr. Lat. a Sam. Jebb, *chart. max.*
2 vol. —— *Oxon.* 1722 *3.. 5. 0*

3 834 Aristophanis Nubes, Græcé, *Par. ap. Johan Libert,* 1628 *0.. 3. 0*

1. 6 835 —————— Equites, Græcé, *Oxon. ap. Jos. Barnes,* 1593 *0.. 1.. 6*

4. 6 836 ———— Plutus, Gr. & Lat. per Car. Girardum, *Par.*
ap. Wechel. 1549 *0.. 4.. 6*

1. 6 837 ———— Plutus, per Girardum, Gr. Lat. *Par. ap.*
Dupuys, 1549 *0.. 1.. 6*

5. 6 838 ———— Nubes, Græcé, *Par. ap. Steph. Prevosteau,* 1604 *0.. 5. 6*

14 — 839 ———— Comœdiæ Novem, Græcé, *Par. ap. Egid.*
Gormont. 1528 *0.. 14. 0*

840 Ari-

1.1. 840 Ariſtophanis Comœdiæ Undecim, Græcé, *compaƈt. in corio turcico, cum foliis deauratis,* Baſ. ap. Cratandrum, 1532

1.5. 841 ————— Comœdiæ Novem, Græcé, cum Commentariis Antiquis, *exemplar elegant.* Florent. ap. Junt 1525

2 *19.* 842 ——— ——— Comœdiæ, Gr. Lat. a Berglero, 2 vol. Lug. Bat. 1760

3.18. 843 ——— Comœdiæ, Gr. Lat. a Berglero, *chart. max. compaƈt. in corio turcico, cum foliis deauratis,* 2 vol. ibid. 1760

— 1.6 844 Ariſtotelis Organum, Græcé, ——— Par. ap. Morel. 1562

1.1. 845 ————— Organum, &c. Gr. Lat. cum Commentariis Julii Pacii, *elegantiſ. compaƈt. in corio turcico, cum foliis deauratis,* 2 vol. Francf. ap. Marnium, 1597

— 5.6 846 ——— Organum, Gr. Lat. a Pacio, Genev. 1605

— 7.9 847 ——— Organum, Græcé, Francf. ap. Wechel. 1577

— 5. 848 ——— Ethica, Græcé, Par. ap. Morel. 1560

— 4. 849 ——— Ethica, Gr. & Lat. ——— Par. ap. Turneb. 1554

— 2.6 850 ——— Ethica, Græcé, Florent. ap. Junt. 547

— 4. 851 ——— Ethica, Græcé, Lovan. ap. Martin. 1513

— 1.6 852 ——— Ethica, Græcé, ——— Par. ap. Tiletan. 1558

— 3.6 853 ——— Heroum Homericorum Epitaphia, Gr. & Lat. per Guil. Canterum, Bar. ap Guarinum, 1566

— 1. 854 ——— de Anima, Græcé, Par. ap. Wechel. 1549

F O L I O.

— 11 — 855 Ambroſius (Leon.) de Nola, *compaƈt. in corio turcico, cum foliis deauratis,* Venet. ap. Joan. Rubrum, 1513

23 — 856 Ammianus Marcellinus, EDITIO PRINCEPS, *compaƈt. in corio turcico, cum foliis deauratis,* Rom. ap Sachſel & Golſch, 1474

1.13 857 Ammonius Hermeus & Margentinus in Libros Ariſtotelis de Interpretatione, Græce, Venet. ap. Ald. 1503

— 14 858 Amphilochii (Sanƈti) & Andr. Cretenſis Opera, Gr. & Lat. cum Notis Fran. Combefis, Par. 1645

— 6— 859 ——— (Sanƈti) Opera, Gr. Lat. *corio turcico,* ib. 1644

— 8. 860 Antonii & Maximi Sententiæ, Græcé, Tigur. 1546

— 12. 861 Aphrodiſiacus, five Authores de Lue Venerea, a Boerhaave, 2 vol. ——— Lug. Bat. 1728

2. 2 862 Apollonii Sophiſtæ Lexicon Græcum Iliadis & Odyſſeæ, Gr. & Lat. 2 vol. ——— Lut. Par. 1773

— 19— 863 Apollonius Pergæus, Gr. & Lat. ab Halleio, *chart. max.* Oxon. 1710

— 15— 864 Appiani Hiſtoria, Græcé, Lutet. ap. Car. Stephan. 1551

— 14.6 865 ——— Hiſtoria, Gr. & Lat. ap. Henr. Stephan. 1592

866 Ar-

16- 866 Archimedis Opera, Græcé, cum Commentariis Eutocii Afca-
 lonitæ, ——— ——— *Bafil.* 1544 *0- 16. 0*
5 867 Aretæi Opera, Gr. & Lat. ab Henifchio, *Aug. Vind.* 1603 *0. 5. 0*
18 868 ——— Opera, Gr. & Lat. a Boerhaave, *Lug. Bat.* 1731 *0.. 18. 0*
16.6 869 ——— Opera, Gr. & Lat. a Wigan, — *Oxon.* 1723 *0.. 18 6*
1 15- 870 Argelati Bibliotheca Scriptorum Mediolanenfium, 4 vol.
 Aubrey   *Mediolan.* 1745 *1.. 15. 0*
16.6 871 Ariftidis Orationes, Græcé, — *Florent ap. Junt.* 1517 *0.. 10.. 6*
11.6 872 Ariftophanis Comœdiæ, Gr. & Lat. *Baf. ap. Froben.* 1547 *0.. 11.. 6*
4 — 873 ——— Comœdiæ, Græcé, EDIT. PR NCEPS, *Ven. ap.*
 Pannick   *Ald* 1498 *4-0.0*
6 6 874 Ariftotelis de Animalium Generatione, cum Philoponi Com-
 mentariis, Græcé, *Venet. ap. Jcan. Antonium,* 1526 *0.6.6*
8.6 875 ——— Hiftoria Animalium, Gr. & Lat. a Jul. Cef Scaligero,
 Tolof. 1619 *0. 8. 6*
1 — 876 ——— Politica, Gr. Lat. a Lambino & Victorio, *Baf.* 1582 *0.. 1.. 0*
11 — 877 ——— de Arte Poetica, Gr. & Lat. a Fran. Robortello, &
 Robortelli Paraphrafis in Librum Horatii de Arte Poetica, *0 -11.. 0*
 Wodhull   *Florent. ap. Torrentin.* 1548
1 — 878 ——— Ethica, Gr. & Lat. — *Par. ap. Turneb.* 1515 *1.. 0 . 0*
2.6 879 ——— Rhetoricam, (Scholia in) Græcé, *Par. ap. Neo-*
 barum 1539 *0.. 2.. 6*
14 — 880 ——— Problemata, Latine interpret. per Theod. Gazes, *fine*
 Loci Notatione, fed fuppofitus ante 1471 *0.. 14.0*
3 881 ——— Opera omnia, Græcé, per Erafmum, *Bafil.* 1550 *0.. 3. 0*
16.6 882 ——— Opera omnia, Gr. & Lat. per Cafaubonum,
 Lugdun. 1590 *0.. 16.6*
6 16 883 ——— Opera omnia, Gr. & Lat. per Du Val, *compact. in*
 corio turcico, cum foliis deaurat. & lineis rubris, 2 vol. *6-16.0*
 Par. 16 9
17 — 884 ——— Opera omnia, Græcé, *exemplar pulcherrimum, cum*
 LITERIS CAPITALIBUS ILLUMINAT. 6 vol. *Venet. ap.* 17.0.0
 Ald 1495
4.6 885 Arriani Ponti Euxini & Maris Erythræi Peripla, Gr. & Lat.
 cum Scholiis Gul. Stuckii, ——— *Lugdun.* 1577 *0. 4. 6*
7.6 886 ——— de Expeditione Alexandri, Gr. & Lat. cum Notis Ja-
 cobi Gronovii, ——— *Lug: Bat.* 1704 *0.. 7.. 6*
1. 1 — 887 ——— de Expeditione Alexandri, Gr. & Lat. *ap. Henr.* 1.1. 0
 Stephan. 1575
9. — 888 Aftronomi Veteres, Gr. & Lat. 3 vol. *Ven. ap. Ald.* 1499 *9.0.0*

✿✿✿✿✿✿✿✿✿✿✿✿✿:✿:✿✿✿✿✿✿✿✿✿✿✿✿✿

Sixth Day's Sale, *Saturday, February* 18.

OCTAVO & Infra.

LOT

— 7 — 893 ACHILLES Tacitus, Gr. Lat. — Longus de Daphnidis
& Chloes Amoribus, Gr. Lat. ——Parthenii Nicæ-
enfis de Amatoribus Affectibus Liber, *In Bib. Comelin.* 1606

— 13.6 894 Acta Apoftolorum Græco-Latiné, *Literis Majufculis,* a Thom.
Hearne, *chart. max.* —————— *Oxon.* 1715

— 3.9 895 Actuarii (Joan.) Opera, ————— *Par. ap. Ald.*1556

— 4.2 896 —————— Opera omnia, ————— *Par. ap. Morell.* 1556

— 1.9 897 Adamantii Sophiftæ Phyfiognomicon, id eft de Naturæ In-
diciis cognofcendis, per Cornarium, *Bafil.* 1544

— 1 — 898 Æliani varia Hiftoria, Gr. Lat. a Kuhnio, *Argent.* 1685

— 1 — 899 —————— varia Hiftoria, Gr. Lat. a Fabro, 2 vol. *Salmur.* 1668

— 1.6 900 —————— varia Hiftoria, Gr. Lat. — *ap. Tornæf.*1683

— 3.6 901 —————— Hift. Animalium, Gr. Lat. *Col. Allob.* 1616

— 5.6 902 Æfchinis & Demofthenis Orationes, Græcé, *Ven. ap. Ald.*1549

— 1 — 903 —————— & Demofthenis Orationes, Gr. & Lat. a Dan. Lambino, —————— *Ingoiftad.* 1595

— 3.9 904 —————— & Demofthenis Orationes, Græcé, *Ven. ap. Ald.* 1549

— 12 — 905 Æfchines in Ctefiphontem, & Demofthenes de Corona, Gr.
& Lat. a Stock, *compact. in corio turcico, ac foliis deauratis,*
2 vol. —————— *Dublin,* 1769

— 3.6 906 Æfchinis Socratici Dialogi, Gr. & Lat. cum Notis Johan.
Clerici, addita funt Sylvæ Philologicæ, *Amft.* 1740

— 4 — 907 —————— Socratici Dialogi, Gr. & Lat. cum Notis Petri Horræi,
Leovard. 1718

— 5 — 908 Æfchyli Prometheus, cum Interpretatione Mathiæ Garbitii,
Bafil. 1559

— 4.6 909 —————— Tragœdiæ, Gr. & Lat. 2 vol. *Glafguæ,* 1746

— 4 — 9.0 —————— Tragœdiæ Sex, Græcé, *Par. ap. Turneb.* 1552

— 16 — 911 —————— Tragœdiæ feptem, Græcé, *Venet. ap. Scotum,* 1552
N. B. *Cette Edition eft la premiere, qui ait eté donneé (com-
plette) de: fept Tragedies.*

— 5.6 912 Æfchyli Tragœdiæ Sex, Græcé, *Venet. ap. Ald.* 1518

— 14 — 913 —————— Tragœdiæ feptem, Græcé, *compact. in corio turcico,
cum lineis rubris,* —————— *Antv. ap Plantin.* 1580

— 2 — 914 Æfopi Fabulæ, Gr & Lat. & Homeri Batrachomyomachia,
Gr. & Lat. *cum figuris,* —————— *Amft.* 1672

— 4.3 915 —————— Fabulæ, Gr. & Lat. *Antv. ap. Plantin.* 1574

916 Æfopi

916 Æsopi Fabulæ, Gr. & Lat. — Ultraject. 1685
917 —— Fabulæ — Gabriæ Fabellæ — Homeri Batrachomyomachia, compact. in corio turcico, ac foliis deaurat. Lugdun.
ap. Tornæf. 1570
918 —— Fabulæ, cum aliis Opufculis, Græcé, Baf. 15?40
919 —— Fabulæ, cum aliis Opufculis, Græce, ib. 15210
920 —— Fabulæ, cum aliis Opufculis, Gr. & Lat. Venet. ap.
Fran. Rempazetum, 1561
921 —— Fabulæ, cum aliis Opufculis, Gr. & Lat. Baf. ap.
Froben. 534
922 —— Gabriæ, Rabriæ, Phædri, Avieni & Abftemii Fabulæ,
Gr. & Lat. a Nic. Neveleto, —— Francf. 1660
923 —— Fabulæ, cum aliis Opufculis, Gr. Lat. Romæ, 1715
924 Æfopicarum Fabularum Delectus, Gr. & Lat. ab Alfopo, chart.
max. Oxon. 1698
925 Agarthichidis & Memnonis Opera, Gr. Lat. per Rich Bret-
cum, —— Oxon 1597
926 Agapeti Opufcula, e Greco per Menradum Moltherum heroico Carmine tralatum, —— Haganoæ, 1527
927 Agathemeri Geographia, Gr. Lat. a Tennulio, Amft. 1671
928 Ailmeri (Joan.) Mufæ Sacræ, —— Oxon. 1652
929 Alberti (Joan.) Gloflarium Græcum in facros novi Fœderis
Libros, Lug. Bat. 1735
930 ——— Periculum Criticum, —— ibid. 1727
931 Alcinous de Doctrina Platonis, Gr. Lat. Oxon. 1667
932 —— de Doctrina Platonis, Gr. & Lat. Lutet. ap.
Vafcofan, 1531
933 ——— de Dormatibus Platonis, Græcé, Venet. 1525
934 Alciphronis Epiftolæ, Gr. & Lat. a Berglero, Lipf. 1715
935 Alcyonius de Exilio; Valerianus & Tollius de Infelicitate
Litteratorum, ut & Barberius de Miferia Poetarum Græcorum, cum Prefatione Meñckenii, —— Lipf. 1707
936 Alexandri Aphrodienfis Liber de Fato, Gr. Lat. Ammonii
Hermiæ in Libri Ariftotelis de Interpretatione Commentarius, Gr. & Lat —— Lond. 1658
937 Alexandri Macedonis Gefta, confcripta verfis Græcæ Linguæ
Modernæ, &c. —— Venet. 1630
938 Allatii (Leonis) Opufcula Græca & Latina, a Bart. Nihufio,
Col. Agrip. 1653
939 Allatius (Leo) de Purgatorio; Ejufdem alia Opufcula, Rom.1655
940 Alphabetum Græcum, cum Scholia Bezæ, ap. Rob. Steph.1554
941 Ammiani Marcellini Hiftoria, Lugd. ap Seb. Gryph. 1522
942 Ammonii in Porphyrii Commentaria, Græcé, Venet. 1545
943 —— in Librum Ariftotels de Interpretatione Commentaria, Græcé, —— Venet. 1545
944 —— in Voces Porphyrii Commentarius, Græcé, compact. in corio turcico, ac foliis deaurat. Ven. ap. Ald. 1546

F 945 Ammonii

*l. 2.-*945 Ammonii in Ariftotelis de Interprétatione Commentarius, *com-*
paft. in corio turcico, ac foliis deaurat. *Ven. ap. Ald.*1546

j. 2.-946 ————— in Prædicamenta Ariftotelis Commentarius, & Ariftotelis Vita, Græcé, *compaft. in corio turcico, ac foliis deaurat.*
Ven. ap. Ald. 1546

l. 7.-947 Amœnitates Literariæ, 14 vol. ————— *Lipf.* 1730

—*l. 6* 948 Anacreon & Sappho, Græcé, *Glafg.* 1751

— *l.* - 949 ————— & Sappho, Gr. Lat. a Fabro, *Salmur.* 1680

— *l. 3* 950 ————— & Sappho, Gr. Lat. a Trapp, *Lond.* 1742

— *l.* - 951 ————— & Sappho, Gr. Lat. ——— *Glafg.* 1744

— *3. 6* 952 ————— Gr. & Lat. a Barnefio, *Cantab.* 1721 — Anacreon
& Sappho, in Englifh, *Lond.* 1713

— *l. 6* 953 Anacreontis Odæ, Gr. Lat. ab Hen. Stephano, *Lond.* 1657

—*2.* -954 ————— Carmina, Gr. & Lat. — *Florent.* 1742

—*2.6* 955 ————— Carmina, Gr. Lat. a Baxtero, *Lond.* 1710

—*3. 6* 956 ————— Carmina, Gr. & Lat. cum Obfervat. Hen. Stephani, *Par. ap. Morell.* 1556

— *14.* - 957 ————— Odæ, Græcé, *compaft. in corio turcico, ac foliis deaurat.*
& editio rariffima, — *Par. ap. Joan. Libert.* 1624

— *l. 9* 958 Andronici Rhodii Ethicorum Nichomacheorum Paraphrafis,
Gr. & Lat. a Dan. Heinfio, — *Cantab.* 1679

—*2.* - 959 Idem, Gr. & Lat. a Dan. Heinfio, *Lug. Bat.* 1617

—*2. 9* 960 Aneponymi (Greg.) Philofophiæ Syntagma, Gr. & Lat. cum
Scholiis Joan. Wegelini, — *Aug. Vind.* 1660

—*2. 3* 961 Anonymi Introduftio Anatomica, Gr. Lat. —Hypatus de Partibus Corporis, cum Notis Trilleri & Steph. Bernard,
Lug. Bat. 1744

—*l.* - 962 Anonymi Chriftiani Philofophi Liber de Veritate, e Manufcripto Græco, Latinitate donatus, & hypomnematis illuftratus, a Joan. Wegelino, — *Aug. Vind.* 1603

— *5. 6* 963 Anonymi Expofitio Thematum Dominicorum Memorabilium
quæ Hierofolymis funt, Fed. Morellus Verfus Græcos Se-
nariis Latinis reddidit——Epiphanii Itinerarium Jerufalem;
Nicephori Callifti Xantopuli de Excidio Hierofolymitano
Carmen, &c. &c. *compaft. in corio turcico,* *Lutet. ap.*
Morell. 1620

— *8.* - 964 Anthologium Græco-Latinum, a Neandro, *Baf. ap. Oporin.* 1556

— *6. 6* 965 Anthologiæ Græcæ a Conftantino Cephalæ conditæ Libri tres,
Lipf. 1754

— *l. 6* 966 Anthologia Epigrammatum Græcorum felefta & ab omni Ob-
fcænitate vindicata, cum Latina Interpretatione, *Fierie ap.*
Ludov. Hebert, 1624

—*l.2. 6* 967 ————— Diverforum Epigrammatum, Græcé, *Venet.*

— *l2.* - 968 ————— Diverforum Epigrammatum, Græcé, *Ven. ap. Ald.*
fil. 1550

l. *l.* - 969 ————— Diverforum Epigrammatum, Græcé, *compaft. in*
corio turcico, cum lineis rubris, ac foliis deaurat *ap. Bad.*
Avenj. 1531

2. 5 ————— *Aldi exemp. elegantifs.* 1521 970 An-

970 Anthologia Diverforum Epigrammatum, Græcé, *compact. in corio turcico,* IMPRESS. IN MEMBRANA, *Venet. ap.* Ald. 1503

971 Antoninus (Marcus) de Vita Sua ; Marinus de Procli Vita, Gr. & Lat. a Xylandro, ———— *Tigur* 1559

972 Antonii Liberalis Metamorphofes, Gr. & Lat. cum Notis Berkeiii, ———— *Lug. Bat.* 1676

973 Antonii Liberalis Transformationes ; Traliiani de Mirabilibus & Longævi, Libellus ; Ejufdem de Olympiis fragmentum ; Apollonii Hiftoriæ Mirabiles ; Antigoni Mirabiles Narrationes, Gr. & Lat. a Guil. Xylandro, *Bafil.* 1568

974 Aphthonii Sophiftæ Progymnafmata, Gr. Lat. *L. Bat.* 6260

975 Aphthonii Sophiftæ Progymnafmata ; Ejufdem Fabulæ, Gr. Lat. a Fran. Scobario, ———— *Maffipont.* 1621

976 Idem Liber, Gr. & Lat. ———— *Par.* 1621

977 Idem Liber, Gr. & Lat. ———— *Genev.* 1597

978 Apicius Cœlius de Arte Coquinaria, cum Annotationibus Mart. Lifteri, ———— ———— *Lond.* 1705

979 ———— de Arte Coquinaria, Lifteri, — *Amft.* 1709

980 Apolinarii Interpretatio Pfalmorum Verfibus Heroicis, Græcé, *Par. ap. Benenat.* 1580

981 ———— Interpretatio Pfalmorum, Græcé, *Par. ap. Turneb.* 1552

982 ———— Interpretatio Pfalmorum, Gr. & Lat. *compact. in corio turcico, ac foliis deaurat. Par. ap. Benenat.* 1580

983 Apollonius Pergæus de Sectione Rationis, ex Arabico Manufcripto Latine verf. ; accedunt de Sectione Spatii Libri ; præmittitur Pappi Alexandrini Præfatio ad feptimum Collectionis Mathematicæ nunc primum Græcé edita, ab Edm. Halleio, ———— ———— *Oxon.* 1706

QUARTO.

984 Ariftotelis Rhetorica, Gr. & Lat. Goulftoni, *Lond.* 1619

985 ———— de Arte Dicendi, Græcé, *Par. ap. Morell.* 1559

986 ———— Œconomica, Græcé, ———— *ib. ib.* 1560

987 ———— Mechanica, Gr. & Lat. cum Commentarii. Henr. Monantholii, ———— *Lugdun. ap. Commelin.* 1600

988 ———— Mechanica, Gr. Lat. —.— *Par.* 1599

989 ———— Hiftoria Animalium, Græcé, *Florent. ap. Junt.* 1527

990 ———— Politica, Gr. Lat. ab Heinfio, *Jenæ,* 1660

991 ———— Politica, Græcé, — *Par. ap. Morell.* 1556

992 ———— Ethica, Græcé, *Par. ap. Tiletan.* 1540 ——— Ejufdem Ethica, Latiné, a Jac. Strebæo, *Par. ap. Vafcofan,* 1550

993 ———— Logica Latiné, *Lut. ap. Vafcofan,* 1556 ——— Ejufdem Analytica, Firmino Durio interprete, *ib. ib.* 1552

F 2   Ejufdem

Ejufdem de Demonftratione Libri, Nic. Grouchio inter‑
prete, *ib. ib.* 1555 ——— Ejufd'm Topica, Joach. Perionio
interprete. *ib. ib.* 1555 —— Ejufdem de Reprehenfionibus,
Lib Nic. Gruchio interprete, *cum lineis ruóris,* *ib. ib.*1556

3. — 994 Ariftotelis Opera varia, Gr. & Lat. cum Comment. Collegii
Conimbricenfis Societatis Jefu; *compact. in corio turcico, cum*
foliis deaurat. 6 vol. ——— *Lugdun.* 1602

3. 3 995 ——‑——— Opera omnia, Græcé, a Frid. Sylburgio, 10 vol.
Francf. ap. Wechel. 1587

— — 6 996 Ariftoxenus ; Nicomachus ; Alypius ; Auctores Mufices An‑
tiquiffimi, Græcé, cum Notis Joan. Meurfii, *L. Bat* 1616

— 2 - 997 Arnobius adverfus Gentes, & Minucius Fœlix, *Rom.* 1583

5. 5 — 998 Arretinus (Leonardus) in Libros Ariftotelis Etnicorum Libros,
Latiné, ——‑——— *Impreff. Oxon.* 1479

— 3 —999 Arrianus de Venatione, Gr. Lat. ab Holftenio, *Par.* 1554

— 6 1000 A riani & Hannonis periplus ; Plutarchus de Fluminibus ; &
Strabonis Epitome, Græcé, *Baf. ap. Froben* 1533

— 17 1001 Artemidori & Achmetis Oneirocritica, Gr. Lat. cum Notis
Rigaltii, ——‑——— *Lut. ap. Morel.* 1604

— 2.6 1002 Aftronomica quædam, *Arab. & Lat.* a Gravio, *Lond.* 1652

— 3.9 1003 Athanafii Rhetoris Tractatus tres de Animæ immortalitate,
&c. Gr. & Lat. *Par.* 1642

— 4 —1004 Auctores Latinæ Linguæ, a Gothofredo, *Genev.* 1622

— 3.7 1005 Audricii Ever) Inftit tones Antiquariæ, *Florent.* 1756

— 7.6 1006 Avicennæ Opera, CUM ELEGANT. ILLUMINATIONIBUS,
Venet. 1486

— 10.6 1008 Aurelii Victoris Hiftoria Romana, ab Arntzenio, *Amft.* 1733

— 7.6 1009 Aufonii Opera, per Eliam Vinetum, *Burdigal.* 1591

— 19 —1010 ——‑——— Opera, in ufum Delphini, *compact. in corio ruffico,*
Par. 1730

— — 6 1011 Baker (Geo.) de Catarrho & de Dyfenteria, *Lond.* 1704

— 6 —1012 Baluzii (Steph.) Hiftoria Tutelenfis, *Par. e Typog. Reg.*1717

— 1.6 1013 Barford in Pindari Primum Pythium, *Cantab.* 1751

— 2.. 1014 Barlaami Monaci Logiftica, Gr. & Lat. cum Scholiis illuftrata,
a Joan. Chambero, —— *Par. ap. Gul. Auray,* 1594

— 2.6 1015 Baroni Pharmacopeia Parifienfis, ——— *Par.* 1732

— 1 — 1016 Batefii (Gul.) Vitæ Selectorum Virorum, *Lond.* 1681

— 3 — 1017 Battie (Gul.) Aphorifmi de cognofcendis & Curandis Morbis
nonnullis, ——‑——— *Lond.* 1760

— 1 — 1018 Bayfius (Laz.) de Re Navali, & Thylefius de Coloribus, *Par.*
ap. Rob. Stephan. 1549

1. 2 .2 1019 Bertelli Omnium fere Gentium noftræ Ætatis Habitus,
Venet. 1564

— 3.6 1020 Bianconus de Antiquis Litteris Hebræorum & Græcorum,
Bonon. 1748

— 9 - 1021 Bibliotheca Argylliana, ——— *Glafg.* 1758

1022 Bib‑

1022 Bibliotheca Conſtantinopolitana, — *Argent.* 1578
1023 ———— Gudiana ———— *Kiloa,* 1706
1024 ———— Harleiana, *cum pretiis,* 16 vol. *Lond.*
1025 ———— Norfolciana, *Lond.* 1681
1026 ———— Smithiana, — *Venet* 1755
1027 ———— Stoſchiana, ——— *Lucæ,* 1758
1028 Biſogni (Ioſ.) Hipponii ſeu Vibonis Valentiæ, vel Monti-
ſleonis, Auſonii Civitatis Hiſtoria, *Neapol.* 1710
1029 Boerhaave Varii Orationes, — *L. Bat.* 1715, &c.
1030 ———— Elementa Chemiæ, 2 vol. — *ib.* 1732
1031 ———— Oratio de commendando, Studio Hippocratico,
Lug. Bat. 1701

F O L I O.

1032 Athanaſii (Sancti) Opera, Gr. Lat. 2 vol. *Colon.* 1686
1033 Athenæi Deipnoſophiſtæ, Græcé, — *Baſil.* 1535
1034 ———— Deipnoſphiſtæ, Græcé, *Ven. ap. Ald.* 1514
1035 ———— Deipnoſophiſtæ, Gr Lat. Caſauboni, *Lugdun.* 1657
1036 Averanii (Bened.) Opera Latina, 3 vol. *Florent.* 1717
1037 Auguſtinus (Sanctus) de Mirabilus S. Scripturæ — Defenſo-
rium Fidei, ——— *Editio perantiqua*
1038 ———— Opera omnia, *compact. in corio ruſſico,* 10 vol. *Baſ.
ap. Froben,* 1569
1040 Auſonii & Calphurnii Opera, EDITIO PRINCEPS, & *exemplar pulcherrimum,* 1472
1041 Auctores Sedecim de Vita Mariæ Reginæ Scotorum, per
Sam. Jebb, *compact. in corio turcico, cum foliis deauratis, &
chart. max.* 2 vol. *Lond.* 1725
1042 Bandinus de Obeliſco Cæſari Auguſti e Campi Martii Rude-
ribus, *Romæ* 1750
1043 Barthii (Caſp.) Adverſaria, ——— *Francf.* 624
1044 Baſilicon, Gr. Lat. a Fabrotto, 7 vol. — *Par.* 1647
1045 Baſilii (Sancti) Opera, Græcé, *Baſ. ap. Froben.* 1551
1046 ——— Opera, Gr. & Lat. 3 vol. *Par. ap. Morel.* 1538
1047 Bedæ (Venerab) Hiſtoria Eccleſiaſtica Gentis Angiorum,
Saxon. & Lat. & Ejuſdem alia Opera, a Smitho, *chart.
m x.* ——— *Cantab.* 1722
1048 Bembi (Petri) Hiſtoria Veneta, *Venet. ap. Ald.* 5510
1049 Benevolentiæ Tomus in Latinos a Doſitheo Patriarcha Hie-
roſolvmarum, *Græco-Modern.* — *Wallach.* 1698
1050 Biblia St. Hieronymi, *Venet. ap. Nic. Jenſon.* 1479
1051 ——— Sacra, 2 vol. *Lugdun. ap. Seb. Gryph.* 1550
1052 Bibliotheca Telleriana, — *Par. e Typog. Reg.* 1593
1053 ———— Coiſliana olim Segueriana, ſive Manuſcriptorum
omnium Græcorum quæ in ea continentur, *Par.* 1715
1054 Bib-

— 2. 6 1054 Bibliotheca Latina & Italica D. Marci Codicum Manuscriptorum, ——— ——— *Venet.* 1741

— 7. 6 1055 ———, Græca D. Marci Codicum Manuscriptorum, *cum
foliis deauratis,* ——— *ibid.* 1740

— 10 — 1056 ——— Magna Veterum Patrum, 17 tom. in 15 vol.
Par. 1654

2. 12. 6 1057 Biscionii, Bandinii & Affemanni Catalogus Codicum Orien-
talium, & Græcorum Bibl. Mediceo-Laurentianæ & Pala-
tinæ, 5 vol. ——— *Florent.* 1752, &c.

— 7. 6 1058 Blount (Thom. Pope) Censura Celebriorum Authorum,
Lond. 1690

2. 7 — 1059 Boccaccii Genealogia Deorum *Venet. ap. Jenson,* 1472

— 10 — 1060 Boethii Opera, 2 vol. ——— *Basil.* 1570

13. 13 — 1061 Boecius de Consolatione Philosophiæ, ᴇᴅɪᴛɪᴏ ᴘʀɪɴᴄᴇᴘs,
Nuremb. ap. Ant. Coburgers, 1476

1. 2 — 1062 Brodæi Epigrammata Græcorum, Gr. Lat. *Francf. ap.
Wecbel.* 1600

28 — — 1063 Bry (de) India Orientalis, *in duodecim partes,* & India Occidentalis, *in tredecim partes, compaĉt. in corio turcico, cum foliis
deauratis,* 4 vol. ——— *Francf.* 1634, &c.

7. 7 — 1064 Buchanani Opera, a Ruddimanno, *exemplar elegant. cum foliis
deauratis, chart. max. cum lineis rubris,* 2 vol. *Edinb.* 1715

— 3 — 1065 Brunfelfii (Othonis) Lexicon Medicinæ Simplicis, *Argen.* 1544

XXXXXXXXXXXX:X:X:X:X:XXXXXXXXX

Seventh Day's Sale, *Monday, February* 20.

O C T A V O & *Infra.*

LOT

— 2. 6 1066 APollodori Athenienfis Bibliotheces, Gr. & Lat. cum
Notis Tanaq. Fabri, ——— *Salmur.* 1661

1. 11. 6 1067 ——— Athenienfis Bibliotheces, Gr. & Lat. a Bened.
Ægio Spoletino Interprete, ᴇᴅɪᴛɪᴏ ᴘʀɪɴᴄᴇᴘs, & *Liber
rariffimus, compaĉt. in corio turcico, ac foliis deaurat.* Rom.
ap. Bladum, 1555

— 6. 6 1068 Apollonius Alexandrinus de Conftruĉtione; Magni Bafilii de
Grammatica Exercitatione, Lib. Græcé, *Venet.* 1526

— 2 — 1069 Apollonii Rhodii Argonautica, Græcé, 2 vol. *Francf.* 1546

— 13 — 1070 ——— Argonautica, Græcé, ——— 1546

7. 16 — 1071 ——— Argonautica, Græcé, *cum foliis deauratis,* Venet.
Min. 17 *ap. Ald.* 1521

— 16 — 1072 Appiani Hiftoria, Gr. & Lat. cum Notis Variorum, & Tollii,
2 vol. ——— ——— *Amft.* 1670

1073 Apuleii

1073 Apuleii Opera omnia, ——— *Lug. Bat.* 1628 0.0-6
1074 ——— Metamorphoses, ——— *Par. ap. Colin.* 1536 0..6-6
1075 ——— Opera, & Opuscula Varia, *Florent. ap. Junt.* 1512 0..10..6
1076 Aquini (Car. de) Miscellanearum Variarum Eruditionum, Libri tres, ——— *Romæ,* 1763 0-1..9
1077 Arati Phœnomena, *Gr. Lat. & Ital.* a Salvinio & Bandinio, *Florent.* 1765 0..6-0
1078 Arati Phœnomena, *Græcé,* accesserunt Annotationes in Eratosthenem & Hymnos Dionysii, ——— *Oxon.* 1672 0-5-0
1079 ——— Phænomena, *Græcé,* ——— *Basil.* 0-2-0
1080 Archimedis Arenarius & Dimensio Circuli, *Gr.* & *Lat.* cum Eutochii Ascalonitæ Commentario, cum Versione Joh. Wallis, *Oxon.* 1676 0-1..3
1081 Idem Liber, *chart. max.* ——— *ibid.* 1676 0-4..9
1082 Aristæneti Epistolæ, cum Notis Gr. Lat. *Par.* 1610 0-0-9
1083 ——— Epistolæ, *Gr.* & *Lat.* ——— *ib.* 6 0 0..1..6
1084 ——— Epistolæ, *Gr. Lat.* a Pauw, *Tr Rhen.* 1737 0-2..6
1085 ——— Epistolæ, *Gr. Lat. compact. in corio turcico, cum foliis deaurat.* Wodhall *Par. ap. Marc. Orry,* 1596 0..11..6
1086 Aristeæ Historia, *Gr. Lat.* a Gabrio, *Basil* 1561 0-1-0
1087 Aristidis Orationes, *Gr. Lat.* cum Versione ac Notis Laurentii Normanni, *Upsal,* 1677 0-2-0
1088 ——— Opera, *Gr. Lat.* a Cantero, 3 vol. *ap. P. Steph.* 1604 0..7-0
1089 Aristotelis Politica, *Gr. Lat.* a Petro Ramo, *Francf.* 1601 0-4-0
1090 ——— Rhetorica, *Latiné,* *Par. ap Vascosan,* 1549 0..3..3
1091 ——— Rhetorica, Anton. Maioragio interprete, *compact. in corio turcico,* ——— *Mediolan,* 1550 0-1-0
1092 ——— Rhetorica, *Græcé,* ——— *Basil* 1546 0-1-0
1093 ——— Rhetorica, *Gr. Lat.* Hermaleo Barbareo interprete, ——— *Par. ap. Vascosan,* 1549 0..6-0
1094 ——— Rhetorica, & Liber de Poetica, *Gr. Lat. Par. ap. Joan. Libert,* 1614 0..5-0
1095 ——— Rhetorica, *Græcé,* 2 vol. *Par. ap. Libert,* 1630 0..1..9
1096 ——— Ethica, *Gr. Lat.* a Lambino, *ap. Wechel.* 1596 0..2..6
1097 ——— Ethica, *Gr. Lat.* a Joan. Magiro, *Francf.* 1628 0-1..9
1098 ——— Ethica, *Græcé,* ——— *Argent.* 1540 0..1-0
1099 ——— Ethica, *Gr.* & *Lat.* a Wilkinsono, *chart. max.* *Oxon.* 1716 0..13-0
La Buse
1100 ——— de Anima, *Gr. Lat.* Jul. Pacio interprete, *Francf.* 0-2.6 *ap. Wechel.* 1596
1101 ——— de Anima, ab Eodem, ——— *ib. ib.* 1621 0-1-0
1102 ——— Organum, *Gr.* & *Lat.* Jul. Pacio interprete, *Hanov. ap. Wechel.* 1623 0..5-0
1103 ——— Organum, ab Eodem, ——— *ib. ib.* 1598 0-2-0
1104 ——— Organum, *Græcé,* *Venet. ap. Zanetti,* 1536 0..6-6
1105 ——— de Cœlo, &c. *Gr. Lat.* *Francf.* 1550 0..1..9
1106 ——— de Mundo, *Gr. Lat.* cum Interpretationibus Apulei & Gul. Budæi, cum Scholiis Vulcanii, *L. Bat.* 1591 0..4..3
1107 Ari-

— 4 — 1107 Aristoteles & Philo de Mundo, Gr. & Lat. a Budæo, *Par.*
1541———Aristoteles de Poetica, Gr. Lat. *Par* 1542
— 4·9 1108 ——— de Arte Poetica, Græcé, *Par. ap. Morel.* 1555
— 4-6 1109 ——— de Arte Poetica, Græcé, — *Venet.* 1546
— 6 — 1110 ——— de Arte Poetica, Gr. Lat. cum Versione Goulstoni, *de B.*
ac Notis Sylburgii & Heinsii, *chart. max.* *Cantab.* 1696
— 4-6 1111 ——— & Theophrasti Scripta quædam, *compact. in corio*
turcico, cum foliis deauratis, *ap. Hen. Stephan.* 1557
— 3 — 1112 ——— Heroum Homericorum Epitaphia, Gr. & in Latine
versa, cum Annotationibus Guil. Canteri, *Antv. ap.*
Plantin. 1571
— 8 — 1113 ——— Opera omnia, Gr. Lat. 4 vol. 1597
4·15 1114 ——— Opera omnia, *exemplar elegant compact. in corio*
turcico, cum foliis deauratis, 6 vol. *Venet. ap. Ald.* 1552
— 2 — 1115 Aristophanis Ranæ, Græcé, — *Basil.* 1534
— 2-6 1116 ——— Plutus & Nubes, Gr. Lat. *Lond.* 1695
— 1117 ——— Comœdiæ undecim, Gr. & Lat. a Scaligero,
Amst 670
— 1·6 1118 ——— Comœdiæ undecim, a Scaligero, *L. Bat.* 1625
— 6 1119 ——— Comœdiæ undecim, Græce, *ap. Plantin.* 1600
— 1 — 1120 ——— Comœdiæ undecim, Latiné, ab Andr. Divo,
Bas. 1552
— 1121 ——— Comœdiæ undecim, Latiné, ab Eodem, *Venet.* 1538
— 3·3 1122 ——— Comœdiæ quinque, Gr. & Lat. a Frischlino,
Francf. 1586
— 7 — 1123 ——— Comœdiæ novem, Græcé, *Florent. ap. Junct.* 1540
— 16 — 1124 ——— Comœdiæ undecim, Græcé, *Venet.* 1542
— 17 — 1125 ——— Comœdiæ undecim, Græcé, *Ven. ap. Zanetti,* 1538
— 9 — 1126 ——— Comœdiæ undecim, Græcé, *ap. Gryph.* 1548
— 11 — 1127 ——— Comœdiæ undecim, Græcé, *Francf.* 1544
2· 4 — 1128 ——— Comœdiæ undecim, Græcé, *exemplar elegant. com-*
pact. in corio turcico, cum foliis deauratis, *Florent. ap. Junt.*
Cracherode — 1515
— 2 — 1129 Arnauld (Georgius) Lectiones Græcæ in Hesychium, Ara-
tum, Theonem, Oppianum, & Apol. Rhodium, *Hag.*
Com. 1730
— 39 1130 ——— de Diis ΠΑΡΕΔΡΟΙΣ, — *ibid.* 1732
— 6 1131 ——— Animadversiones Criticæ in Anacreontem, Callimachum, Herodotum, Æschylum, &c. *Hurling.* 1728
— 8 — 1132 Arriani Historia Expeditionis Alexandri, Gr. & Lat cum
Notis Raphelii, 2 tom. — *Amst.* 1757
— 3·3 1133 ——— Historia Expeditionis Alexandri Magni, Græcé, *cum*
lineis rubris, — *Basil.* 1539
— 5·6 1134 Arsenii (Archiep. Monembasiæ) Scholia Græca in Euripidis
Tragœdias, *corio turcico,* — *Basil* 1544
— 15 — 1135 Artimedorus de Somniorum Interpretatione, Græcé, *exemplar*
pulcherrimum, — *Venet ap. Ald.* 1518
1136 Asconius

2 — 1136 Afconius Pœdianus in Ciceronis Orationes, *Ven. ap. Ald.* 1522 0- 2. 0
4 — 1137 Aftrampfychi Verfus Somniorum Interpres Gr. & Lat. a
 Fed. Morello, ——— *Lutet. ap. Morell.* 1599 0- 4- 0
3.9 1138 Aftronomica Veterum Scripta Ifagogica Græca & Latina,
 In Officina Sancland 1589 0- 3-9
5.6 1139 Athenagoræ (Sancti) Legatio pro Chriftianis, & de Refurrectione Mortuorum, Gr. Lat. a Dechair, *chart. max.* 0- 8. 6
 7e B. *Oxon.* 1706
1.9 1140 Athanafius de Sancta Trinitate; Bafilius adverfus Impium
 Eunomium; Anaftatii & Cyrilli Orthodoxæ fidei Expli- 0- 1-9
 catio, Gr. Lat. ——— *ap. Hen. Stephan.* 1570
12.6 1141 Athos (Defcriptio Montis) & Monafterium, *Græco-Modern.*
 Venet. 1701 0- 12. 6
1 — 1142 Aurelius (Corn.) & alia de Batavia, *compact. in corio turcico,*
 Lug. Bat. ap. Plantin, 1586 0- 1. 0
10.6 1143 Augurelli (Aurelii) Opera Poetica, *compact. in corio turcico,*
 cum foliis deauratis, ——— *Ven. ap. Ald.* 1505 0- 10. 6
1 — 1144 Aufonii Opera, *foliis deauratis,* *ap. Gryph.* 1549 0- 1- 0
5.6 1145 ——— Opera, *exemplar pulcherrimum,* *Ven. ap. Ald.* 1515 0- 5. 6
3 3 1146 Bakei (Geo.) Opufcula Medica, ——— *Lond.* 1771 0- 3- 3
1 — 1147 Bandinii Specimen Literaturæ Sæculi xv. *Florent.* 1748 0- 1. 0
9 — 1148 Bangii Obfervationes Philologicæ, 2 vol. *Hauniæ,* 1640 0- 9. 0
4.3 1149 Barthii (Cafp) Soliloquia; Ejufdem Anacreon Philofophus,
 Francf. 1623 0- 1-4
3.6 1150 Bartholinus de Bibliothecæ Incendio, — *Hafn.* 1670 3- 6
3.6 1151 Bartoni Plutarchi Demofthenis & Ciceronis Vitæ Parallelæ,
 Gr. & Lat. ——— *Oxon.* 1744 0- 3. 6

QUARTO.

5 1158 Boetius de Confolatione Philofophiæ, *Glafg.* 1751 0- 5. 0
6 1159 ——— de Confolatione Philofophiæ, cum Comment. Badii
 Afcenfii, ——— *Rothomag.* 1503 0- 0. 6
19 1160 ——— de Confolatione Philofophiæ, in Ufum Delphini,
 Par. 1680 0- 19- 0
2. 2 1161 Boetii Arithmetica, **EDITIO PRINCEPS,** *liber rariffimus,* 2- 2- 0
 Ae B. *Venet.* 1487
4 ⎰ 1162 Bonadæ Carmina ex Antiquis Lapidibus, vol. 1. *Rom.* 1751 ⎱ 0- 4- 0
 ⎱ 1163 Bordinus (Fran.) de Rebus præclare Geftis Carmina, *Romæ* ⎰
 1588
6 1164 Boxhornii Quæftiones Romanæ, accedunt Plutarchi Quæftiones
 Romanæ, Gr. & Lat. ——— *L. Bat.* 1637 0- 0. 6
1 — 1165 Budæi Epiftolæ Græcæ, per Ant. Pichonium Latine factæ, 0- 1. 0
 Par. ap. Benenat. 1574
6 1166 ——— Epiftolæ, Græcé, ——— *Par. ap. Wechel.* 1556 0- 0. 6
 G 1167 Bur-

2.3.0 1167 Burmanni (Pet.) Sylloges Epistolarum a Viris Illustribus 2.3
Script. chart. max. 5 tom. ———— Leidæ,1727

7.0 {1168 Burnetius de Fide & Officiis Christianorum, Lond.1722 7 &
{1169 ———— de Statu Mortuorum & Refurgentium, chart.
max. compact. in corio turcico, ac foliis deaurat. Lond.1720

4.1.0 1170 Cælius Aurelianus de Morbis Acutis & Chronicis, cum Notis
Janson. ab Almeloveen, ———— Amst.1709 il

4.2.0 1171 Cæfaris Commentaria, Gr. & Lat. a Gothofredo Junger-
manno, ———— Francf. 1606 2

4.5.0 1172 Callimachi Opera, Gr. Lat. a Fabro, Par. ap. Cramoify, 5
1675

4.2.0 1173 ———— Hymni, Gr. Lat. cum Scholiis, Par. ap.
Benenat. 1574 2

4.6 1174 ———— Hymni, Græcé, cum Scholiis, Par. ap. Vafcofan, 1549 4.6

4.1.6 1175 ———— Hymni, & Sententiæ ex diverfis Poetis, Græcé,
cum Scholiis, a Sigifm. Gelenio, Baf. ap. Froben. 1532 1.6

11.0.0 1176 ———— Hymni, Græcé, cum Scholiis Græcis, IMPRESS.
IN LITERIS MAJUSCULIS, compact. in corio turcico, cum
foliis deauratis, Hunter Absque Loci & Anni Indicatione, 11

4.10.6 1177 Camerarii (Joach.) Homiliæ, Gr. & Lat. compact. in corio
turcico, foliis deauratis, cum lineis rubris, Lipf. 1573 10.6

2.2.0 1178 ———— (Joach.) Emblemata, CUM FIGURIS ILLUMI-
NAT. compact. in corio turcico, cum foliis deauratis, Norimb.
ap. Voegelin. 1605 2.2.
de B

4.1.6 1179 Caneparius de Atramentis cujufque Generis, Venet. 1619 — 1.6

4.2.0 1180 Caninii Hellenifmi Alphabetum, Accentus, Partes Orationis,
Par ap. Morel. 1555 — 2 —

4.1.0 {1181 Caroli (Steph.) Oratorium Artificium, tribus Demofthenis
Olynthiacis Orationibus convertendis, Bonon. 1573
{1182 Caryophili Refutatio Catechefis Zach. Gergano, Gr. & — 1
Lat. ———— Romæ,1631

4.5.0 1183 Castelli (Petri) Balfamum. ———— Meffanæ, 1640 5

4.3.0 1184 Catalogus Librorum a Petro Lambecio Editorum. Vin-
dobon. 1673 3

4.2.0 1185 ———— Numifmaticus Mufei Lefroyani, Liburn. 1763 2

4.2.0 1186 Idem Liber, ———— ib.1763 2

4.10.6 1187 Catalogi duo Codicum Manufcriptorum Græcorum qui in
Bibliotheca Mofcuenfi Affervantur, liber rariffimus, In 10.6
Typog. Mofcuenfis, 1723

4.1.0 1188 Catalogus Librorum Seb. Cramoify, five quos ipfemet. Edidit, ———— Par.1675 1

2.4.0 1189 ———— Bibliothecæ Bunavianæ, 7 vol. Lipf.1750 2-4

4.2.0 1190 ———— Græcorum Codicum qui funt in Bibliotheca Reip.
Augustanæ Vindelicæ, Aug.Vind.1595 ———— Index Manu- 2
fcriptorum Bibliothecæ Augustanæ, ab Ant. Reifero, ap.
Jac. Kopmayer, 1675

1191 Cata-

/- 2	1191	Catalogi Varii Librorum, 4 vol.	*Fox*	/. 2- 0
7 —	1192	Catullus, cum Obfervationibus Ifaaci Voffii,	*Lond.* 1684	0- 7- 0
11 —	1193	———— cum Notis Ant. Vulpii, ———	*Patav.* 1737	0- 11- 0
13	1194	————Tibullus & Propertius,	*Cantab.* 1702	0- 13- 0
/ —	1195	Cebetis Tabula ; Carmina Aurea Pythagoræ, & Phocylidis Poema, Gr. & Lat. ———	*Lovan.* 1517	0- 1- 0
6	1196	Idem Liber, Gr. & Lat. ———	*ib.* 1517	0- 0- 6
/. 6	1197	Cebetis Tabula, Gr. Lat. a Theod. Adamæo,	*Par. ap. Richard,* 1562	0- 1- 6
/ —	1198	Cellarii Geographia, Gr. Lat a Schwartz, 2 vol.	*Lipf.* 1731	/. 0- 0
12	1199	Ce fus (Corn.) & Serenus Sammonicus de Medicina, *compaɛt. in corio turcico, cum foliis deauratis,*	*Ven. ap. Ald.* 1528	0- 12- 0
2	1200	Chalcidii Timæus, & in Timæum Commentarius, Latiné, a Joan. Meurfio,	*Lug. Bat.* 1617	0- 2- 0
8	1201	Chamberlaynii (Joan.) Oratio Dominica in diverfas Omnium fere Gentium Linguas verfa, ———	*Amft.* 1715	0- 8- 0
17	1202	Chariton de Chærea & Callirrhoe Amatoribus, Gr. & Lat. a Reifkio, cum Notis d'Orville. 2 vol.	*ib.* 1750	0- 17- 0
/	1203	Chronicon Alexandrinum, Gr. Lat. a Radero,	*Monach.* 1615	0- 1- 0
/. 6 {	1204	Chryfoftom (Sanɛtus) de Sacramento Altaris, cum Notis Joannis Harduini.	*Par.* 1689	0- 1- 6
{	1205	———— Homiliæ in Pfalmos, & Interpretatio Danielis, Gr. & Lat.	*Lut. Par.* 1661	
2 {	1206	———— de Morali Politia, Gr. & I at.	*Par.* 1645	0- 2- 0
{	1207	———— de Virginitate, Gr. & Lat. interprete Joan. Livineio,	*Antw. ap. Plantin,* 1575	
/. 6	1208	———— Opufcula Græca, ab Erafmo,	*Baf. ap. Froben.* 1529	0- 1- 6
/ —	1209	———— de Fato & providentia Dei, Græcé,	*Lovan.* 1532	0- 1- 0

F O L I O.

2. 6	1210	Budæi, aliorumque Lexicon Græco-Latinum,	*Par.* 1530	0- 2- 6
3. 3	1211	——— aliorumque Dictionarum, Gr. Lat.	*Baf.* 1565	0- 3- 3
3 —	1212	——— Lexicon Græco Latinum,	*ap. Crifpin,* 1554	0- 3- 0
7 —	1213	——— Commentarii Linguæ Græcæ,	*Par. ap. Rob. Steph* 1548	0- 7- 0
5 —	1214	——— de Affe & Partibus Ejus,	*Par. ap. Vofcefan,* 1542	0- 5- 0
13.5	1215	Byzantinæ Hiftoriæ Scriptores, Gr. & Lat. 27 vol. *Saphal* ———	*Venct.* 1729, &c.	13- 5- 0
/. 10	1216	Calafii Concordantiæ Sacrorum Bibliorum Hebraicorum, a Gul. Romain , 4 vol. ———	*Lond.* 747	/. 10- 0
/- 2	1217	Callimachi Hymni & Epigrammata, Græcé, *chart. max. Morton*	*Glafg.* 1755	/. 2- 0
/ {	12 8	Camerarius (Joach.) de Rebus Turcicis,	*Francf.* 1598	0- 1- 0
{	1219	——— Commentarii utriufque Linguæ,	*Baf.* 1551	

1220 Ca-

— *1* —1220 Camotii (Joan. Bapt.) Commentaria in primum Metaphyfices
Theophrafti, Græcé, ———— *Venet. ap. Ald.*1551

1.17 — 1221 Canones, & Decreta facro fancti Oecumenici, & generalis
Concilii Tridentini, *compact. in corio turcice, cum lineis rubris,*
Rom. ap. Paul. Manut. 1564
N. B. In hoc Libro hæc nota eft.—*This is an authentick
Copy, compar'd with the original, as witneſſed by the Se-
cretary and Notaries of the Council in their own hand,*
Fr. St. John. *In Alim*

— *5.6*1222 Carmina Varia Acad Oxon. & Cantabrigienfis, 9 vol.

— *5* 1223 Carpentier Alphabetum Tironianum, feu Notas Tironis Ex-
plicandi Methodus, ———— *Lut. Par.*1747

— *5* 1224 Cafauboni (Ifaaci) Epiftolæ, infertis ad eafdem Refpon-
fionibus, Item Merici Cafauboni Epiftolæ, Dedicationes,
Præfationes, &c. a Janfonlon. ab Almeloveen, *chart. max.*
Rotterd. 1709

1. 1 — 1225 Caftelli (Principis Torremuzzæ) Siciliæ & Objacentium
Infularum veterum Infcriptionum nova Collectio, *Pa-*
*norm.*1769

— *10.6*1226 Catalogus Codicum Manufcriptorum in Bibliothecæ Ricciar-
diana, ———— *Liburn.*1756

— *5.6* 1227 ———— Bibliothecæ Publicæ Univerfatis Lugduno-Batavæ,
Lug. ap Bat. 1716

—*12*—1228 ———— Librorum Manufcriptorum Angliæ & Hiberniæ,
cum Indice Alphabetico, ———— *Oxon.*1697

1. 3 — 1229 ———— Bibliothecæ Bodleianæ, *chart. max.* 2 vol.
ib. 1738

— *5*—1230 Catena Græcorum Patrum in Jobum, Gr. Lat. *Lond.* 1637

— *11*—1231 Catullus, Tibullus & Propertius, cum Commentariis. 1488

— *7*—1232 Cenforinus de Die Natali; Tabula Cebetis; Enchiridion
Epicteti; Plutarchus de Invidio & Odio, &c. Latiné,
Bonon. 1497

— *3.9*1233 Chæradami (Joan.) Lexicopator Etymon, *Par.*1543

— *16.1*1234 Chirurgici Græci veteres, Gr. Lat. ab Ant. Cocchio,
Florent. 1704

— *3.6* 1235 Chryfoftomi (Sancti) in Pauli Epiftolas, Græce, 2 vol.
Veron. ap. Sabios, 1529

—*16* - 1236 ———— Opera omnia, Græcé, per Henr. Savilium,
8 tom. *Eton* 1613

1.17 — 1237 ———— Opera omnia, Gr. & Lat. a Fronte Ducæo,
11 vol. *Par. ap. Cramoiſy,*1636

*8. 2.6*1238 ———— Opera omnia, Gr. & Lat. per Bern. Montfaucon, 13 vol. *Payne* *Par.*1718

Eighth

Eighth Day's Sale, *Tuesday*, *February* 21.

O C T A V O & *Infra*.

Lot

8.6 1239 BArtelonæus (Pantal.) de Ratione Quantitatis Syllabariæ; de variis Carminum generibus Comicorum; de Accentibus, &c. ———. ——— *Lugdun.* 1578 *0" 8. 6*

6. 1240 Basilii (Sancti) Orationes, Græcé, *Par. ap. Morel.* 1556 *0" 0" 6*

4. 6 1241 Basilius Magnus de Vera Virginitate; Joan Damascenus de Dormitione Sanctæ Dei Genitricis Sermo; Andrea Hierosolimitanus de Eadem, *compact. in corio turcico, cum foliis deaurat.* ——— *Venet.* 1534 *0" 4" 6*

— 6 1242 Battely Antiquitates Rutupinæ, ——— *Oxon.* 1711 *0" 0" 6*

10. 6 1243 Baudi (Dom.) Amores, a Scriverio, *compact. in corio turcico, Amst.* 1638 *0" 10. 6*

1. 6 1244 Belgradi (Jac.) ad Scipionem Mapheium Epistolæ quatuor, ——— ——— *Venet.* 1749 *0" 1" 6*

1245 Bentleii (Rich.) Emendationes ad Ciceronis Tusculanas,

1 — 1246 Berkenhout Pharmacopeia Medici, *Lond.* 1768 *0 - 1 - 0*

— 6 1247 Bernardus de Mensuris & Ponderibus, *Oxon.* 1688 *0 - 0. 6*

1 6. 1248 Bertoldi Astutiæ, *Græco Modern.* *Venet.* 1683 *0" 1" 6*

2 — 1249 Besselii Miscellaneorum Philologico-Criticorum Syntagma, & Vita Auctoris, ——— *Amst.* 1742 *0" 2. 0*

5 - 6 1250 Beverlandus de Peccato Originali, *Eleutherop.* 1678 *0" 5" 6*

2 - 4 1251 Beughem Incunabula Typographiæ, ——— *Amst.* 1688 *0" 2 - 9*

2 1252 ——— Bibliographia Medica, *ib.* 1681 *0" 2. 0*

1253 Bibliotheca Bultelliana, a Martin, 2 vol. *Par.* 1711

1 9 1254 ——— Burmanniana, *Lug. Bat.* 1742 *0 - 1" 9*

1 — 1255 ——— Collegii Regalis Medicorum, *Lond.* 1757 *0 - 1. 0*

4. 6 1256 ——— Colbertina, 3 tom. ——— *Par.* 1728 *0 - 4 - 6*

2 — 1257 ——— D'Orvilliana, *Amst.* 1764 *0 - 2. 0*

1. 6 1258 ——— Faultreriana, *Par.* 1709 *0 - 1 - 6*

2 — 1259 ——— Fayana, a Martin, *ib.* 1725 *0 - 7. 0*

5. 6 1260 ——— Harleiana, 5 vol. ——— *Lond.* 1743 *0 - 8. 6*

6 1261 ——— Heinsiana, *Lug. Bat.* *0 - 0. 6*

8 — 1262 ——— Hoblyniana, 2 vol. *Lond.* 1769 *0 - 8. 0*

2 — 1263 ——— Jacksoniana, *Liburn.* 1756 *0 - 4 - 0*

1 — 1264 ——— Marckiana, *Hag. Com.* 1712 *0 - 1 - 0*

1 — 1265 ——— Menarsiana, *Haye,* 1720 *0 - 1 - 0*

3. 3 1266 ——— Menckeniana, *Lips.* 1727 *0" 3 - 3*

1267 Bi-

<table>
<tr><td>— 1 —</td><td>1267</td><td>Bibliotheca Nicolaina,</td><td>————</td><td>Amf. 1698</td></tr>
<tr><td>— 2. 6</td><td>1268</td><td>———— Oizeliana,</td><td>————</td><td>Lug. Bat. 1687</td></tr>
<tr><td>1164 — 11 —</td><td>1269</td><td>———— Rawlinfoniana, cum pretiis,</td><td>—</td><td>Lond. 1756</td></tr>
<tr><td>— — 6</td><td>1270</td><td>———— Segueriana,</td><td>————</td><td>Par. 1685</td></tr>
<tr><td>— 3. 6</td><td>1271</td><td>———— Stofchiana,</td><td>————</td><td>Florent. 1759</td></tr>
<tr><td>— 2. 6</td><td>1272</td><td>———— Thuana, 2 vol.</td><td>————</td><td>Par. 1679</td></tr>
</table>

— 2. 6 1273 Biblia Sacra, *edit. vulgat.* 7 vol. — *Col. Agr.* 1639
— 1. 9 1275 Billii (Jac.) Locutionum Græcarum Formulæ, *Par.* 1573
— 3 — 1276 Bion & Mofchus, Gr. Lat. ab Ad. Schier, *Lipf.* 1752
— 6 — 1277 —— & Mofchu , Gr. Lat. cum Indicibus, a Schwebelio,
                   Venet. 1746
— 2. 6 1278 Bifantii (Apoft.) Paræmiæ, Græcé, —— *Bafil.* 1738
— 4 — 1279 Blemidæ (Niceph.) Logica, Græcé, *Aug. Vind.* 1605
— 2 — 1280 Boeclerus de Scriptoribus Græcis & Lat. *Ultraj.* 1700
— 1 — 1281 Boerhaave de Materia Medica, —— *Lug. Bat.* 1719
— 15. 6 1282 ———— Prælectiones Academicæ, cum Notis Alb. Halleri,
     7 vol. *Gotting.* 1740
— 1. 6 1283 ———— Inftitutiones Medicæ, —— *ib.* 1734
    1284 ———— de Materia Medica, —— *ib.* 1740
— 3. 9 1285 Boernerus de doctis Hominibus Græcis, *Lipf.* 1750
— 1. 6 1286 Boethius de Confolatione Philofophiæ, *compact. in corio turcico*
     ac foliis deaurat. —— *Amft. ap. Cæfium,* 1625
— 1. 3 1287 ———— de Confolatione Philofophiæ, *Glafg.* 1751
— 16. 6 1288 ———— de Confolatione Philofophiæ, *compact. in corio turcico,*
     cum foliis deaurat. *Florent. ap. Junt.* 1521
— 1 — 1289 ———— de Confolatione Philofophiæ, *Patav.* 1721
— 1. 3 1290 ———— de Confolatione Philofophiæ, *Glafg.* 1751
— 1 — 1291 ———— de Confolatione Philofophiæ, cum Commentario
     Johan. Bernartii, *Antv. ap. Plantin.* 1607
— 2. 6 1292 ———— de Confolatione Philofophiæ, Anglo-Saxon. redditi
     ab Alfredo Rege, *Saxon. & Lat.* edid. Chrift. Rawlinfon,
     Oxon. 1698
— 3. 6 1293 ———— Commentarius in Topica Ciceronis, *Par. ap. Rob.*
     Stephan. 1540
— 1. 6 1294 Bonefidii Juris Orientalis Libri, Gr. Lat. *ap. H. Steph.*
     1573
— — 6 1295 Borbonii (Nic.) Poematia expofita, —— *Par.* 1630
— 3. 6 1296 Bos (Lamb.) Obfervationes criticæ, *Leovard.* 1731
— 3. 9 1297 Brigantii (Andr.) Villa Burghefia poeticé defcripta, *cum*
     figuris, *Romæ,* 1716
— 1. 6 1298 Brodæi (Joan) Mifcellanea, ———— *Bafil.* 1555
— — 6 1299 Browne (C..r.) Oratio de Morbillis, —— *Edinb.* 1755
— 5 — 1300 Budæus de Affe & Partibus Ejus, *cum lineis rubris, & foliis*
     deaurutis, *Venet ap. Ald.* 1522
— — 6 1301 Buffon Specimen novi Medicinæ confpectus, 1749
— 7 — 1302 Burtoni (Johan) Iter Surrienfe & Suffexienfe, præmittitur
     de Lingua Græca Epift. —— *Lond.* 1752
     1303 Bur-

1·6 1303 Burtoni (Guil) Hiſtoria Linguæ Græcæ,   Lond.1657 0- 1·· 6
1 ⁓ 1304 Buſbequii Opera,   ———   Lug. Bat. ap. Elz.1633 0·· 1· 0
4·6 1305 Cabrielius in Epiſtolam Horatii de Arte Poetica Jaſonis de
     Nores, ——— ———   Venet. ap. Ald.1553 0·· 4·· 6
1 — 1306 Cæſaris Commentaria,   ap. Seb. Gryph.1546 0·· 1· 0
3 ⁓ 1307 ——— Commentaria, ——·   Lug. Bat. ap. Elz.1635 0·· 3· 0
1·6 1308 ——— Commentaria, ———   L. Bat. ap. Plantin,1586 0·· 1·· 6
1 — 1309 ——— Commentaria, cum Scholiis Aldi Manuccii, Venet.
     ap. Ald.1575 0·· 1· 0
6 1310 ——— Commentaria, ———   ib. ib.1513 0-0··6
18 — 1311 ——— Commentaria, exemplar elegant. compact. in corio tur-
     cico, cum foliis deaurotis, ———   ib. ib.1513 0·· 18· 0
2 ⁓ 1312 Calaber (Quintus) Gr. Lat. a Rhodomano,   Hanov. 1604 0·· 2·· 0
1·6 1313 ——————— Græcé, a Thom. Freigio,   Baſil. 1569 0·· 1·· 6
15 1314 ———————— Græcé,   Venet. ap. Aldum, ſine anno,   0·· 15· 0
1·6 1315 Callimachi Opera; Moſchus & Bion, &c. Gr. & Lat.
     Antv. ap. Plantin. 1584 0·· 1· 6
1·6 1316 ——— Opera: Archiæ Epigrammata; Friſchlini Epi-
     grammata, & Friſchlini Notæ, &c.   Baſil. 1589 0·· 1·· 6
2·6 1317 ——— & Theognidis Carmina, & Carmina ex Antholo-
     gia Græca, Gr. Lat. a Bentleio, ———   Lond.1741 0·· 2·6
4·6 1318 ——— Opera, Gr. Lat. & Ital. cum Notis Variorum &
     Bandinii, ——— ———   Florent.1763 0·· 4· 6
5·5 — 1319 ——— Opera, Gr. & Lat. cum Notis Variorum & Span-
     hemii, chart. max. compact. in corio turcico, cum foliis deau- 5··5·· 0
     ratis, 2 vol. ——— ———   Ultraj. 697
1320 Camerarii Capita Pietatis verſibus Græcis comprehenſa;
     Preces Chriſtianæ, &c. &c. Gr. Lat.   Lipſ. 1659 0·· 1· 0
1 1321 ——— Converſio Libelli Xenophontis de Re Equeſtri;
     Ejuſdem Hiſtoria Rei Nummariæ,   Tubing. 1539
6 1322 ——— Commentaria in Sophoclem,   Baſil. 1556 0·· 0·· 6
Loſt 1323 ——— Arithmologia, Græcé, Baſ. ap. Oporin. 1551   Loſt
     Ejuſdem Elegia & Carmina,   Argent.1541
1·6 1324 Camariotæ (Math.) Orationes in Plethonem de Fato, Gr. Lat.
     edid. Reimarus, ———   Lug. Bat.1721 0·· 1· 6
2·3 1325 Capellæ Satyricon, cum Notis Grotii,   ap. Plant. 1599 0·· 2· 3
3·6 1326 ——— Satyricon, cum Notis Grotii,   ap. Rapheling. 1599 0·· 3· 6
1 — 1327 Carmina Poetarum Novem, Gr. Lat.   ap. Paul. Steph.1600 0·· 1· 0
12 — 1328 ——— Novem Illuſtrium Feminarum, & aliorum Lyri-
     corum, ——   Antv. ap. Plantin,1568 0·· 12· 0
1·2 — 1329 ——— Poetarum Italorum, 11 vol.   Florent.1719 1·· 2· 0
2 1330 ——— quinque Hetruſcorum Poetarum, Florent. ap.
     Juntam, 1562 0·· 2· 0

Q U A R T O.

QUARTO.

1. 11. 6 1331 Ciceronis Opera varia, cum Commentariis, 18 vol. *Impreſſ.*
a *Roigny, Richardo, Tiletano, Vaſcoſano, &c. &c.*

36. 15 1332 —— Opera omnia, ab Oliveto, *chart. max. cum foliis deauratis*, 9 vol. *Elzeverij* —— *Par.* 1740

1. 13 1333 Claudiani Opera, a Burmanno, *chart. max.* *Amſt.* 1760

1334 Clementis ad Corinthios Epiſtola, Gr. Lat. a Junio, *Oxon.* 1633

— 1 1335 —— ad Corinthios Epiſtola, Gr. Lat. *Oxon.* 1633 — Ejuſdem de Rebus Geſtis S. Petri Epitome, Græcé, *Par. ap. Turneb.* 1555

— 4. 6 1336 —— de Rebus Geſtis S. Petri Epitome, Græcé, *Par. ap. Turneb.* 1555 —Ejuſdem Clementis Vita, &c. Latiné, a Joach. Perionio, *Par. ap. Morel.* 1555

— 1. 6 1337 Clenardi (Nic.) Inſtitutiones in Linguam Græcam, *ib. ib.* 1560

— 3. 1338 Cleomedis Meteora, Gr. & Lat. cum Commentariis Rob. Balforii, *Burdigal,* 1605

— 1 — 1339 Conringii (Herm.) in Univerſam Artem Medicam In roductio, *Lipſ.* 1726

— — 6 1340 —— de Bibliotheca Auguſta quæ eſt in Arce Wolfenbuttelenſi, *Helmſtad.* 1661

— 2 — 1341 —— de Hermetica Ægyptiorum vetere, & Paracelſicorum Nova Medicina, *compact. in corio turcico,* *ib.* 1648

— — 6 1342 Conſtantini (Imp.) Donatio Sylveſtro, & Othonis III. (Imp.) Donatio Sylveſtro, Gr. & Lat. cum Commentariis, *ap. Voegilin.* 1610

— 4 — 1343 Conſtitutiones Apoſtolicæ, Græcé, *compact. in corio turcico,* *Ven. ap. Ziletti,* 1563

— 7 — 1344 Cornuti (Lucii Annæi) Grammatici Antiquiſſimi Commentum in Perſii Satyras, *Pictav. ap. Enguilb. Marneſium,* 1563

— 1. 6 1345 Corradinus de Allio Lexicon Latinum Criticum, *Venet.* 1742

— 3 — 1346 Corſini (Edv.) Diſſertationes Agoniſticæ, *Florent.* 1747

— 2. 9 1347 —— Inſcriptiones Atticæ, *ib.* 1753

1. 9 — 1348 —— Faſti Attici, 4 vol. *ib.* 1744

2. 3 1349 Corteſius (Paulus) de Hominibus Doctis, *ib.* 1734

— 2. 3 1350 Cortonæi (Petri) varia Carmina Græca, *Venet. ap. Joh. Grypb.* 1555

— 12 — 1351 Cotelerii Eccleſiæ Græcæ Monumenta, Gr. Lat. 3 vol. *Par.* 1677

— 4. 3 1352 Cottuni (Joan.) Epigrammata Græca, cum Latina Verſione, *Patav.* 653

1353 Curæi

1 —,1353 Curæi de la Chambre novæ Methodi pro explanandis Hippo- *0 - 1 - 0*
crate & Ariſtotele Specimen, ——— *Par.*1655

1. 3 — 1354 Curtius (Quintus) de Rebus Geſtis Alexandri Magni, a *1 - 3 - 0*
Snakenburgio, *compact. in corio turcico, ac foliis deauratis,*
L. Bat. 1724

5 — 1355 Dale (Ant. Van) Diſſertationes de Antiquitatibus & Marmo- *0 - 5 - 0*
ribus, ——— *Amſt.* 1702

2.6 1356 Damaſceni (Joh.) Editio Orthodoxæ Fidei, Græcé, *Venet.* *0 - 2. 6.*
1531

3 —6 1357 ——— (Monach.) Theſaurus Bibliorum, Gr. *ib.* 1528

3 — 1358 Daſypodii Lex con Græco-latinum, *Argent.* 1539 *0 - 3 - 0*

3 — 1359 Demoſthenis Orationes, Græcé, *Oxon. ap. Barnes,* 1597 *0 - 3 - 0*

1.6 1360 ——— Oratio in Midiam, Græcé, *Lond ap. Daw-* *0 - 1 - 6*
ſon, 1586

3 —, 1361 ——— Oratio in Midiam, Græcé, *Lovan.* 1525 *0 - 3 - 0*

2.6 1362 ——— Orationes contra Philippum, Græcé, *Lutet.* 1531 *0 - 2 - 6*

4 — 1363 ——— Philippicæ, Græcé, *Par. ap. Bogard* 1546 *0 - 4 - 0*

4 — 1364 ——— contra Adrotionem, Græcé, *Par. ap. Be-* *0 - 4 - 0*
nenat. 1570

6 1365 ——— Olynthiacæ Orationes, & Philippicæ, e Greco
in Latinum converſæ, a Nic. Carre, & Epiſtola de Vita *0 - 6 - 0*
Nic. Carri, & Carmina, Gr. & Lat. in eundem Con-
ſcripta, ——— *Lond* 1571

19 1367 ——— Orationes de Republica, Gr. & Lat. cum Notis *0 - 19 - 0*
Vincentii Lucchefinii, ——— *Romæ,* 1712

6 — 1268 ——— & Æſchinis Orationes, Gr. & Lat. a Joan. *0 - 0 - 0*
Tayloro, vol. 2dum & tertium, *chart. max. compact. in corio*
turcico, cum foliis deauratis, 4 vol. 8 & B. *Cantab.* 1743

2.9 1369 Deſpauterii Grammatica Latina, *Lut. ap. Rob. Steph.* 1550 *0 - 2. 9*

4 — 1370 Dictionariolum Puerorum, ——— *ib. ib.* 1571 *0 - 4 - 0*

1. 13 1371 Diodori Siculi Hiſtoria, *Græcé,* a Vinc. Obſopæo, EDITIO *1 - 13 - 0*
PRINCEPS, ——— *Elmerfy* ——— *Baſil.* 1539

4. 5 1372 Diogenes Laertius de Vitis, Decretis, & Reſponſis Ce- *4 - 5 - 0*
Muſeu lebrium Philoſophorum, *Græcé,* EDITIO PRINCEPS, *com-*
pact. in corio turcico, cum foliis deauratis, Baſ. ap. Froben. 1533

6 — 1373 ——— Laertius de Vitis Philoſophorum, Gr & Lat. a Mei- *6 - 0 - 0*
bomio, *chart. max.* 2 vol. *Amſt.* 1692

2.6 1374 Dionis Caſſii Libri Ultimi tres, Gr. & Lat. a Studio Carm. *0 - 2. 6*
Falconis, ——— ——— *Romæ,* 1724

14.6 1375 Dionyſii Orbis Ambitus, Græcé, *exemplar nitid. cum foliis* *0 - 14 - 6*
deauratis, ——— *Par. ap. Morel* 1556

5.6 1376 ——— Orbis Ambitus, Græcé, *Par. ap. Prevoſteau,* 1603 *0 - 8. 6*

1 ~ 1377 ——— de Situ Orbis, Græcé, ——— *Lugdun.* 633 *0 - 1 - 0*

14 — 1378 ——— de Situ Orbis, Gr. & Lat. a Rhemnio, *Ferrar.* *0 - 14 - 0*
ap. Bondenum, 1512

3. 3 1379 ——— de Situ Orbis, Latiné, cum Commentariis Archiep. *0 - 3. 3*

H Euſtathii,

Euſtathii, & Abele Matthæo interprete, *Par. ap. le Preux, ſine Anno,*

~ 3. o 1380 Dionyſius de Situ Orbis, Græcé, cum Archiep. Euſtathii Commentariis, ——— *Lutet. ap. Rob. Steph.* 1547 — 3

~ 9. o 1381 ——— de Situ Orbis, Græcé, cum Euſtathii Comment. Æthici Coſmographia, & Solini Polyhiſtor. *ap. Henr. Stephan.* 1577 — 9

FOLIO.

3..4. 0 1382 Ciceronis Rhetorica, *ſine Anni, Loci vel Typographi Indicio,* 3. 4

12..12. o 1383 ——— de Legibus, EDITIO PRINCEPS, *exemplar pulcherrimum, compaɛ̃. in corio turcico, ſine Anni, Loci vel Typographi Indicio,* 12. 12

11. 0. o 1384 ——— Orationes Philippicæ, *exemplar pulcherrimum, compaɛ̃. in corio turcico,* Venet. ap. J. de Colonia, 1474 11 —

12.5.o 1385 ——— de Finibus, *compaɛ̃. in corio turcico,* ib. ib. 1471 12. 5

11..16.o 1386 ——— Epiſtolæ Familiares, *exemplar pulchrum, compaɛ̃. in corio turcico,* CUM LITERIS CAPITALIBUS ILLUMINAT. Venet. ap. Jenſon, 1471 11. 16

12. 0. o 1387 ——— Orationes, *exemplar pulchrum, compaɛ̃. in corio turcico,* per Adum, 1472 12 —

5. 0. o 1388 ——— Officia, de Amicitia & Paradoxa, *exemplar pulcherrimum,* Par. 1477 5 5

30. 0. o 1389 ——— Officia, EDITIO PRINCEPS, *exemplar pulcherrimum, compaɛ̃. in corio turcico, cum foliis deauratis,* Mogunt. ap. Joan. Fuſt, 1465 30 —

7.15.0 1390 Claudiani Opera, EDITIO PRINCEPS, *exemplar pulcherrimum, compaɛ̃. in corio turcico,* Vicent. ap. Jac. Duſenſum, 1482 7. 15

~ 15.o 1391 Clementis Alexandrini Opera omnia, Gentiano Herveto interprete, Florent. ap. Torreut. 1551 — 15

1392 ——— Alexandrini Opera, Græcé, ex Bibliotheca Medicea, per Viɛ̃orium, *compaɛ̃. in corio turcico,* Florent. ap. Torrentin. 1550

~ 9. o 1393 Codices Manuſcripti Bibliothecæ Regii Taurinenſis Athenæi per Linguas Digeſti, cum Animadverſionibus Joſ. Paſſini, 2 vol. Taurin. 1749 9. 6

1.10. o 1394 Codri (Ant.) Orationes, Epiſtolæ, Sylvæ, Satyræ, Eglogæ, & Epigrammata, *exemplar pulcherrimum.* CUM LITERIS CAPITALIBUS ILLUMINAT. Bonon 1502 1. 10

~ 4.6 1395 Conciones ſive Orationes ex Græcis Latiniſque Hiſtoricis Excerptæ, Gr. & Lat. ap. Henr. Stephan. 1570 4. 6

1. 1. o 1396 Conſtantinus (Imp.) de Ceremoniis Aulæ Byzantinæ, Gr. & Lat. cum Comment. Henr. Leichii & Jac. Reiſkii, Lipſ. 1751 1. 1

1397 Cor-

2 - 6 1397 Corsini (Edv.) Herculis Quies & Expiatio in Eximio Farne-
fiano Marmore expreda, ———— Florent. 1749 0- 2.. 6

14 1398 ———— Notæ Græcorum, ———— ib. 1749 0.. 14.0

10 - 1399 Cotelerii Patres Apostolici, Gr. & Lat. 2 vol. Antv. 1700 0.. 10.0

7.7 1400 Craftoni (Joan.) Lexicon Græco-Latinum, EDITIO PRIN-
CEPS, compact. in corio turcico, fine Anno, Loco, & Im-7. 7. 0
prefforis Nomine,

In hoc Libro hæc nota est ——— "Apparet autem Editionem
hujus Libri profectam fuiffe ante Annum 1478, cum eodem
anno dono datum fit Canonicis S. Augustini Monasterii
S. Joannes in Viridario Paduæ a Petro de Montag-
nana." Vide Appendicem ad Catalogum Librorum
Jofephi Smith.

1 — 1401 Creyghtoni (Rob.) Historia Concil.i Florentini, Gr. & Lat. 0.. 1.. 0
Hag. Com. 1660

3 — 1402 ———— Crufii (Mart.) Turco Græcia, Gr. Lat. Baf. 0.. 3. 0
1584

1. 9 — 1403 Cyrilli, (Archiep. Hierofolymitani) Opera omnia, Gr & Lat. 1.. 9. 0
cura Ant. Aug. Touttee, chart max. Par 1720

7. 17. 6 1404 Cyrilli (Alexandriæ Archiep.) Opera omnia, Gr. & Lat. 7.. 17.. 6
7 vol. Par. reg. Typ. 1638

2 1405 Damafceni (Joan.) Orthodoxæ Fidei Explicatio, Gr. & Lat. 0.. 2.0
a Jac. Fabro, ———— ———— Baf. 1548

18 *1405 Daniel fecundum Septuaginta ex Tetraplis Originis nunc 0.. 18.. 0
primum editus e fingulari Chifiano Codice Annorum fupra
1200, Gr. & Lat. Romæ, 1772

1. 6 1406 Daufqueii (Claudii) Orthographia Latini Sermonis vetus & 0.. 1.. 6
nova, Par. 1677

1. 6 1407 D'Azon (Phil.) Parentalia Anniverfaria Funere Mariæ Cle- 0.. 1.. 6
mentinæ Magnæ Britanniæ Reg. ———— Rom. 1736

7. 6 1408 Demofthenis Opera, Græcé, cum Commentariis Ulpiani, 0.. 7.. 6
Baf. 1532

7.12. 6 1409 Dempfterus (Thom.) de Etruria Regali, curante Thomæ 2.12.6
Coke, compact. in corio ruffico, 2 vol. Florent. 1723

5 — 1410 Dictionarium Græcum, cum Interpretatione Latina, Venet. 0.. 5.. 0
ap. Ald. 1524

1. 4 — 1411 Diodori Siculi Bibliotheca, Græcé, compact. in corio turcico, 1.. 4. 0
cum foliis deauratis, ———— ap. Henr. Stephan. 1559

3. 7 1412 ———— Bibliotheca, Gr. & Lat. a Wefelingio, 2 vol. 3.. 7. 0
Amft. 1745

— 5 1413 Diogenes Laertii Vitæ Philofophorum, Gr. & Lat. curante
Thom. Aldobrandini, ———— Lond. 1664 0 - 5 - 0

— 5. 6 1414 ———— Laertii Vitæ Philofophorum, Gr. & Lat. Thom. 0 - 5. 6
Aldobrandino interprete, Rom. 1594

6 1415 ———— Laertii Vitæ Philofophorum, Latine, EDITIO
PRINCEPS, exemplar pulcherrimum, compact. in corio tur- 0.. 6.. 0
cico, cum foliis deauratis, ———— Venet. ap. Jenfon, 1475

Hunter

H 2   Ninth

Ninth Day's Sale, *Wednesday, February* 22.

O C T A V O & *Infra.*

LOT

— *1* —1416 CAryophili Noctes Tusculanæ, &c. *Rom.*1621

— *1.9* 1417 C Casaubonus (Mericus) de Verborum Usu, *Lond.*1647

— *1.1* 1418 Casaubonus (Isaaci) de Satyrica Græcorum Poesi, *Par.*1605

— *6* 1419 Casselii (Joan.) Carmina Gnomica Græca & Latina, ab Henr. Hudemanno; Ejusdem Hudemanni Divitiæ Poeticæ, *Hamb.* 1624

— *1* — 1420 Cassii Naturales & Medicinales Quæstiones, Conr. Gesnero editæ, & Catalogus Medicamentorum, *Tigur.* 1562

— *1* — 1421 Castellani Vitæ Illustrium Medicorum, *Antv.*1617

— *4* — 1422 Catalogus Librorum qui in Thesauris Romano, Græco, Italico & Siculo continentur, *Leidæ,*1625

— *2* —1423 Cathemerinon ex Precatoriis Græcorum Libellis, a Joan. Sylvio, Gr. Lat. *cum lineis rubris,* *Antv. ap. Plantin,* 1571

— — *6* 1424 Cato de Moribus, Gr. Lat. ab Opitio, *Cygneæ.* 1662

— — *6* 1425 —— de Moribus, Gr. Lat. *Par.*1552

— *6.* *6* 1426 —— de Moribus, Gr. Lat. ab Arntzenio, *Amst.* 1754

— *4* —1427 Cattierii Gazophylacium Græcorum, *Tr. Rhen.*1757

— *7* —1428 Catullus, Tibullus & Propertius, *sine Anno & Loco,*

— *3.7* 1429 —— Tibullus & Propertius, *Par. ap. Colin.*1529

— *4.6* 1430 —— Tibullus & Propertius, *Ven ap. Ald.* 515

1.15 1431 —— Tibullus & · Propertius, *exemplar elegant. & compact. in corio turcico, cum foliis deauratis, Venet. ap.* *Ald.* 1502

— *1* — 1432 —— Tibullus & Propertius, *Ven. ap. Paul. Manut.* 1558

17.10 1433 —— Tibullus & Propertius, *exemplar elegant.* CUM LITERIS CAPITALIBUS COLORAT. ET IMPRESSIS IN MEM-BRANA, *Venet. ap. Ald.*1502

— *1.9* 1434 Causini Thesaurus Græcæ Poeseos, —— *Par.*1612

— *1.* *6* 1435 Cebetis Tabula, Gr. Lat. a Nugent, *Lond.* 1745

— *1.* *6* 1436 Cellarii Orthographia Latina, —— *Hal. Magd.*

— *2* — 1437 Celsus de Medicina, —— *Lug. Bat.*1665

— *2* —1438 —— de Medicina, —— *Lugdun. ap. Tornæs.* 1554

— — *6* 1439 Censorinus de Die Natali, a Carrione, *Lutet.* 1583

— *1* — 1440 Ceporini Compendium Grammaticæ Græcæ; Hesiodi Georgicon & Epigrammata, ab Eodem Ceporino, *Basil.*1532

1441 Chal-

1.3 1441 Chalcondylæ Erotemata & Mofchopulus de Syntaxi, Græce,
Bafil. 1546 *0- 1- 3*
1. 3 1442 Idem Liber, ———— ———— *ib* 1546 *0- 1- 3*
2 - 1443 Cheitomæi Græco-Barbara novi Teftamenti quæ Orienti
Originem debent, *Amft. ap. Elz.* 1649 *0- 2- 0*
3. 6 1444 Chiftuili Infcriptio Sigea Antiquiffima, *L. Bat.* 1727 *0- 3- 6*
2-4 1445 Chreftomathia Platoniana, ———— *Turici,* 1756 *0- 2- 9*
2 — 1446 ———— Petronio-Burmanniana, *Florent.* 1734 *0- 2- 0*
2 - 1447 Chriftii (Frid.) Fabularum veterum Æfopiarum Libri duo,
Lipf. 1749 *0- 2- 0*
1 — 1448 Chryfoloræ Erotemata, &c. Græcé, *Florent. ap. Janet.* 1540 *0- 1- 0*
1 - 1449 ———— Erotemaia, Græcé, *ap. Ald. fine Anno* *0- 1- 0*
1 - 1450 ———— Erotemata, Græcé, *Ven. ap. Ald.* 15.70 *0- 1- 0*
6 1451 ———— Erotemata, Grece, *fine Anno, vel Loco* *0- 0- 6*
1. 9 1452 ———— Erotemata, Gr. & Lat. — *Romæ,* 1522 *0- 1- 9*
1- 6 1453 ———— Erotemata, Græcé, *ap. J ni.* 1540 *0- 1- 6*
6 1454 ———— Erotemata, Græcé, *ap. Ald. fine Anno* *0- 0- 6*
1 - 1455 ———— Erotemata, Gr. & Lat. —— *Venet.* 1547 *0- 1- 0*
3. 6 1456 ———— Erotemata, Græcé, *Venet. ap. Ald.* 1549 *0- 3- 6*
19 - 1457 ———— Erotemata, Græcé, compact. in corio turcico, cum
foliis deaurat. *Ven. ap. Ald.* 1512 *0- 19- 0*
6 -10. 6 1458 ———— Erotemata, Græcé, IMPRESS. IN MEMBRANA, &
exemplar elegant *Ven ap. Aldum,* 1512 *6- 10- 6*
6 - 1459 ———— Grammatica Græca, a Chæradamo, *Par.*
fine Anno, *0- 6- 0*
6 - 1460 ———— Grammatica Græca, a Chæradamo, *fine Loco* *0- 6- 0*
vel Anno
4. 4 — 1461 ———— Erotemata Linguæ Græcæ, EDITIO PRINCEPS, *4- 4- 0*
ET LIBER RARISSIMUS, *Ferrar. ap. Mazochm,* 1509
1. - 1462 Chryfoftomi (Dion.) Orationes, Græcé, *Ven. ap. Ald.* *0- 1- 0*
1. 6 1463 ———— Oratiuncula de Regno & Tyrannide, cum
Notis Fed. Morelli, ———— *Par.* 1589 *0- 1- 6*
6. 6 1464 ———— de Lege Oratio, Gr. & Lat. cum
Notis Fed. Morelli, *in corio turcico,* *Lutet. ap. Morel* 1598 *0- 6- 6*
1 — 1465 Chryfoftom (Joan.) a S. Paulo Hexameron Metris expreffum,
Romæ, 1705 *0- 1- 0*
1 — 1466 ———— (Sanctus) de Sacerdotio, a Hughes, *Cantab.* 1710 *0- 1- 0*
1 - 1467 ———— de Educandis Liberis, &c. *Par.* 1656 *0- 1- 0*
-6 1468 ———— de Sacerdotio, Græcé, *Baf.* 1525 *0- 0- 6*
1469 ———— de Manfuetudine, Græcé, *ap. Morell,*
1570
10.6 1470 ———— Conciunculæ, Græcé, *ib.* 1586 *0- 10- 6*
1471 ———— de Orando Deo, Gr. & Lat. *ap. Be-*
nenat. 1579
1472 ———— de Principatu, Gr. & Lat. *ap. Morell.* 1593
1473 ———— Orationes quatuor, Gr. & Lat. a Fronto
Ducæo, ———— *Ingolftad.* 1595

1474 Chry-

— — 6	1474	Chryſoſtomi (Sancti) Divinæ Miſſæ Exemplaria,	*Venet.*1644
—/. 6	1475	Ciceronis Epiſtolæ ad Atticum, — —	*ib* 1540
	1476	——— Epiſtolæ familiares,	*Lut. ap. Patiſſon,*1578
—/.7	1477	——— Epiſtolæ ad Atticum,	*Lut. ap. Rob. Steph.*1547
—/2.6	1478	—— Opera omnia, 10 tom.	*Par. ap. Colin.* 1543
—7.—	1479	—— Opera omnia, 10 tom.	*ap. Seb. Gryph.* .550
—/4.—	1480	—— Opera omnia, 8 tom.	*Par. Rob. Steph.* 1544
—/3.6	1481	—— Opera omnia, 11 tom.	*Ven. ap Ald. Manut.*1555
/./4	1482	—— Orationes, *compact. in corio turcico, cum foliis deauratis,*	
			*Par ap. Colin.*1532
— 5—	1483	—— Rhetorica, &c &c.	*Venet. ap. Ald.*1533
—/—	1484	—— de Senectute, Traductio Theodori in Græcam Linguam,	
			*Par.*1568
—7.6	1485	Cinerii Diſſertationes Literariæ, —	*Florent* 1742
—/. 5	1486	Claudiani Opera, —	*Ven ap. Ald.* 1513
—2.—	1487	—— Opera, —	*ib. ib.* 1523
—9.—	1488	—— Opera, —	*Par. ap. Colin.* 530
—/3.6	1489	—— Opera, a Geſnero, 2 vol. —	*Lipſ.*1758
—7—	1490	Clementis (Sancti) ad Corinthios Epiſtolæ duæ, Gr. & Lat. cum Notis Variorum, & Henr. Wottoni, *chart. max.*	
			Cantab. 1718
	1491	Clenardi Grammatica Græca, —	*Par.*1701
—/.—	1492	—— Grammatica Græca, a Voſſio,	*L. Bat.* 1642
—4.6	1493	Clerici (Joan.) Ars Critica, 3 vol. —	*Amſt.* 1697
	1494	Colomeſii (Pauli) Opuſcula, —	*Ultraj.*1669
—2.9	1495	Colloquia Familiaria, Gr. & Lat.	*Par. ap. Morell,* 1550
—7.6	1496	Coluthi Raptus Helenæ, *Gr. Lat. & Ital.* a Salvinio, cum Notis Bandinii, ——	*Florent.*1765
—4.6	1497	—— Raptus Helenæ, Gr. & Lat. cum Animadverſionibus Den. e Lennep, —	*Leovard*1747
—4.—	1498	—— de Helenæ Raptu, Gr. & Lat. a Stephano Ubeio, *compact. in corio turcico, cum foliis deauratis,*	*Franeq* 1600
—5.—	1499	Comes (Natal.) de Venatione, cum Scholiis Hieron. Ruſcelli, *compact in corio ruſſico,* —	*Venet.*1551
—/.—	1500	Conſtantinus Porphyrogenneta de Thematibus, Gr. Lat. a Bonavent. Vulcanio, —	*L. Bat. ap. Plant.*1588
—5.6	1501	—— Porphyrogenneta de Thematibus, Gr. & Lat. a Fed. Morello, *compact. in corio turcico, cum foliis deauratis,*	*Lutet. ap. Morell.* 1609
—2.9	1502	—— Porphyrogennetæ Opera, Gr. & Lat. cum Notis Joan Meurſii,	*Lug. Bat.*1617
—/. 6	1503	Corippus Africanus de Laudibus Juſtini Auguſti Minoris, Heroico Carmine, cum Scholiis Mich. Ruizii Aſſagrii,	*Antv. ap Plantin,*1581
—3.—	1504	Coulet de Aſcaridibus & Lumbrico Lato,	*Lug. Bat.* 1729
2.—	1505	Crenii Faſciculi Opuſculorum quæ ad Hiſtoriam ac Philologiam ſacram, ſpectant, *compact. in corio turcico, cum foliis deaurat.* 10 vol. ——	*Rotterd.*1693

QUARTO.

18.6 Ciceronis Opera 10 V. ap. Ald. 1555

QUARTO.

1507 Diplomata & Statuta Regalis Societatis Londini, *compact. in corio turcico, cum foliis deaurati:*, Lond. 1752 0- 8- 0

1508 Dodwellus (Henr.) de veteribus Græcorum Romanorumque Cyclis, ———— Oxon. 1701 0- 8- 0

1509 Droffæi (Joan.) Grammaticæ quadrilinguis Partitiones, Par. ap. Wechel. 1543 0- 1- 0

1510 Ennii Fragmenta, a Fran. Heffelio. — Amft. 1707 0- 4- 6

1511 Eortologium, feu Liber continens Quæftiones exactæ Chronologiæ Dierum feftorum, *Græco-Modern.* Walach. 1701 0- 1- 6

1512 Eparchi (Ant) in Everfionem Græciæ Deploratio, Ejufdem Epiftolæ, &c. Græcé, Venet. 1544 0- 3- 0

1513 Epicteti Enchiridion, & Cebetis Tabula, Gr. & Lat cum Notis Salmafii & Relandi, ———— Traj. Bat. 1711 0- 2- 6

1514 ———— Enchiridion & Fragmenta, ab Arriano Collectæ, Gr. & Lat. cum Notis Wolfii & Joan. Uptoni, *chart. max.* 2 vol. ———— Lond. 1741 1- 16- 0

1515 Epiftolæ Græcæ elegantiffimæ; Luciani Saturnalia; Ejufdem Epiftolæ Saturnales, Græcé, ———— Lovan. 1500 0- 0- 6

1516 Epiftolæ diverforum Philofophorum, Oratorum, Rhetorum, Græcé. *cum foliis deaurat.* — Venet. ap. Ald. 1499 2- 0- 0

1517 Erotiani Onomafticum, cum Annotationibus Bart. Euftachii, Venet. ap. Ant. Junt. 1566 0- 2- 6

1518 Euchologion, *Liber Græcus Modernus,* — Venet. 1692 0- 4- 6

1519 Euclidis Data, Gr. Lat. per Hardy, Lut. Par. 1625 0- 1- 0

1520 ———— Optica & Catoptrica, Gr. & Lat. per Joan. Penam, Par. ap. Wechel. 1557 0- 2- 3

1521 ———— Optica & Catoptrica, *exemplar elegant.* ib. ib. 1557 0- 3- 0

1522 ———— Rudimenta Mufices, Gr. & Lat. per Joan. Penam, ib. ib. 1557 0- 2- 6

1523 ———— Rudimenta Mufices, *exemp. elegant.* ib. ib. 1557 0- 2- 6

1524 Euripidis Medea, Gr. & Lat. Lond. 1734 0- 2- 9

1525 ———— Hippolitus, Græcé, a Marklando, Oxon. 1756 0- 5- 0

1526 ———— Supplices Mulieres, Gr. & Lat. cum Notis Marklandi, ———— Lond. 1763 0- 15- 0

1527 ———— Phœniffæ, Gr. & Lat. cum Scholia ac Notis Gafp. Valckenaer, *compact. in corio turcico, cum foliis deauratis,* 0- 18- 0 Franq. 1755

1528 ———— Heraclidæ, Græcé, Par. ap. Libert. 1627
1529 ———— Troades, Græcé, ———— ib. ib. 1622
1530 ———— Alceftis, Græcé, ib. ib. 1619
1531 ———— Oreftes, Græcé, ———— ib. ib. 1623
1532 ———— Hecuba, Græcé, ———— Par. ap. Morel. 1612
1533 ———— Medea, Græcé, ———— Par. ap. Morel. 1622
2- 5- 0

1534 Euripidis

11.15 1534 Euripidis, Medea, Hippolitus, Alcestis, & Andromache, IM-
PRESS. IN LIT?RIS MAJUSCULIS, *compaʃʃ i. corio turcico,*
cum foliis deauratis, ———— *Florent fine Anno,*

2.15 1535 ———— Tragœdiæ Omnes, Gr. & Lat. per Canterum, *com-*
paʃʃ. in corio turcico, cum foliis deauratis, 2 vol. *Genev.* 1602

1536 Eusebii, Polychronii, Pselli in Canticum Canticorum Expositiones, Græcé, a Joan. Meursio, *L. Bat.* ·617

1537 Idem Liber, ———— *ibid* 1617

1.3 1538 Euftathii (Sancti) in Hexameron Commentarius, & Differtatio adversus Originem, Gr. & Lat. cum Notis Leonis
Allatii, ———— ———— *Lugdun,* 1629

1539 Eutropii Hiftoria, in usum Delphini, *Par.* 1683

1540 Fabri (Tanaquilli) Epiʃʃolæ, ———— *Salmur.* 1674

1541 Fabricii (Joan.) Hiftoria Bibliothecæ Fabricianæ, *Wolfenb.*
1717

1542 ———— (Alb.) Bibliographia Antiquaria, *Hamb* 1716

1543 ———— Bibliotheca Græca, 14 vol. ——— *ibid.* 1708

1544 ———— Bibliotheca Latina, 2 vol. ——— *Venet.* 1728

1545 ———— Bibliotheca Latinæ Mediæ & Infimæ Ætatis, 6 vol.
Patav. 1754

1546 ———— Augufti Cæfaris Temporum Notatio, Genus, &
Scriptorum Fragmenta, &c. ———— *Hamb.* 1727

1.19 1547 Faerni Fabul.·, Lat. & Fran. *chart. max. elegantiʃʃimé compaʃʃ.*
in corio turcico, cum foliis deauratis, *Lond.* 1743

1548 Feftus (Pomp.) & Ver. Flaccus de Verborum Significatione,
cum foliis deauratis, ———— *Par.* 1681

1549 Florus (Lucius) in usum Delphini, ——— *ib.* 1674

1550 Funccius (Nic.) de Origine Linguæ Latinæ, 3 vol *Maʃp.*
Catt. 1735

1551 Galeni Diffectio Venarum Arteriumque, Ant. Fortolo interprete, *Par. ap. Colin.* 1526

1552 ———— Exhortatio ad Diffendas bonas Artes, Græcé, a Joan.
Poʃʃe.io, . *Roʃʃoch.* 1591

1553 ———— Opera varia, Græcé, per Joan. Caium, *Baʃ. ap.*
Froben. 1544

1554 ———— Quod optimus Medicus Idem fit & Philofophus, &
optimo docendi genere, Græcé, *Lut. ap. Morell.* 1577

1555 ———— Opufcula varia, ·a Goulftono, ——— *Lond.* 1640

1556 ———— de Marcore Libellus, Herm. Cruferio Compensi interprete, ———— *Par ap Wechel.* 1533

1557 ———— de Offibus, Græcé, *Par. ap. Vaʃcofan,* 1543

1558 ———— de Pulfium usu, Thom. Linacro interprete, *Lond.*
ap. Pynʃon, 1522 ———— Ejufdem de Naturalibus Facultatibus
Libri, Thom. Linacro interprete, *Lond. ap. Pynʃon,* 1523
———— Ejufdem de Symptomatum Differentiis Liber, Thom.
Linacro interprete, ———— *Lond. ap. Pynʃon,* 1524

1559 Galeni

£

12 — 1559 Galenus de Locis Affectis, Latiné, a Gul. Cope, LIBER IM-
PRESSUS IN MEMBRANIS ET ILLUMINAT. *compact. in
corio turcico, cum foliis deauratis,* Par. ap. Hen. Stephan. 1513 *12. 0. 0*

Willet

F O L I O.

11 — 1560 Dionis Cassii Historia, Gr. & Lat. a Xylandro, *ap. Henr.*
Stephan. 1591 *0.. 11.. 0*

10.6 1561 ——————— Historia, Gr. Lat. a Leunclavio, Hanov. 1606 *0.. 10. 6*

2.19 — 1562 ——————— Historia, Gr. & Lat. ab Alb. Fabricio & Sam.
Reimaro, 2 vol. ——————— Hamb. 1752 *2.. 19. 0*

2.6 1563 ——————— Historia, Gr. & Lat. a Falconio, Tom. 1.
Neapol. 1747 *0.. 2.. 6*

5 — 1564 ——————— Historia, Græcé, Lutet. ap. Rob. Steph. 1548 *0.. 5. 0*

2.6 1565 Dionysii Areopagitæ, Gr. Lat. a Pet. Lansselio, Par. 1615 *0.. 2.. 6*

10 — 1566 ——————— Opera, Gr. Lat. cum Scholia S. Maximi, & Para-
phrasi Pachymeræ, 2 vol.. ——— Antv. ap. Plant. 1634 *0.. 10. 0*

5. 10 1567 ——————— Halicarnassei Opera, Latiné, per Lappum Biragum,
exemplar pulcherrimum, & *compact. in corio russico,* Tarvis. *5.. 10. 0*
Ed. Princeps & H. ap. Bern. Colerum, 1480

12 1568 ——————— Halicarnassei Opera, Gr. & Lat. Sylburgii, Lips. 1691 *0.. 12. 0*

15. 10 1569 ——————— Halicarnassei Opera, Gr. & Lat. per Joan. Hudso-
num, *chart. max.* & *compact. in corio turcico,* 2 vol. *15.. 10. 0*
Elmsley Oxon. 1704

8 1570 Diophanti Alexandrini Arithmetica, Gr. & Lat. cum Commentariis Gasp. Bacheti, ——— Par. 1621 *0.. 8. 0*

9 1571 —— Idem Liber, Gr. & Lat. Tolos. 1670 *0.. 9. 0*

1.6 1572 Dioscoridis Opera, Gr. & Lat. a Marc. Vergilio, Colon. 1529 *0.. 1. 6*

7 1573 ——————— Opera, Gr & Lat. a Saraceno, ap Wechel. 1598 *0.. 7. 0*

5 1574 Doleti (Stephani) Commentaria Linguæ Latinæ, *exemplar
pulchrum, compact. in corio turcico, cum foliis deauratis,* 2 vol. *5.. 0. 0*
Lugdun. ap Gryph. 1536

1.13 1575 D'Orville (Philippi) Sicula, a Burmanno, Amst. 1764 *1.. 13. 0*

61 — 1576 Durandi Rationale divinorum Officiorum, EDITIO PRINCEPS,
IMPRESS. IN MEMBRANA, *compact. in corio russico,* & *exem- 61.. 0. 0
plar pulcherrimum,* 2 vol. *Willet & ....* Mogunt. ap. Fust. 1459

2.. 6 1577 Ectypa Varia ad Historiam Britannicam illustrandam Ære
olim insculpta, curâ Thom. Hearne, *Nicol* Oxon. 1737 *2.. 6. 0*

7.6 1578 Ephraimus (Sanctus) Græcé, *chart. max. compact. in corio
turcico,* Oxon 1709 *0.. 7. 6*

3. 15 1579 Ephraimi Syri (Sancti) Opera omnia, Gr. Syr. & Lat. ab
Assemanno, 6 vol. ——————— Romæ, 1743 *3.. 15. 0*

11 1580 Epigrammata Antiquæ Urbis, *compact. in corio turcico, cum
foliis deauratis,* ——————— Romæ, 1521 *0.. 11. 0*

11 1581 Epiphanii (Sancti) Opera, Gr. & Lat. a Valesio, Gr. &
Lat. ——— ——— Colon. 1652 *0.. 11. 0*

I 1582 Epi-

1576 a doubt was started whether it was an
agreable to de Burres desirm & was complete

— *6*— 1582 Epiſtolæ Græcanicæ mutuæ, Gr. & Lat. a Jac. Cujacio
                                                     Aurel. Allob. 16c6

—*3.9*1583 Eraſmi Adagia, ————— *Colòn.* 1612

*2.12-6*1584 Etymologicon Magnum Græcum, EDITIO PRINCEPS, *Im-*
    Wadhull
                                    penſ. Nic. Blaſti, Venet. 1499

—*1*— 1585 Euclidis Elementorum Libri ſex, Gr. & Lat. a Fed. Com-
    mandino, ————— ————— *Lond.* 1620

1.14— 1586 ———— Opera omnia, Græcé, *exemplar pulcherrimum, & com-*
    paﬅ. in corio turcico, ———— *Baſ. ap. Hervag.* 1533

1.5— 1587 ———— Opera omnia, Gr. & Lat. a Dav. Gregorio, *chart.*
    max. ————— ————— *Oxon.* 1703

—*4*—1588 Euripidis Hecuba & Iphigenia, Eraſmo interprete, *ap.*
                                                     Aſcenſ. 1506

—*13*1589 ———— Tragœdiæ, Gr. & Lat. cum Notis in omnes Tragœ-
    dias Gaſp. Stibini, & Mycilli Vita Euripidis, cum Joan.
    Brodæi Annotationibus, ————— *Baſ.*1562

Tenth Day's Sale, *Thurſday, February* 23.

O C T A V O & *Infra.*

LOT

—*5*—1590 CRitica Vannus in Inanes Joan. Corn. Pavonis Paleas, cum
      Epilogo & Indiciis neceſſariis, *Amﬅ.* 1737

—*5-6*1591 Cruſii (Chriﬅ.) Probabilia Critica, — *Lipſ.* 1753

—*1.6*1592 Culleni Synopſis Noſologiæ Methodicæ, *Edinb.*1772

—*1.6*1593 Cuperi (Giſb.) Obſervationes, *Traj. Rhen.* 1670

—*1.6*1594 Curopalata de Officialibus Palatii Conﬅantinopolitani, Gr.
    Lat. cum Notis Julii Pacii, ———— *Lugdun.*1588

1.11-6 1595 Curtius (Quintus) *exemplar pulcherrimum, compaﬅ. in corio tur-*
    cico, cum foliis deaurat. *Ven. ap. Ald.* 1520

— *1.6* 1596 Cydonii de contemnenda Morte Oratio ; Hermiæ Irriſio
    Gentilium Philoſophorum, Gr. & Lat. a Ralph. Seillero,
                                     Baſ. ap. Oporin, 1553

—*2*—1597 Idem Liber, *exemplar nitid.* ————— *ib. ib.* 553

—*3.9* 1598 Cyprii (Greg.) Maris, ſive univerſæ aquarum Naturæ Lau-
    datio, Gr. & Lat. a Fed. Morello, *Lutet. ap. Morell.* 1597

—*2*—1599 Cyrilli (Sanﬅi) Catecheſes, Græcé, ex Bibliotheca Henr.
    Memmii, ————— *Par. ap. Morell.* 1564

—*1.3*1600 ———— (Sanﬅi) Homiliæ in Jeremiam Prophetam, Gr. &
    Lat. a Balth. Corderio, — *Antv. ap. Plant.* 1548

——*6* 1601 Dauſqueii Notæ in Quintum Calabrum, *Francſ.* 1614

                                                      1602 Dede-

— 6 1602 Dedekindus de Morum Simplicitate,   *Francf.* 1584 0- 0- 6

11. 11 — 1603 Definitiones Virtutum & Vitiorum ex Aristotele, Græcè, IM-
Mason PRESS. IN MEMBRANIS, CUM INITIALIBUS LITERIS 11-11-0
DEPICT. *compact. in corio turcico, cum foliis deaurat. Par* 1529

2. 3 1604 Demetrius Pepagomenas de Podagra, Gr. & Lat. cum Notis 0-2. 3
Steph. Bernardi, ——   *Lug. Bat.* 1743

4. 3 1605 —— de Podagra, Gr. & Lat.   *Par. ap. Morell.* 1558 0- 4-3

3. 9 1606 ——• Phalereus de Elocutione, Græcè,   *Florent. ap.* 0-3-9
  Junt. 1552

10. 6 1607 —— Phalereus de Elocutione, Græcè, *Par. ap. Morell.* 0- 10. 6
  1555

1.3 1608 Demophili, Democratis & Secundi veterum Philosophorum 0-1. 3
Sententiæ Morales, Gr. Lat. ab Holstenio   *Rom.* 1628

2 — 1609 Demosthenis Orationes, Græcè, ——   *Argent.* 0-2. 0

9 — 1610 —— —— Opera, Latiné, per Wolfium, 3 vol. *Venet.* 1550 0. 9- 0

1. 2 — 1611 —— Orationes, Græcè, *compact. in corio turcico, cum* 1" 2. 0
foliis deauratis, 3 vol. —— *Ven. ap. Ald. Manut.* 1554

3- 10 – 1612 —— Orationes, Græcè, a Bern. Feliciano, *compact.* 3-10.0
in corio turcico. cum foliis aeauratis, 3 vol.   *Venet.* 1543

10 – 1613 —— —— Orationes de Republica, Gr. & Lat. cum Notis 0-10. 0
Lucchesini, Edid Guil. Allen, 2 vol.   *Lond.* 1755

10. 6 1614 —— selectæ Orationes, Gr. & Lat. a Mountenay, 0-10.6
chart max. Hunter   *Cantab* 1731

13 – 1615 —— Orationes, Græcè, cum Commentariis variorum, 0- 13.0
& Jac. Reiske, 2 vol.   *Lips.* 1770

2. 3 1616 Dicearchi Geographica quædam, cum interpretatione ac Notis 0-2. 3
Hen. Stephani, ——   *ap. Hen. Steph.* 1539

2. 6 1617 Dicta Septum Sapientum, Græcè, *Par. ap. Morell.* 1563 0-2- 6

14 – 1618 —— Septem Sapientum, Græcè, *chart. max. ib. ib* 1563 0-14-0

1- 2 1619 —— Philosophorum, Imperatorum, Oratorumque, & Poeta- 1" 2. 0
rum, Græcè, ab Archiep. Arsenio, *compact. in corio turcico,*
cum foiis deaurat.   *Rom.*

2. 6 1620 Didymus in Homeri Odisseam, Græcè, *Par.* 1530 0- 2. 6

1. 6 1621 —— in Homeri Odisseam, Græcè, —— *ib.* 1530 0-1. 6

16 – 1622 —— in Homeri Iliadam & Odysseam, 2 vol. *Ven. ap.* 0- 16. 0
  Ald. 1528

2 — 1623 Dilheri Apparatus Philologiæ, —— *Norimb.* 1660 0. 2. 0

1 –1624 Dillinghami Vitæ Chadertoni & Usserii, *Cantab.* 1700 0. 1. 0

1. 6 1625 Diogenes Laertius, & Hesychius de Vitis Philosophorum, 0. 1. 6
Gr. Lat. cum Notis Casauboni. *ap. Hen. Steph.* 1593

10. 6 1626 —— Laertius de Vitis Philosophorum, Gr. & Lat. *compact.* 0-10- 6
in corio turcico, 2 vol.   *ap. Hen. Steph.* 1570

1. 6 1627 Dionysii Exigui Codex Canonum, *Lut. Par.* 1628 0-1- 6

1628 —— Areopagitæ Opera, Græcè, *Par. ap. Morell.* 1562

1629 —— Areopagitæ Opuscula, Græcè, *compact. in corio tur-* 0-11. 6
cico, cum foliis deaurat. — *Florent. ap. Junt.* 1516

4 — 1630 —— de Coelesti Hierarchia; de Divinis Nominibus; de 0-4. 0

Pontificale Dignitate; de Myſtica Theologia, &c. &c.
Græcé, ——————— ap. Junt. 1516

1631 Dionyſius Alexandrinus de Situ Orbis, Gr.   Eton,

1632 ——————— de Situ Orbis, Gr. interfoliat.   Eton,

1633 ——————— de Situ Orbis, Gr. Lat. a Fabro,   Par. 1676

1634 ——————— de Situ Orbis, Gr. Lat. cum Commentariis Euſtathii, ——————— ——— Oxon. 1710.

1635 ——————— Orbis Deſcriptio, ab Hill,   Lond. 1688

1636 ——————— Orbis Deſcriptio, Græcé & Latiné ad verbum, ut
conferri a ſtudioſis poſſit,   Baſ. 1556

1637 ——————— Orbis Deſcriptio, interprete Andrea Papio; Muſæi
Hero & Leander, Gr. & Lat. ab And. Papio,   Antv. ap.
Plantin. 1575

1638 ——————— Orbis ·Deſcriptio; Arati Aſtronomicon ; Procli
Sphæra, Gr. & Lat. cum Scholiis Ceporini,   Baſ. 1523

1639 ——————— Halicarnaſſeus de Structura Orationis, Gr. & Lat.
ab Uptono, ——————— ——— Lond. 1728

1640 ——————— Idem Liber, ab Uptono, chart. max.   ib. 1702

1641 ——————— Halicarnaſſei reſponſio ab Pompeii Epiſtolam ; Ejus
ad Ammæum Epiſtola, alia præterea, Gr. Lat.   Lutet. ap.
Car. Stephan. Ejuſdem nonnulla Opuſcula a Staniſlao Latinitate donata,   Lut ap. Rob. Steph.1556

1642 Dioſcoridis Opera, interprete, ab Antonio Saraceno, Francſ.
ap. Wechel. 1598

1643 ——————— Opera, Gr. & Lat. ——— Par. 1549

1644 ——————— Opera, Græcé,   Baſ. 1529

1645 ——————— Opera, Græcé,   Ven. ap. Aldum, 1518

1646 ——————— Parabilium Libri duo, Gr. & Lat. a Joan. Moi-
bano & Con. Geſnero, cum foliis deauratis,   Argent. 1565

1647 Diverſorum veterum Poetarum in Priapum Luſus; Virgilii
Copa; Ætna Incerti Authoris, &c. &c. exemplar pulcherrimum, compact. in corio turcico, cum figuris deauratis,   Ven.
ap. Ald. 1517

1648 Dodwellus (Henr.) de Ætatibus Phalaridis & Pythagoræ,
Lond. 1704

1649 Dounæi Prælectiones in Philippicam de Pace Demoſthenis,
Lond. 1621

1650 Duchatii (Yvonis) belli Sacri a Francis aliiſque Chriſtianis
adverſus Barbaros geſti pro Sepulchro & Judæa recuperandis
Narrationes, Græcé,   Par.1620

1651 Eclogæ Vergilii, Calphurnii, Nemeſiani, Fran. Petrarchæ,
Boccaccii, Bapt. Mantuani, & Pomp Gaurici, CUM LITE-
RIS CAPITALIBUS DEPICTIS,   Florent. ap. Junt. 1504

1652 Edrychus (Geo.) in Libros Æginetæ,   Lond. 1588

1653 Eirioi Fons movendi Voces, Mentis Lumina, Gr. Lat. &
Ital. ——————— ——— Par. 1699

1654 Elegiaca Græca, ——————— Oxon. 1759

1655 Elementa

1655 Elementa Rhetorica ex Cicerone & Quintiliano, — 1768
11. 1656 Elfneri Obfervationes facræ in Novi Fœderis Libros, 2 vol.
Traj. ad. Rhen. 1720
1657 Enocus (Lodov.) de puerili Græcarum Literarum Doctrina,
exemplar pulcherrimum, compact. in corio turcico, & lineis rubris,
ap. Rob. Stephan. 1555
1658 Epiciæ Elegiacæque Minorum Poetarum Gnomæ, Gr. Lat.
a Sylburgio, ————— *Francf.* 1591
3. 1659 Epictetus, Arriani, Græcé, — *Ven. ap. Zanetti,* 1535
2. 1660 Epictetus & Cebes, Gr. & Lat. cum Simplicii & Arriani Commentariis, ————— —— *Lond.* 1670
7. 1661 ———— & Cebes, Gr. & Lat. a Berkelio, *Delph. Bat.* 1683
1. 1662 ———— & Cebes, Gr. & Lat. *Antv. ap. Plant.* 1578
1663 ———— & Cebes, Gr. & Lat. a Wolfio, *Baf.* 1561
1664 ———— & Cebes, Gr. & Lat. a Wolfio & Simplicio, 2 vol.
Colon. 1596
1665 Epicteti Enchiridion, Græcé, ———— *Glafg.* 1751
1666 Epigrammata Græca, Gr: & Lat. ———— *Colon.* 1525
1. 1667 ———— Græca, Gr. & Lat. ———— *Bafil.* 1529
2. 1668 ———— veterum Poetarum, cum Epitaphiis & Epigramma-
tis Camerarii & Mycylli, Græcé, —— *Bafil.* 1538
1669 ———— Græca felecta ex Anthologia, interpretata ad
Verbum & Carmine, ab Henr. Stephano, *ap. Hen. Steph.*
1570
3. 1670 ———— ex Libris Græcæ Anthologiæ, a Florente Chriftiano
felecta, & Latine verfa, *compact. in corio turcico, cum foliis*
deauratis, ————— *Lutet. ap. Rob. Steph.* 1608
12. 1671 ———— & Poematia veterea, *compact. in corio turcico,* Par.
ap. Du Vall. 1590
1672 Epigrammatum Delectus, ex verfibus & recentioribus Poetis,
Par. 1659
2. 1673 Epiphanii (Sancti) Phyfiologus, Gr. & Lat. *cum figuris, Antv.*
ap. Plantin. 1588
3. 1674 Idem Liber, ———— *ib. ib.* 1588
1675 Epiftolæ Obfcurorum Virorum, ———— 1556
10. 1676 ———— Obfcurorum Virorum, *compact. in corio turcico, cum*
foliis deauratis, 2 vol. ————— *Lond.* 1710
1677 Epiftolis (de confcribendis) Gr. & Lat. *Par. ap. Morell.* 1549
1678 Erafmi Opufcula, *foliis deaurat.* *Venet. ap. Ald.* 1518
1679 ———— Colloquia, —— *Lug. Bat. ap. Elz.* 1643
1680 ———— Moriæ Encomium, *exemplar. pulcherrimum, compact.*
in corio turcico, cum foliis deauratis, *Venet. ap. Ald.* 1515

QUARTO.

[62]

QUARTO.

— *12*—1681 Gallæus de Sibyllis eorumque Oraculis, 2 vol.   *Amſt.* 1688
— *1. 9* 1682 Gazæus (Æneas) & Zach. Mitylenæus de Immortalitate Animæ & Mortalitate Univerſi, Gr. & Lat. cum Notis Gaſp.
 Barthii, —————————   *Lipſ.* 1655
— *1. 6* 1683 Idem Liber, Gr. & Lat.   ————   *ibid.* 1655
— *14* — 1684 Gellii (Auɔi) Noctes Atticæ, a Gronovio,   *Lug. Bat.* 1706
— *2* —1685 Geographica Antiqua, Hoc eſt Syllacis Periplus Maris ; Anonymi Periplus Ponti Euxini, &c. Agathemari, Geographia,
 &c. Gr. Lat. a Gronovio,   ————   *L. Bat.* 1697
— *6* —1686 Geraſini (Nicom.) Arithmetica, Græcé, *Par. ap. Wechel.*1538
— *11* —1687 Geret (Sam Luth.) de Aldi Pii-Manutii Vita Meritiſque in
 Rem Literatam,   *Vitemb.* 1753
— *1* —1688 Geſneri (Con.) Epiſtolæ Medicinales, *8 B*   *Tigur.* 1577
— *10. 6* 1689 Girardi (Car.) Græcæ Inſtitutiones, *Liber rariſ. Par. ap.*
    Colin. 1541
1. 12—1690 Gnomologia Poetica Græca, Gracé, *compaĉt. in corio turcico,*
 cum foliis deauratis, *Mason*   *Par. ap Bolſecum,* 1512
17. 17—1691 Gnomologia Poetica Græca, & Muſæus Græcé, EDITIO
 PRINCEPS, IMPRE S. IN LITEP IS CAPITALIBUS, ET IL-
 LUMINAT. *compaĉt. in corio turcico, cum foliis deauratis, ſine*
 Nich   loco vel anno.
— *1* — 1692 Godwinus de Præſulibus Angliæ,   *Lond.* 1616
— *2* — 1693 Gorter de Perſpiratione Inſenſibili,   *Lug. Bat.* 1725
— *6. 6* 1694 Grant (Edw.) Græcæ Linguæ Spicilegium, ad Gulielmum
 Cecilium Baron. Burghleium,   ————   *Lond.* 1575
— *1. 3* 1695 Gregorii (Sancti) Orationes duæ Græcé,
— *9* — 1696 Grotii (Hug.) Excerpta ex Tragediis & Comœdiis Græcis,
 Gr. & Lat.   ————   *Par* 1626
— *1* —1697 Gualtheri Antiquæ Tabulæ Siciliæ, &c.   *Meſſan.* 1625
— *2. 6* 1698 Gudii & Sarravii Epiſtolæ, a Burmanno,   *Ultraj.* 1697
— *2. 3* 1699 Gyllius (Petrus) de Topographiæ Conſtantinopoleos, & de
 Illius Antiquitatibus,   ————   *Lond. ap Rouil.* 1562
— *13* — 1700 Gynæcia ; Hoc eſt de Mulierum Morbis, *cum indicibus, ex-*
 emplar nitid. 4 vol.   ——   *Baſ. ap. Guarin.* 1566
— *2. 6* 1701 Hagenbachii Epiſtolæ Epigraphicæ,   *Tigur.* 1747
— *1* —1702 Hallervordii Bibliotheca Curioſa,   ——   *Francf.* 1676
— *1* — 1703 Hanthalleri Exercitationes in Numis Veterum pro Tyronibus,
 in duas partes,   ————   *Norimb.* 1735
— *1* —1704 Harmenopuli (Conſtant.) Epitome Juris Civilis, *Par. ap.*
    Wechel. 1540
— *5* — 1705 Harpocration de Vocibus, Græcé, cum Notis Jac. Gronovii,   ————   *Lugd. Bat.* 1696
— *7* 1706 ——————— Lexicon decem Oratorum, Gr. & Lat. a Blancardo, cum Notis Mauſſaci & Valeſii,   *ibid.* 1683
    1707 Har-

4. 6   **1707** Harpocrationis Dictionarium in decem Rhetores, Gr. & Lat.
        a Phil. Mauffaco.   —   *Par. ap Claud. Morel* 1614   0- 4. 6

1 — **1708** Harveii (Gabr.) Oratio de Natura, Arte & Exercitatione
        Rhetorica, *Lond.* 1577—Ejufdem Mufarum Lachrymæ, pro 0. 1. 0
        Obitu Thom. Smithi Equitis Britan'.   —   *Lond* 1578

11. 6 **1709** ——— (Guil.) Opera omnia Medica, *compact. in corio turcico,* 1- 11. 6
        cum foliis deauratis, 2 vol.   —   *ib.* 1766

16 — **1710** Heath (Benj.) Lectiones ad Tragicorum Græcorum veterum
        Dramata.   —   *Oxon.* 1762   0-16.0

1 — **1711** Heinfii (Dan.) Peplus Græcorum Epigrammatum, Græcé,
                         Lug. Bat. 1613   0-1. 0

3 — **1712** Heliodori Æthiopica, Græcé   *Baf. ap. Hervag.* 1534 0-3. 0

4 — **1713** ——— Lariffæi Optica, & Hypficlis Anaphoricus, Gr. & Lat.
        cum Animadverfionibus Erafmi Bartholini, 2 vol. *Par.* 0- 4. 0
                          ap. Cramoify, 1657

4. 6 **1714** Hephæftion de Metris & Poemate, cum Scholiis Antiquis, 0- 4. 6
        & Animadv. Corn. de Pauw, Wetfull *Traj. Rhen.* 1726

14 — **1715** ——— de Metris, *exemplar elegantiffimum, cum foliis deau-* 1. 14. 0
        ratis,   —   *Par. ap. Turneb.* 1553

3 **1716** Heraldi Animadverfiones ad Libros 12 Epigrammat. Mar-
        tialis, *Par.* 1600 —— Langii Index omnium Vocabulo- 0- 3. 0
        rum quæ in Martialis Poematum Libris reperiuntur, *Par.*
                        1600

14 **1717** Hermetis Trifmegifti Pimander, Gr. Lat. *Par. ap. Turneb.* 1554 0-14. 0

5. 6 **1718** ——— Pimandras, Gr. & Lat.   —   *Burdigal,* 1574 0-5. 6

5 — **1719** ——— Pimander, feu de Sapientia divina, interprete Mar-
        filio Ficino—— *Impreffum & expletum eft div niffimum pre-*
        fens Opufculum in nobili Urbe Maguntina Artis Impreffo- 0-5. 0
        rie inventrice illuminatriceq. prima ——— *.Per Joan. Schoeffer*
        Anno Domini Millefimo quingentefimotercio———*In Vigilia Pal-*
        marum

1. 3 **1720** Hermogenes de Methodo Gravitatis, Græcé, *Par. Wechel.* 1531 0-1. 3

1. 6 **1721** ——— de Methodo Gravitatis, Græcé,   *ib. ib.* 1548 0-1. 6

2. 6 **1722** ——— de Formis Orationum, Græcé,   *ib. ib* 1531 0-2. 6

7. 6 **1723** Herodiani Hiftoria, Græcé, cum Angeli Politiani Interpreta-
        tione, cum Emend. Henr Stephani, *ap. Henr. S.ephan.* 1581 0-7. 6

1. 6 **1724** ——— Hiftoria, Græcé, a Politiano,   *Lovan.* 1525 0-1. 6

1 — **1725** Herodoti Clio & Euterpe, Græcé,   *Par ap. Wechel.* 1563 0-1. 0

2. 9 **1726** ——— de Vita Homeri, Gr. & Lat. & Item Hiftoria Græca-
        rum & Latinarum Literarum Joan Reinoldii, *Lond.* 1752 0-2. 9

1 — **1727** Heronis Ctefibii Belopoeeca, Gr. & Lat. cum Scholiis Bern.
        Baldi,   —————   *Aug. Vind* 1616 0-1. 0

1 — **1728** Hefiodi Opera & Dies, Latiné, a Joan. Brixio, *Lugdun.*
                         ap Paganum, 1550 0-1. 0

6 **1729** ——— Opera omnia, Græcé, cum Scholiis Græcis, *Ven.*
                         ap. Zanett. 1537 0-0. 6

9 **1730** ——— Opera omnia, Gr. & Lat. cum Græcis Scholiis, &
        Notis Dan. Heinfii,   —   *ex Officina Plant.* 03 0-9. 0

                                FOLIO.

F O L I O.

— 1731 Eufebii & aliorum Hiftoriæ Ecclefiafticæ, Græcé, *Lut. Par.*
ap. Rob. Stephan.1544

— 1732 ———— aliorumque Hiftoriæ Ecclefiafticæ, Gr. & Lat. cum Annotationibus Henr. Valefi, 3 vol. *Par.*1673

1733 ———— aliorumque Hiftoriæ Ecclefiafticæ, Gr. & Lat. cum Notis Henr. Valefii & Gul. Reading, 3 vol. *Cantab.*1720

1734 ———— Preparatio Evangelica, Ejufdem Demonftratio Evangelica, Græcé, *Lutet. ap. Rob. Stephan.*1545

1735 ———— Thefaurus Temporum, a Scaligero, *Amft.*1658

1736 Euftathius in Homerum, Græcé, 3 vol. *Baf. ap. Froben.*1560

1737 ———— in Homerum, Græcé, 4 vol. *Rom.*1550

1738 Euftathius in Homeri Iliados quinque Libros priores, IMPRESS. IN MEMBRANA, ———— *Romæ,* 1550

1739 ———— in Homeri Iliadem, Gr. & Lat. per Alex. Politum, 3 vol. *Florent.* 1735

1740 Euftratii & aliorum Commentarii in Ariftotelis de Moribus, Græcé, ———— *Venet. ap Hæreæ. Aldi,* 1536

1741 Euthymii Zygadeni Panoplia Dogmatica, *Græcé, Tirgov.*1710

1742 Eutropii Hiftoria, EDITIO PRINCEPS, *exemplar pulcherrimum, & compact. in corio ruffico,* ———— *Romæ,*1471

1743 Fabri (Baf.) Thefaurus Eruditionis Scholafticæ, 2 vol. *Lipf.*1733

1744 Faleti (Hieron,) Orationes, ———— *Ven. ap. Ald.* 1558

1745 Fazelli & aliorum Hiftoria Rerum Sicularum, *Francf. ap. Wechel.* 1579

1746 Fefti (Pomp.) Collectanea prifcorum Verborum, *exemplar pulcherrimum, compact. in corio turcico, fine Loci vel Typographi Indicio,*

1747 Ferrarii Hefperides, five de Malorum Aureorum Cultura & Ufu, *compact. in corio turcico, cum foliis deaurat.* ET FIGURIS ILLUMINAT. *Romæ,* 1646

1748 Flori (Lucii) Hiftoria, EDITIO PRINCEPS, *fine Anni & Loci, vel Typographi Indicio,*

1749 Frefne (Du) Gloffarium ad Scriptores Mediæ & Infimæ Græcitatis, 2 vol. *Lugdun.* 1688

1750 Frælich (Erafm.) Annales Compendiarii Regum, & Rerum Syriæ, numis veteribus Illuftrati, *Viennæ,* 1754

1751 Galeni de Ufu Partium Corporis Humani Libri decem, & alia quædam, Græcé, *Par. ap. Wechel.*1543

1752 ——— Opera omnia, Græcé, 5 vol. *Baf.* 1538

1753 ——— Opera omnia, Græcé, *compact. in corio turcico, exemplar pulcherrimum, cum foliis deauratis;* CHART. MAX. 5 vol. *Venet. ap. Ald.*1525

1754 Gellii (Auli) Noctes Atticæ, *compact. iu corio turcico, & liber rariffimus,* *Ven. ap. Jenfon,*1472

1755 Ger-

5 —   1755 Gerbelii (Nic.) Defcriptio Græciæ Antiquæ,   *Baf. ap. Opo-* 0-5-0
                                                         rin. 1550
1.6   1756 Gilbertus (Guil.) de Magnete,   ———   *Lond.* 1600 0-1-6
1.9 — 1757 Godwinus (Fran.) de Præfulibus Angliæ, cum Annota-
            tionibus Gul. Richardfoni, *chart. max.* 2 vol.   *Cantab.* 1743 1-9-0
16.6 1758 Goltzii (Huberti) Imperatorum Imagines, *cum foliis deau-*
            ratis,   *Antv.* 1557 0-10-6
11 — 1759 Goropii Becani Opera, 2 vol.   —   *Ant. ap. Plant.* 1580 0-11-0
1 —   1760 Gorræi (Joan.) Opera,   *Par.* 1622 0-1-0
20 — 1761 Grævii & Eurmanni Thefaurus Antiquitatum & Hiftoriarum
            Italiæ, Neapolis, Corficæ, Melitæ atque adjacentium Ter- 2.0.0-0
            rarum Infularumque, 45 vol. *Scriet* *L. Bat.* 1725, &c.
26.10.1762 ——— & Gronovii Thefaurus Antiquitatum Romanarum & 26-10-0
            Græcarum, 25 vol. *Hæ*   *Traj. Rhen,* 1694, &c.
2.6 1763 Grammatici veteres Latini,   ———   *Pifaur.* 1513 0-2-6
1 — 1764 Gregorii Nazianzeni Opera, Græcé,   ———   *Baf.* 1650 0-1-0
1.3 1765 Gruchius (Nic.) de Comitiis Romanorum, *Lutet. ap. Vaf-*
                                                 cofan, 1555 0-1-3
4 —   1766 Gruteri (Jani) Corpus Infcriptionum, cum Annotationibus 4.0-0
            Grævii, *chart. max.* 4 vol. *Waddilow*   *Amft.* 1707
15   1767 Gyraldi (Lili) Opera, a Colomefio, 2 vol.   *Lug. Bat.* 1696 0-15-0

❁❁❁❁❁:❁❁❁❁❁❁:❁❁:❁:❁:❁:❁❁❁❁❁❁:❁❁❁❁❁

Eleventh Day's Sale, *Friday, February* 24.

O C T A V O & *Infra.*

LOT
2.6 1769 **E**RNESTI (Jo. Aug.) Opufcula Oratoria,   *Lug. Bat.* 1762 0-2-6
1.3 1770   Euclidis Elementa, per Dafypodium, Gr. Lat. *Argent.* 0-1-3
                                                          1571
1.9 1771 Euclidis Elementa, Gr. Lat.   ———   *Lutet.* 1557 0-1-9
6.6 1772 ——— Elementa, Gr. Lat. *chart. max.*   *ib.* 1557 0-6-6
1.9 1773 Eunapius de Vitis Philofophorum, Gr. Lat. ab Andr. Schotto,
            &c.   *ap. Paul Stephan.* 1616 0-1-9
1.6 1774   —— de Vitis Philofophorum, Gr. Lat.   *Antv.* 1568 0-1-6
3 — 1775 Euripidis tres Tragœdiæ, Phæniffæ, Hippolitus coronatus,
            atque Andromache, in Latino Carmine converfa, a Georgio 0-3-0
            Ratallero,   ———   *Antv. ap. Plantin.* 1581
3.3 1776 ——— Phæniffæ, Gr. Lat. a Grotio,   *Amft.* 1631 0-3-3
3.3 1777 ——— Hecuba & Iphigenia, Gr. Lat. ab Erafmo,
                                              Baf. 1524 0-3-3
K   1778 Eu-

— 1 —1778 Euripidis Medea & Alceſtis, a Buchanano, *Edinb.* 1722

— 1 —1779 ———— Medea & Alceſtis, Buchanani, *ib.* 1722

—6 — 1780 ———— Electra, Gr. Lat. a Victorio, ——— 1546

1.12— 1781 ———— Electra, Græcé, *compact. in corio turcico, cum foliis deauratis,* ——— *Romæ,* 1545

1.5 — 1782 ———— Hecuba, &. Iphigenia, in Latinum tralatæ ab Eraſmo; Eraſmus de Laudibus Henrici Septimi, & de Senectute, *Venet. ap. Ald.* 1507

—1 — 1783 ———— Phœniſſæ & Medea, a Barnes, *Lond* 1715

—13 — 1784 ——— Medea & Phœniſſæ, a Piers, *chart. max.* *Cantab.* 1703

—4—1785 ———— Iphigenia in Aulide; & Iphigenia in Tauris, Gr. e Lat. a Marklando, ——— *Lond.* 1771

—15—1786 ——— Hecuba, Oreſtes, & Phœniſſæ, Gr. & Lat. a Joh. King, *chart. max.* 2 vol. ——— *Cantab.* 1726

— 8 —1787 ——— Tragœdiæ Omnes, Græcé, *Baſil* 1551

—17—1788 ——— Tragœdiæ Omnes, Græcé, *corio turcico,* *ib.* 1537

—10.6 1789 ——— Tragœdiæ Omnes, Græcé, cum Lat. Interpretatione Æmilii Porti, 2 vol. ——— *Heidelb.* 1597

1.13 — 1790 ——— Tragœdiæ Omnes, Græcé, *exemplar pulcherrimum,* 2 vol. *Venet. ap. Ald* 1503

—14 — 1791 ——— Tragœdiæ Omnes, Græcé, *exemplar pulcherrimum, compact. in corio turcico,* 2 vol. *Ant·v. ap Plantin.* 1571

—3.6 1792 Euſtathius de Iſmeniæ & Iſmenes Amoribus, Gr. & Lat. a Gaulmino, ——— *Por.*

—1.6 1793 Eutropii Breviarium Romanæ Hiſtoriæ, cum Metaphraſi Græca Pæanii, cum Notis Cellarii, *Cixæ,* 1678

— 9 1794 Exercitationes, ſeu Gymnaſma Græci Sermonis, continens Cebetis Tabulam; Capita Agapeti Herculum prodici; Orationes Iſocratis, &c. &c. Græcé, ——— 1620

—5 — 1795 Excerpta varia Græcorum Sophiſtarum ac Rhetorum, edit. a Leone Allatio, Gr. Lat. ——— *Romæ,* 1631

—19 — 1796 ——— Hiſtoriæ ex Memnone, ex Cteſia, & Agatharchide, &c. Gr. Lat. ab Hen. Stephano, *ap. Hen. Steph.* 1594

—2.9 1797 Ezekielis Tragici Judaicarum Hiſtoriarum Poetæ Tragædia ſacra, Gr. Lat. *Lutet. ap. Morell,* 1598

—3.6 1798 Fabri (Vidi) Tetraſticha Græcis & Latinis verſibus expreſſa, Florente Chriſtiano Authore, Gr. Lat. *compact. in corio turcico, cum foliis deaurat.* ——— *ib. ib.* 1584

—3 —1799 Fabricii Bibliotheca Latina, ——— *Lond.* 1703

—3 —1800 ———— Codex Apocryphus novi Teſt. *Hamb.* 1703

—12.6 1801 ——— Codex Apocryphus & Codex Pſeudographus novi & veteris Teſtamenti, 7 vol. ——— *ib.* 1713, &c.

—2.3 1802 Fabritius (Georgius) de Syntaxi Orationis apud Græcos, *Par. ap. Morell,* 1549

—2.9 1803 Familiarum Colloquiorum Formulæ, Gr. & Lat.—Cebetis Tabula;

Tabula; Incerti Authoris Felium & Murium Pugna; Homeri Ranarum ac Murium Pugna, &c. &c, Gr. & Lat. ———— ———— *Basil.* 1542

2 -7 1804 Idem Liber, Gr. & Lat. — —— *Antwerp.* 1548 0- 2'. 0

4. 6 1805 Fleetwood Inscriptionum Antiquarum Sylloge, *Lond.* 1691 0-4- 6

3. 3 1806 Florentis (Septimii in Ariftophanis Irenam Commentaria, & Ariftophanis Pax, Gr. Lat. — *Lutet. ap. Morell.* 1579 0- 3- 3

3 - {1807 Flores Apopthegmatum Græcorum, Gr. Lat. *F. ex.* 1623}
{1808 Florilegium Epigrammatum Martialis, Jof. Scaliger vertit Græcé, Gr. Lat. ———— *Lutet. ap. Rob. Steph.* 1608} 0-3. 0

/ —— 1809 Flori (Lucii) Hiftoria, a Stadio, *Antv. ap. Plantin,* 1684 0- /. 0

— 9. 1810 ———— Hiftoria, — *Lug. Bat. ap. Elz.* 1638 0- 0. 9

7. 6 1811 Fragmentum veteris Jurifconfulti de Juris Speciebus, &c. cum Notis Roveri, ———— *L. Bat.* 1739 0- 2. 6

/. 5 — 1812 Fragmenta Poetarum veterum Latinorum, *exemplar pulcherrimum, compact. in corio turcico, cum foliis deauratis. Par.* 1 5. 0 *ap. Henr. Stephan.* 1564

7 — 1813 Franci (Equitis) & Adolefcentulæ Mulieris Italæ practica Artis Amandi infigni & jucundiffima Hiftoria oftenfa, ab Hilario Drudene, ———— ———— *Urfell.* 1600 0- 7- 0

— 2 — 1814 Franklin de Linguæ Græcæ Tonis, ———— *Lond.* 1717 0- 2. 0

5 — 1815 Galenus de tuenda Valetudine, Græcé, per Joan. Caium, *exemplar elegant. cum foliis deauratis, Baf. ap. Froben.* 0- 5. 0 1549

/ 7 1816 ———— de tuenda Valetudine, Græcé, *Baf.* 1538 0- /. 0

9. 6 1817 ———— de Urinis, Græcé, *exemplar elegant. compact. in corio turcico, cum foliis deaurat.* —— *Par. ap. Colin.* 0. 9. 6

2. 2 {1818 Galeomiomachia, Tragedia Græca fic dicta, cum Præfatione Gr. Ariftuli Apoftolii, *compact. in corio turcico, cum foliis deauratis,* Malſon ———— *Ven. ap. Ald. fine Anno*} 2. 2. 0
{1819 Garthii Lexicon Latino-Græcum, ———— *Francf.* 1602}

— 6 1820 Gelafii Commentarius Actorum Nicæni Concilii, cum Corollario Theodori, Gr. & Lat. cum Notis Rob. Balforei, *Lutet. ap. Morel.* 1599 0- 0. 6

/ — 1821 Gellii (Auli) Noctes Atticæ, — *Venet. ap. Ald.* 1515 0- /. 0

/ — 1822 Idem Liber, — *ib. ib.* 1515 0- /. 0

5 — 1823 Geoffroy de Materia Medica, 3 vol. —— *Par.* 1741 0- 5. 0

9. 15 — 1824 Geographiæ veteris Scriptores Græci Minores, Gr. & Lat. ab Hudfono, *chart. max.* 4 vol. 7 β. —— *Oxon.* 1708 9- 15. 0

2. 6 1825 Geometræ (Joan.) Hymni, Gr. & Lat. per Fed. Morellium, *corio turcico,* —— —— *Lut. ap. Morell,* 1591 0- 2. 6

/. 5 — 1826 Geoponica, five Authores de Re Ruftica, Gr. Lat. cum Notis Variorum & Pet. Needham, *compact in corio turcico,* *Cantab.* 1704 1- 5. 0

3. 6 1827 Gefneri Chreftomathia Græca. ———— *Lipf.* 1753 0- 3. 6

1- 6 1828 Glafs Commentaria de Febribus, ———— *Amft.* 1743 0- /. 6

/ —1829 Gliffonius de Rachitide, *L. Bat.* 1672 0- /. 0

K 2   1830 Gno-

— 3. 6 1830 Gnomologiæ, id eft Sententiæ collectaneæ & Similia ex Demofthenis Orationibus, a Joan. Leino, Gr. & Lat.
Par. 1551

2. 5 — 1831 Goedartii Hiftoria Naturalis Infectorum, CUM FIGURIS ELEGANT. DEPICT. *compact. in corio turcica, cum foliis deauratis,* 3 vol. ———— *Medieb.*

2. 12. 6 1832 Goffelini de Ratione difcendæ docendæque Mathematices repetita Prælectio, IMPRESS. IN MEMBRANA, *compact. in corio turcico, cum foliis deauratis,* 6 ß ———— 1583

— 8 — 1833 Grabii Spicilegium SS. Patrum ut & Hæreticorum, Gr. & Lat. *compact. in corio turcico, cum foliis deauratis,* 2 vol.
Oxon. 1714

—2. 9 1834 Græcæ Orationes felectæ ex Bafilio, Chryfoftomo, Xenophonte, Thucydide, & Herodoto, Gr.cé, &c. *Genev.*
1629

— 3. 3 1835 Gregentii (Archiep. Tephrenfis) Difputatio, cum Herbano Judæo, Gr. & Lat. cum Notis Gulonii, *Lut. ap. Morel.* 1586

— 6. 6 1836 Gregorii Nazianzeni Tragœdia Chriftus Patiens, Græcé,
Par. ap. Wechel. 1544

—2. 6 1837 ———— Nazianzeni Opufcula quædam, Gr. & Lat. a Iac. Billio, ———— *Par. ap. Benenat.* 1575

1. 1 — 1838 ———— Nazianzeni Orationes Lectiffimæ, Græcé, *compact. in corio turcico, cum foliis deauratis,* *Ven. ap. Ald.* 1516

— 1. 9 1839 Gregorii Nyffeni de Iis qui adeunt Jerofolyma, Gr. & Lat.
Lutet. Rob. Steph. 1606

— 1. 6 1840 ———— Nyffeni de Refurrectione Concio, Gr. & Lat. a Fed. Morell, *Lutet. ap. Morell,* 1600

— 11. 6 1841 ———— Nyffeni de Homine Liber, Græcé, *compact. in corio turcico, foliis deauratis,* ———— *Ven. ap. Ald.* 1536

— — 6 1842 Groenvelt tutus Cantharidum Ufus, ———— *Lond* 1703

1. 3 1843 Gronovius (Fred.) in Statii Sylvas, *Hag. Com.* 1637

— 1. 3 1844 ———— Notæ in Terentium, *Oxon.* 1750

—6 6 1845 ———— Obfervationum Libri quatuor, curante Fred. Platnero, ———— *Lipf.* 1755

— 11. 6 1846 Gruteri Lampas, five Fax Artium Liberalium, 15 vol.
Francf. 1602

— 4. 6 1847 Guarini, Il Paftor Fido, *Gr. Modern.* ———— *Rom.* 1658

— 1. 9 1848 Gulielmi (Jani) Plautinæ Quæftiones, *Lutet.* 1583

— — 6 1849 Gwynne (Math.) Orationes duæ in Ædibus Grefhamiis Anno Dom. 1598, ———— *Lond.* 1605

— 1 — 1850 Hadrianus (Card.) de Sermone Latino, & modis Latine Loquendi; Ejufdem Venatio, &c. *cum foliis deauratis, Par. ap. Colin.* 1534

— 2. 6 1851 Hagenbachii & Succeri Novi Teftamenti Gloffarium Græco-Latinum, ———— *Tigur.* 1744

— 3 — 1852 Hall Mundus Alter & Idem, ———— *Francf.*
1853 Heinfii

$\mathcal{S}$ {1853 Heinſii (Dan.) Orationes, ——— *Lug. Bat.*1627}
{1854 Heinſius de Tragœdia, *compact. in corio turcico, cum foliis deau-*
rat. ——— *Lug Bat. ap Elz.*1643} 0 - 5 - 0
1 — 1855 Heiſteri Compendium Anatomicum, ——— *Amſt.*1748 0 - 1 - 0
- 6 1856 Helladii (Alex.) Status præſens Ecclefiæ Græcæ, 1714 0 - 0 - 6
1 — 1857 Heliodori Æthiopica, Gr. Lat. a Pareo, *Francf.* 1631 0 - 1 - 0
1.6 1858 ——— Æthiopica, Gr. Lat. a Commelino, 1596 0 - 1 - 6
1.6 1859 ——— Æthiopica, Gr. & Lat. a Bourdelotio, *edit. opt.*
cum figuris, ——— *Lut. Par.* 1619 0 - 1 - 6
1. 3 1860 ——— Epitomes, a Mart. Cruſio, *Francf.* 1584 0 - 1 - 3

QUARTO.

2.6 1861 Heuſingeri (Jac. Frid.) Specimen Obſervationum criticarum
in Ajacem & Electram Sophoclis, ——— *Jenæ,*1735 0 - 2 - 6
10.6 1862 Hippocrates de Circuita Sanguinis, a Vander Linden,
Lug. Bat. 1659 0 - 10 - 6
1 — 1863 ——— ——— de Morbis popularibus, Gr. Lat. a Freind,
*Lond.*1717 0 - 1 - 0
1 — 1864 ——— ——— de Morbis internis, Gr. & Lat. a Joan. Martino, ——— *Par. ap. Libert.*1637 0 - 1 - 0
1.6 {1865 ——— ——— jus jurandum, a Meibomio, *Lug. Bat.* 1643}
{1866 ——— ——— de Genitura & Natura Pueri, Gr. & Lat. a
Joan. Gorræo, ——— *Par. ap. Vaſcoſan.*1545} 0 - 1 - 6
1 — 1867 ——— ——— de Aere, Aquis & Locis, Gr. & Lat. a Joan.
Martino, ——— *Par. ap. Guillemont,* 646 0 - 1 - 0
2.9 1868 ——— ——— de Humoribus, Græcé, & Galeni in eundem
Librum Commentarius, *Lutet. ap. Vaſcoſan,*1555 0 - 2 - 9
1 — 1869 ——— ——— de Alimento, Græcé, *Par* 1569 0 - 1 - 0
5.6 1870 ——— ——— Prognoſticon Latina Ecphraſis ex Mente Galeni,
a Blond. Calexico, Gr. & Lat. *Lutet. ap. Patiſſon,*1575 0 - 8 - 6
2.7 1871 Hiſtoria Conſtantinopolitana, Græcé, ——— 1618 0 - 2 - 0
4.6 1872 Hobbeſii (Thom.) Vita, & ejus Vita carmine expreſſæ Authore Scipſo, ——— *Caralop* 1682 0 - 4 - 6
2.9 1873 Homeri Sententiæ; Gr. Lat. per Boet. Bordahuſanum,
Lovan. 1555 0 - 2 - 9
1 - *19* 1874 ——— Batrachomiomachia, Gr. & Lat. a Thilonio Philymno
interprete, ——— ——— 1513 1 - 19 - 0
Liber rariſſimus, ſine accentibus impreſſus.
6 1875 ——— Batrachomiomachia, Græcé, cum Scholia Phil. Me-
lanchthonis, ——— *Par. ap Richard.*1560 0 - 6 - 0
4. 14 — 1876 ——— Batrachomiomachia, Græcé, EDITIO PRINCEPS,
compact. in corio turcico, cum foliis deauratis, Venet. ap. 14 - 14 - 0
Laonicum Cretenſem, 1486
In this Book is this Note——*This Book is ſo extremely*
rare that I never ſaw any other Copy of it, except that of
Jr Hunter *Monſ.*

Monſ. de Boze, who told me he gave 650 Livres for it.
—Mr. Smith our Conſul at Venice wrote me word that
he had purchaſed a Copy, but that it was imperfect.——
—Lord Oxford offered Mr. Maittaire Fifty Guineas for
this identical Copy.

— 3 — 1877 Homeri Iliados, Lib. 1. Gr. & Lat. cum Commentariis
Joach. Camerarii, *Argent.* 1538 —— Ejuſdem Iiiados,
Lib. 2. Gr. & Lat. cum Commentariis Camerarii,
Argent. 1540

—1 — 1878 ———— Iliados, Lib. 4: Græcé, *Antv. ap. Plant.* 1582

—1 — 1879 ———— Iliados, Lib. 4. & 6. Græcé, *ib. ib.* 1582—1588

—13 — 1880 ———— Iliados, Lib. 7. & 8. Græcé, *Antv. ap. Plant.* 1588
& Homeri Batrachomiomachia, Græcé, *liber rariſſimus,*
Par. ap. Libert. 1637

— 1 — 1881 ———— Iliados, Lib. 9. Græcé, *Lug. Bat. ap. Plant.* 1588

2.3 — 1882 ———— Ilias, *Græco-Modern, cum figuris,* *Venet.* 1526

1. 1 — 1883 ———— Ilias, *Græco-Modern, cum figuris,* *ib.* 1528

— 6 — 1884 ———— Ilias, Gr. & Lat. cum Scholia Didymi, *cum foliis*
deauratis, 2 vol. ———— *Cantab.* 1689

— 1.6 1885 ———— Odyſſeæ, Libri 8. Fran. Florido Sabino interprete,
Lut. ap. Vaſcoſan, 1545

—18 — 1886 ———— Odyſſeæ, Libri Decem, Græcé, *Par. ap. Wechel.*
1553

1. 11.6 1887 ———— Odyſſea, Græcé, *compact. in corio turcico, cum foliis*
deauratis, ———— *Par. ap. Prevoſteau,* 1582

1. 5 — 1888 ———— Odyſſea, Gr. & Lat. a Barneſio, *Cantab.* 1711

— 9 — 1889 ———— Odyſſea & Batrachomiomachia, Græcé, *cum foliis*
deauratis, ———— *Lovan.* 1523

1. 11.6 1890 ———— Opera, Græcé, *exemplar elegant.* 2 vol. *Lovan. ap.*
Merll *Reſium,* 1535

3. 3 — 1891 ———— Opera, Græcé, *exemplar pulcherrimum,* 2 vol. *Lovan.*
ap. Martinum, 1523

1. 19 — 1892 ———— Opera, Gr. & Lat. cum Scholia Didymi, a Schrevelio, *exemplar elegant, compact. in corio turcico, cum foliis*
deauratis, 2 vol. *Lug. Bat.* 656

11. 11 — 1893 ———— Opera, Græcé, *liber rariſſimus, & exemplar elegant. com-*
pact. in corio turcico, cum foliis deauratis, 5 vol. *ap. Morell.*
& Libert, 1620, &c.

2. 3 — 1894 ———— Opera, Gr. & Lat. a Clarke, 4 vol. *Lond.* 1729

2. 19 — 1895 ———— Opera, Gr. & Lat. cum Scholia, a Studio Joſuæ
Barneſii, *compact. in corio turcico, cum foliis deauratis,* 2 vol.
Cantab. 1711

— 5.6 1896 Homiliæ S.S. Patrum Græcorum, *Græco-Modern,* 1628

— 6.6 1897 Horapollinis Hieroglyphica, Gr. & Lat. cum Notis Hoeſchelii, &c. curante Corn. de Pauw, *Traj. Rhen.* 1727

—6.6 1898 ———— Hieroglyphica, Gr. Lat. ab Hoeſchelio, *Aug.*
Vind. 1595

1899 Ho-

10.6 1899 Horatii Opera, cum Comment. Parthenii,   *Ven. ap. Ald.* *0 - 10. 6*
                                        1585

6. 6 1900 ———— Opera, EDITIO PRINCEPS, *sine Anni, Loci vel Im-* *17 - 6 - 6*
    not famm mupf   *preſſoris Nomine,*
    LIBER RARISSIMUS, *editoribus incognitus— exemplar pulcherri-*
    mum, cum foliis deauratis. Nichols

1· 3 1901 Horologium Monachi Sti Baſilii,   ———   *Rom.* 1677 *0 - 1 - 3*
2· 6 1902 Iamblichus in Nicomachi Arithmeticam, Gr. & Lat. edit. *0 - 2 - 6*
    cum Notis Sam. Tennulii, & Camerarii,   *Arnheim,* 1668
4. 6 1903 ———— de Vita Pythagoræ, Gr. Lat. Kuſteri, *Amſt.* 1707 *0 - 4 - 6*
3·3 1904 Ignatii Epiſtolæ, Gr. Lat. a Voſſio,   —   *Lond.* 1680 *0 - 3 - 3*
    1905 ———— Epiſtolæ, Gr. Lat. cum Annotationibus Joan. Pear-
    ſoni & Thom. Smithi, *chart. max.*   ———   *Oxon.* 1709
4 — 1906 Joannis (Joan.) Acta ſincera Sanctæ Luciæ Virginis & Mar-
    tyris Syracuſanæ, Gr. Lat.   *Rom.* 1758 *0 - 4 - 0*
1· 6 1907 ———— (Sancti) Apocalypſis, *Arm. & Lat.* a de Dieu, *0 - 1 - 6*
                                    L. Bat. 1627
3.3 1908 Jonſius de Scriptoribus Hiſtoriæ Philoſophicæ, *Jenæ,* 1716 *0 - 3 - 3*
2·6 1909 Joſeph (Paulin. A. S.) Orationes variæ,   *Rom.* 1713 *0 - 2 - 6*
    1910 Jovii (Pauli) Vitæ duodecim Vicecomitum Mediolani Prin-
    cipum,   ———   *Lut. ap. Rob. Stephan,* 1549
5 — 1911 Joviani (Muſæi) Imagines,   —   *Baſ. ap. Penam,* 1577 *0 - 5 - 0*
19 1912 Iſnard (Jac.) Arcis Sam-martinianæ Obſidio & Fuga An-
    glorum a Rea Inſula, *compact. in corio turcico, cum foliis*
    deauratis,   ———   ———   *Par.* 1629 *0 - 19 - 0*

F O L I O.

5— 1913 Haberti (Iſaaci) Liber Pontificalis Eccleſiæ Græcæ, Gr. *0 - 5 - 0*
    & Lat.   ———   ———   *Par.* 1643
1 — 1914 Heinſii (Dan.) Geſtarum Hiſtoria in Belgio, *L. Bat.* 1631 *0 - 1 - 0*
2·15 — 1915 Herodoti Hiſtoria, Græcé, *exemplar pulcherrimum, cum foliis* *2 - 15 - 0*
    deauratis, & lineis rubris,   ———   *Ven t. ap. Ald* 1502
1 - 11· 6 1916 ———— Hiſtoria, Latiné, *compact. in corio turcico,* *Rom.* *1 - 11 - 6*
    very dirty   *Hunter ap. Petrum de Maximis,* 1475
1· 6 1917 ———— Hiſtoria, Gr. & Lat.   *Francf.* 1608 *0 - 11 - 6*
2 - 10 1918 ———— Hiſtoria, Gr. & Lat. cum Notis Weſſelingii &
    Valckenaer, *compact. in corio ruſſico,*   *Amſt.* 1763 *2 - 10 - 0*
19 1919 Heſychii Dictionarium Græcum, *Hunter* *Florent. ap. Junt.* 1520 *0 - 19 - 0*
2· 6 1920 ———— Dictionarium Græcum,   *Hagenoæ,* 1521 *0 - 2 - 6*
2 — 1921 ———— Dictionarium Græcum,   ———   *ib.* 1521 *0 - 2 - 0*
2 9 1922 ———— Dictionarium Græcum, EDITIO PRINCEPS, *2 - 9 - 0*
    exemplar pulcherrimum, cum foliis deauratis,   *Venet. ap.*
                                         Ald. 1514
3. 12 1923 ———— Lexicon, cum Notis Variorum, & Joan. Albertii, *3 - 12 - 0*
    2 vol.   *Baker*   ———   *Lug. Bat.* 1746
                          1924 Hip-

2.3 1924 Hippocratis Coacæ Prænotiones, Gr. Lat. a Dureto, *Par.*
1621   2.3

5.0 1925 —————— Coaca Præfagia, Gr. & Lat. cum Commentariis Jacotii Vandoperani, ———— *Lugdun. ap. Rouill.*1576   5.

12.0 1926 —————— Opera quædam, Gr. & Lat. per Janum Cornarium, & Theod. Zuingerum, ———— *Bafil.*1579   12.

2.0 1927 —————— Coacæ Prænotiones, Gr. & Lat. a Ludov. Dureto, *chart. max.* ———— *Par.*1658   2.

9.0 1928 —— ——— Opera omnia, Gr. Lat. ab Hieron. Mercuriali, *Venet.* 1588   9

1.4.0 1929 —————— Opera omnia, Gr. Lat. a Mackio, 2 vol. *Vien.*1743 1.4

8.10.0 1930 —————— & Galeni Opera omnia, Gr. & Lat. a Charterio, 13 vol. ———— *Lut. Par.*1679   8.10.

17.0 1931 —————— Opera omnia, Græcé, *Ven. ap. Ald.*1526

23.10.0 1932 Hiftoriæ Auguftæ Scriptores, EDITIO PRINCEPS, CUM LITERIS CAPITAL. ILLUMINAT. *exemplar pulcherrimum, compact. in corio turcico, cum foliis deauratis,* 2 vol. *Mediolan.* ap *Phil. de Lavagna.*1475   23.10

15.0 {1933 —————— Romanæ Scriptores Græci Minores, Gr. & Lat. a Frid. Sylburgio, ———— *Francf.*1590
{1934 —————— Romanæ Scriptores Latini veteres, 2 vol. *Ebrod.* 1621   15

6.6.0 1935 —————— Romanæ Scriptores Latini veteres omnes, cum Notis Baronis de Hallberg, & Cafp. Hacrifii, *compact. in corio turcico, foliis deauratis, cum multis figuris,* 3 vol. *Heidelb.* 1743   6.6

21.0.0 1936 Hiftoria S. Joannis Evangeliftæ, Ejufque Vifiones Apocalypticas. Ligneis formis ut videtur impreffus ante Mobilium typorum Inventione. *De Hoc Libro rariffimo.* Vide Palmer's Hiftory of Printing ; Catalogue de M. de Boze; Meermanni Origines Typograph. & Annales Typograph. a Maittaire   21.

16.0.0 1937 Hiftoria veteris & novi Teftamenti. Ligneis formis & videtur impreffus ante Mobilium typorum Inventione, *compact. in corio turcico, foliis deaurat. De Hoc Libro rariffimo.* Vide Annales Typograph. a Maittaire; Origenes Typograph. Meermanni; Bibliographie de Bure ; Catalogue de M. de Boze, &c.   16.

3.0.0 1938 Hofmanni Lexicon Univerfale, 4 vol. *L. Bat.* 1698   3.

12.0 1939 Homeri Opera, Græcé, adjecta Verfione Latina ad Verbum, ———— *Baf.*1551   12

10.6 1940 —————— Opera, Gr. Lat. a Seb. Caftalione, *ib.* 1567   10.6

8.0 1941 —————— Opera, Gr. Lat. a Seb. Caftalione, *ib.* 1661   8

11.0 1942 —————— Opera, Græcé, cum Didymi Interpretatione Græca, 2 vol. ———— *Baf. ap. Hervag.*1541   11.

8.6 1943 —————— Opera, Gr. & Lat. a Spondano, *Baf.* 1606   8.6

7- —— 1944 Homeri Opera, Græcé, EDITIO PRINCEPS, *exemplar pul-cherrimum, compaĉt. in corio turcico, cum foliis deauratis,* 2 vol. 17.0.0
Museum   Florent. per Demetrium Chalcondylum, 1488

1. 3 — 1945 ——— Interpres pervetuſtus in Iliadem, Græcé, Rom. ap. Sanĉtum Petrum, 1517 / . 3 . 0

8 . 8 — 1946 Horatii Sermones, IMPRESS. IN CHARACT. GOTH. *com-paĉt. in corio turcico, cum foliis deauratis, ſine Anni & Loci,* 8 . 8 . 0
vel Typographi Indicio,

9.19.6 1947 ——— Opera, *Mason*   Mediolan. ap. Zarottum, 1474 9 . 19 . 6
nicoll

3. 3. 3 1948 Hygini Fabulæ, Ejuſdem Poeticon Aſtronomicon; Fulgentius; Aratus, Proclus, &c. Latiné,   Baſ. 1535 0 . 3 . 3

8 — 1949 Jamblicus de Myſteriis Ægyptiorum, Gr. & Lat. Thom. Gale, edidit.   Oxon. 1678 0 . 8 . 0

❧❀❀❀❀:❀❀❀❀ ❀❀❀❀❀❀❀❀❀❀

Twelfth Day's Sale, *Saturday, February* 25.

O C T A V O & *Infra.*

LOT

3 — 1950 **H** Ephæſtionis Enchiridion de Metris, Græcé, Florent. ap. Junt. 1526 0 . 3 . 0

1. 1 1951 ——— Libellus de Metris & Poematibus, *com-paĉt. in corio turcico, cum foliis deauratis,* Par. ap. Libert. 1632 / . 1 . 0
nicoll
N. B. In hoc Libro, hæc nota eſt.—*Inter Libros rariſſimos eſt numeranda hæc Hephæſtionis Interpretatio.*

7 — 1952 Heringæ (Adriani) Obſervationes Criticæ, Leovard. 1749 0 . 7 . 0

4 — 1953 Hermogenes de Gravitate; Demetrius Phalereus de Elocutione; Ariſteæa de Genere dicendi civili, Græcé, Argent. 1556 0 . 4 . 0

3 - 1954 ——— Ars Oratoria, Gr. & Lat. cum Commentariis Gaſp. Laurentii, ——— Genev. 1614 0 . 3 . 0

1. 1 — 1955 ——— Rhetorica; Auſonii Sophiſtæ Præludia, *com-paĉt. in corio turcico, cum foliis deauratis,* Florent. ap. Junt. 1515 / . 1 . 0

2 / 1956 Herodiani Hiſtoria, Græcé, ——— Baſil. 0 . 2 . 0

2 6 1957 ——— Hiſtoria, Gr. Lat. cum Indice Locupletiſſimo Balt. Schedii, 2 vol. ——— Argent. 694 0 . 2 . 6

1 — 1958 ——— Hiſtoria, Gr. & Lat. ——— Ingolſtad. 1608 0 . 1 . 0

2 9 1959 ——— Hiſtoria, Gr. & Lat. ——— Oxon. 1699 0 . 2 . 9

L   1960 Herodiani

— 6:6 1960 Herodiani Hiſtoria, cum Angeli Politiani Interpretatione, & Notis Henr. Stephani; Zoſimi Hiſtoria, Gr. & Lat. ab Henr. Stephano, *exemplar elegant. compact. in corio turcico, cum foliis deaurat.* ———————— Lugdun. 1624

— 7 — 1961 ———————— Hiſtoria, Gr. & Lat. *exemplar elegant.* Venet. ap. Ald. 1524

— 4 — 1962 ———————— Excerptæ ex Scriptis, — *ap.* Wechel. 1542

— — 6 1963 Herodoti Halicarneſſei hiſtoriæ Liber IX de Vita Homeri, & Henr. Stephani Apologia pro Herodoto, *ap.* Wechel. 1595

— 16 — 1964 Heſiodi Opera, Gr. & Lat. cum Notis Spondani, *exemplar elegant. cum lineis rubris,* ———————— Rupell. 1592

— 2 — 1965 ———————— Opera, Gr. Lat. ab Heniſchio, Baſ. 1580

— 2 — 1966 ———————— Opera, Gr. Lat. *ap.* Commelin, 1592

— 6 1967 ———————— Opera, cum Notis Var. & Grævii, Amſt. 1701

— 10·6 1968 ———————— Opera, Gr. Lat. & Ital. a Salvino, Patav. 1747

— 2·6 1969 ———————— Opera, Latine reddita ab Ulpio Frankerenſi, Par. 1543 — Phil. Melancthon in Heſiodum, Par. 1543

— 4 — 1970 ———————— Opera, Gr. & Lat. cum Joan. Grammatici Tzetzis Expoſitione, Baſil.

— 16 — 1971 Heſiodus; Theognides; Sibyllarum Carmina; Muſæus; Orpheus, & Phocylides, Græcé, Florent. ap. Junt. 1540

— 16 — 1972 Idem Liber, Græcé, Venet. ex Officina Farrea, 1543

— 4 — 1973 Heſychius de Vitis Philoſophorum, Gr. Lat. Antv. 1572

— 2 — 1974 Hierocles in Carmina Pythagoræ, & de Providentia & Fato; Gr. Lat. cum Notis Caſauboni, 2 vol. Lond 1673

— 3.3 1975 ———————— in Carmina Pythagoræ, Joan. Curterio Interprete, *corio turcico, cum foliis deauratis,* ———————— Par. 1583

— 1·9 1976 Hieronymus de Trinitate, Gr. & Lat. a Fed. Morello, Par. ap. Morell, 1612

— 3 — 1977 Hippocratis Aphoriſmi, Gr. Lat. a Vorſtio, *compact. in corio turcico, cum foliis deauratis,* Lug. Bat. ap. Elz. 1628

— 4·6 1978 ———————— Aphoriſmi, Gr. & Lat. a Luca Verhoofd, *compact. in corio turcico, cum foliis deauratis,* Lug. Bat.

— 3. 6 1979 ———————— Aphoriſmi, Gr. & Lat. Metrica Paraphraſi tranſlati ab H. Poort, *compact. in corio turcico, cum foliis deauratis,* Traj. Rhen. 1657

— 5 — 1980 ———————— Aphoriſmi, &c. Gr. & Lat. Par. ap. Morel, 1557

— — 6 1981 ———————— Aphoriſmi, Gr. Lat. ab Heurnio, *ap.* Plant. 1609

— — 6 1982 ———————— Aphoriſmi, Gr. Lat. a Thom. Magiſtro, Par. 1613

— — 6 1983 ———————— Aphoriſmi, &c. Gr. Lat. ab Opſopæo, *ap.* Wech. 1587

— 1·6 1984 ———————— Aphoriſmi, Græcé, *ap.* Seb. Gryph. 1543

— 1· 6 1985 ———————— Aphoriſmi, Gr. Lat. ab Ern. Scheſlee, *compact. in corio turcico* ———————— L. Bat. 1633

— — 6 1986 ———————— Aphoriſmi, Gr. Lat. a Liſtero, Lond. 1703

1987 Hip-

— 6   1987   Hippocratis Aphorifmi, Gr. Lat. a Jac. Fickio,   *Jenæ*,1729   0 . 0 . 6

1 —   1988   ———— —— Aphorifmi, Gr. & Lat. cum Commentariis Leon. Fuchfii,   ———   *Par.*1545   0 - 1 - 0

4 —   1989   ———— Aphorifmi Verfibus Græcis & Latinis expofiti, per Ger. Denifotum, *compact. in corio turcico, cum foliis deau-ratis,*   *ib.*1634   0 . 4 . 0

— 6   1990   ———— de Aere, Aquis & Locis, cum Commentariis Adr. Alemanni,   ———   *ib.*1557   0 . 0 . 6

5 —   1991   ———— de Virginalibus, Gr. Lat. a Mauricio Cordato, *cum lineis rubris,*   ———   *ib.*1574   0 . 5 . 0

1 —   1992   ———— de Humoribus purgandis, Gr. & Lat. cum Commentariis Ludov. Dureti,   *ib.*1641   0 - 1 . 0

1 . 6   1993   ———— de Victus Ratione, Gr. Lat. cum Comment. Galeni, Joan. Vaffæo interprete,   *Par. ap. Roig-ny,* 1543   0 - 1 . 6

7 . 6   1994   ———— de Vulneribus Capitis, Gr. Lat. cum Comment. a Fran. Vertuniano, *compact. in corio turcico, cum foliis deau-ratis,*   *Lutet. ap. Patiffon,*1578   0 - 7 . 6

— 7 —   1995   ———— Opufcula, Gr. & Lat. ab Heurnio, *compact. in corio turcico, cum foliis deauratis,* 2 vol.   *ap. Plantin,* 1607   0 . 7 . 0

1 . 15 —   1996   ———— Opera omnia, Gr. & Lat. a Vander Linden, *compact. in corio turcico, cum foliis deauratis,* 2 vol.   *Lug. Bat.* 1665   1 . 15 . 0

Crackenthorpe

— — 6   1997   Hippolytus de Antichrifto, Græcé,   ———   *Par.*1661   0 . 0 . 6

9 —   1998   Hiftoriæ Romanæ Scriptores, Gr. & Lat. 4 vol. ap. H. Steph. 1568   0 . 9 . 0

6 . 6   1999   ——— Auguftæ Scriptores, *foliis deaurat.* Ven. ap. Ald. 1521   0 . 6 . 6

4 . 3   2000   ——— Poeticæ Scriptores, Gr. Lat. a Gale,   *Par.* 1075   0 - 4 . 3

3 —   2001   Hodius de Græcis Illuftribus,   *Lond.*1742   0 - 3 . 0

2 . 3   2002   Holmes's Greek and Latin Grammars, 2 vol.   *ib.*1737   0 - 3 . 0

3 . 6   2003   Homeri Centones; Virgilii Centones; Nounni Paraphrafis Joannis, Gr. & Lat.   *ap Henr. Stephan.* 1578   0 - 3 . 6

6 . 6   2004   Idem Liber, *exemp. elegant. ac foliis deaurat.*   *ib.*1578   0 . 6 . 6

1 —   2005   Homeri Vita, Græcé,   ———   *Venet. fine Anno,*   0 - 1 - 0

1 . 3   2006   ——— Odyffea, Græcé, *caret tit.*   *Ven. ap. Ald.* 1504   0 - 1 . 3

1 —   2007   ——— Odyffea, Gr. Lat.   *fine Anno vel Loco,*   0 - 1 . 0

1 . 6   2008   ——— Odyffea, Græcé,   ———   *fine Loco,* 1542   0 - 1 . 6

17 —   2009   ——— Odyffea, a Neobario, Græcé   *fine Loco,* 1541   0 . 17 . 0

4 —   2010   ——— Iliados Rhapfodiæ quatuor; cum Interlineari Verfuum Expofitione,   *Lugdum.*1615   0 - 4 . 0

1 —   2011   ——— Iliados, in Carmine Latino, ab Helio Eobano Heflo, *Baf. ap. Oporin.*   0 . 1 . 0

3 —   2012   ——— Ilias, Græcé,   ———   *Lond. ap. Biffhop,* 1 91   0 - 3 . 0

12   2013   ——— Ilias, Græcé,   ———   *Venet.* 1537   0 . 12 . 0

2014 Ho-

1. 13. 0 2014 Homeri Ilias, Græcé, *exemplar elegant. compact. in corio turcico,* *1. 13*
  cum foliis deauratis, ~~*Mich.*~~   Par. ap. Turneb. 1554

4. 0 2015 —— Ilias, Græcé, *chart. max.* ——   Oxon. 1714   4

5. 0 2016 —— Opera, Gr. Lat. a Berglero, 2 vol.   Amst. 1707   5

4. 0 2017 —— Opera, a Berglero, 2 vol. ——   ib. 1707   4

1. 1. 0 2018 —— Opera, Gr. Lat. 2 vol.   ap. Crispin, 1560 & 67 *1.*

1. 1. 0 2019 —— Opera, Græce, *exemplar pulcherrimum, compact. in* *1. 1*
 corio turcico, cum foliis deauratis, 4 vol.   ib. 1, 59 & 67

2. 4. 0 2020 —— Opera, Græce, 2 vol.   Ven. ap. Farræum, 1542   2. 4

10. 6 2021 —— Opera, a Laurentio Vallentio, & Raph. Vola-
 terrano interprete, *foliis deaurat.* 2 vol.   per Joan. Gra-
          pheum, 1528   10. 6

10. 6 2022 —— Opera, Græcé, 2 vol.   Venet. ap. Ald. 1524   10. 6

1. 12. 0 2023 —— Opera, Græcé, *exemp. pulcherrimum,* 2 vol. ib.
            ib. 1524 *1. 12 –*

10. 6 2024 —— Opera, Græcé, 2 vol. ——   ib. ib. 1517   10. 6

2. 2. 0 2025 —— Opera, Græcé, *exemplar elegant. compact. in corio tur-*
 cico, cum foliis deauratis, 2 vol. ~~*Mason*~~   Venet. 1537   2. 2

9. 0 2026 —— Opera, Gr. & Lat. a Giphanio, 2 vol.   Argent. 1572   9

3. 3. 0 2027 —— Opera, Græcé, *exemplar elegant. compact. in corio tur-* *3. 3*
 cico, cum foliis deauratis, 2 vol.   Venet. ap. Petrum de
  ~~*Ridley*~~   Nicolinis de Sabio, 1551

1. 11. 6 2028 —— Opera, Græcé, *exemplar pulcherrimum, compact. in corio* *1. 11. 6*
 turcico, cum foliis deauratis, 2 vol. ~~*Woodhull*~~ Florent. 1519

11. 0 2029 —— Opera, Græcé & Latine, cum Notis Hen. Stephan,
 2 vol. ——   Par. ap. Joan. Libert, 1622

16. 16. 0 2030 —— Opera, Græcé, IMPRESS. IN MEMBRANA, *compact.* *11 –*
 in corio turcico, cum foliis deauratis, 2 vol. Ven. ap. Ald.
  ~~*DB.*~~   *fine Anno,*   *16. 16 –*

1. 17. 0 2031 —— Opera, Gr. & Lat. cum Notis Sam. Clarkii & Er- *1. 17 –*
 nesti, 5 vol. ——   Lipf. 1759

15. 6 2032 —— Batrachomyomachia, Græcé, cum Versione ac Notis
 a Maittaire, *compact. in corio turcico, cum foliis deau-*
 ratis, —— ——   Lond. 1721   *15. 6*

14. 0 2033 —— Iliados Libri quatuor, Græcé, Par. ap. Bogard.
 1543 —— Homeri Iliados, Libr. 1. 2. & 3. in Latino
 carmine reddita per Eob. Heffum, ib. ib. 1543 — Homeri
 Odysseæ Libri quinque, Græcé, *compact. in corio turcico, cum*
 foliis deauratis, ——   ap. Wechel. 1536   *14 –*

QUARTO.

QUARTO.

2-6 2034 Ifocratis Orationes, de Pace & Archidamus, Græcé, a Johan.
Poffelio. ———— ———— *Roftoch,* 1582 0 - 2 - 6

4 — 2035 ———— Oratio ad Nicoclem, Græcé, *Lovan. ap. Mar-*
tin, 1522 0 - 4. 0

3 —2036 ———— Orationes ad Demonicum, & ad Nicoclem, Gr. &'
Lat. ———— ———— *Argent.* 1515 0 - 3. 0

2-7 2037 ———— Areopagiticus, Græcé, *Par. ap. Wechel.* 1558 0 - 2. 0

6. 6 2038 Juliani (Imp.) Opera omnia, Gr. & Lat. *Par. ap. Cra-*
moify, 1630 0 - 6 - 6

1 — 2039 Juliani Cæfarini de inferenda in Symbolum Particula Fi-
lioque Differtatio Anecdota, ———— *Florent.* 1762 0 - 1 - 0

— 6 2040 Jurinus (Jac.) de Motu Aquarum Fluentium contra Anton.
Michelottum, ———— *Venet.* 1724 0 - 0 - 6

1. 6 2041 Juftini Martyris Epift. ad Diognetum, & Oratio ad Græcos,
Gr & Lat. ———— *ap. Henr. Stephan.* 1592 0 - 1. 6

1. 6 2042 ———— ———— de Dei Monarchia, Græcé, *Par. ap. We-*
chel. 1556 0 - 1. 6

Liber rarus & Lectu dignus—Ant. Afkew.

8-6 2043 Juftini Hiftoria, in ufum Delphini, *Par.* 1677 0 - 8 - 6

1-5 — 2044 Juvenalis & Perfii Opera, a Cafaubono, *Lug. Bat.* 1695 1 - 5 - 0

17 — 2045 ———— & Perfii Opera, *compact. in corio turcico, cum foliis*
deauratis, ——— *Birmingham, ap. Bafkerville,* 1761 0 - 17 - 0

2 — 2046 Kallii Specimen novæ Editionis Sententiarum Theognidis,
Gotting. 1766 0. 2 - 0

— 6 2047 Kerckringii Spicilegium Anatomicum, *Amft.* 1670 0 - 0 - 6

4- 3 2048 Kircheri Prodromus Ægyptiacus, V.B—— *Rom.* 1636 0 - 4 - 3

6 6 2049 Koeleri Sylloge aliquot Scriptorum de bene Ordinanda &
ornanda Bibliotheca, *Francf.* 1728 0 - 6 - 6

2- 3 2050 Krighout Memoria Wettfteniana vindicata, *Amft.* 0. 2. 3

3.- 2051 Labbei (Phil.) Specimina Antiquarum Lectionum Latinarum
& Græcarum, ———— *Par.* 1653 0 - 3. 0

5. 6 2052 Lambini (Dionyf.) Orationes variæ, *Par. ap. Morel. &*
Benenat. 1566, &c. 0 - 5. 6

12 — 2053 Lafcaris (Conftant.) Grammatica, Gr. & Lat. *Venet. ap.*
Ald. fine Anno, 0 - 12 - 0

-15 2054 ———— Grammatica, Gr. & Lat. *compact. in corio*
turcico, cum foliis deauratis, Woodhull *Ven ap. Ald* 1512 2 - 15 - 0

- 10 2055 ———— Grammatica Græca, *cum Epiftola Latina*
Lafcaris, EDITIO PRINCEPS, *compact. in corio turcico, cum*
foliis deauratis, Mediolan. impreff. per Magiftrum Dionyf.
Paravifianum, 1476 21 - 10 - 0

Liber rariffimus, Primus omnium Græcis Characteribus Impreff.

2056 Leonis

a. 10.6 2056 Leonis (Imp.) Tactica, cum Notis Joan. Meursii, *L. Bat.*   *10.6*
              1612

a. 8.0 2057 Libanii Epistolarum Libri duo, Gr. Lat.   *Par.* 1576   *8 —*
     2058 ——— Oratio pro Templis, Gr. Lat. a Gothofredo,   1634
     2059 ——— Orationes quatuor, Gr. Lat. a Gothofredo, *Ge-*
              nev. 1631

0. 1.0 2060 ——— Orationes quatuor, a Gothofredo,   *ib.* 1631   *1 —*
0. 1.0 2061 ——— Declamationes, Gracé, *compact. in corio turcico, cum foliis deauratis,*   *Ferrar.* 1517   *1 —*

2. 1.0 2062 Linacrus (Thom.) de Emendata Structura Latini Sermonis, EDITIO PRINCEPS,   *Lond. ap.* Pynson, 1524 *1. 1 —*

4. 10.6 2063 Lipsii Opera omnia, *compact. in corio russico, foliis deauratis, cum lineis rubris,* 8 vol.   *Antv. ap.* Plant. 1614   *10.6*

2. 3.0 2064 Listrii (Ger.) Oratio habita in Enarrationem Dionysii Halicarnassii, Dionysii Orbis expositio e Greco tralata Prisciano interprete; Ejusdem Carmen in venenosas Linguas Hominum, & Epicedium doctissimi Adolocentis Ingenissimique Petri Thessaliensis, *compact. in corio turcico*   Ad finem hæc Verba, *Impr. Oxon. apud* F. Corsellis, 1470 ;   *2. 3 —*
           Manu recentiore exarata sunt.

4. 7.0 2065 Liturgia, &c. Belgica, *Graco-Modern.*   *Lug. Bat.* 1647   *5 —*

7. 0.0 2066 Livii Historia, cum Notis Variorum & Drakenborchii, *compact. in corio turcico, cum foliis deauratis,* 7 vol. *Lug.*   *7 ——*
                           Bat. 1738

4. 5.0 2067 Longinus de Sublimitate, Gr. & Lat. a Tollio, *Traj.*   *— 5 —*
                            Rhen. 1694

4. 7.6 2068 ——— de Sublimitate, Gr. Lat. *Ital. & Fran. Veron.*   *— 7.6*
                              1733

4. 12.0 2070 ——— de Sublimitate, Gr. Lat. a Pearce, *Lond.* 1724   *12 —*

4. 5.0 2071 Longi Pastoralium de Daphnide & Chloe Libri quatuor, Gr. & Lat. cum Notis Petri Moll,   *Franeq.* 1660   *5*

3. 5.0 2072 ——— Pastoralium de Daphnide & Chloe Libri, Gr. & Lat. *compact. in corio turcico, lineis rubris, cum figuris elegant. Lut.*   *3. 5 —*
                             Par. 1754.

4. 16.0 2073 ——— Pastoralium de Daphnide & Chloe Libri, Gracé, *compact. in corio turcico, ac foliis deauratis, Florent. ap. Junct.* 1598   *— 16 —*

1. 1.0 2074 Lucani Pharsalia, a Pet. Burmanno, *compact. in corio russico, cum foliis deauratis,*   *Leidæ,* 1740   *1. 1 —*

1. 1.0. 0 2075 ——— Pharsalia, cum Notis Grotii, & Rich. Bentleii, *chart. max.*   *Strawberry-Hill,* 1760   *1. 1 —*

1. 11.0 2076 ——— Pharsalia, cum Notis Oudendorpii, *chart. max. & compact. in corio russico,* 2 vol.   ——— *Lug. Bat.* 1728   *1. 11.6*

4. 5.0 2077 Lucianus de Sectis Philosophorum, Goclenio interprete,   *Lovan.* 1522
     2078 ——— Opera quædam, Gracé, *ap.* Wechel. *&* Morel.   *5.6*
     2079 ——— Encomium Muscæ, Gracé, *Par. ap.* Richard,
                       1550

             2080 Lu-

2080 Luciani Deorum Dialogi, Græce, *Par. ap. Tiletan.*1544
2081 ———— Dialogi Marini, Græcé, *ib. ib.*
2082 ———— Dialogi Mortuorum, *Par. ap. Wechel.* 1549
2083 ———— Dialogi Mortuorum, Gr. & Lat. per Othomar.
Nachtgall, *Maron* ———— *Argent.* 1515

4 — (2080, 2081, 2082)
14 — 2083
0 - 4 - 0
0 - 14 - 0

F O L I O.

1.10 — 2084 Jamblichus de Myſteriis Ægyptiorum, Chaldæorum & Aſſy-
riorum; Proclus in Platonis Alcibiadem; Proclus de
Sacrificiis; Porphyrius de divinis atque Dæmonibus;
Syneſius de Somnis, &c. &c. Latiné, *compaét. in corio*
ruſſico, *Wodhull* *Ven. ap. Ald.* 1497 *1-10 0*

14.10 2085 Janua (Joannis de) Ordinis Fratrum Prædicatorum Summa,
quæ vocantur C A T H O L I C O N, *exemplar pulcherrimum,* *14-10-0*
compaét. in corio Ruſſico, cum foliis deauratis ——— *Opus*
Impreſſum Moguntiæ per Johan. Fuſt & Petrum Schoyffer
Hanneken *de Gereſheyne,* 1460

2: 3 2086 Inſcriptio vetus Græca nuper ad Urbem in Via Appia
Effoſſa, cum Notis Iſaaci Caſauboni,
5 — 2087 Inſcriptiones Antiquæ Europæ, *Ingolſtad.*1534 *0 5.0*
1 — 2088 ——— Antiquæ Baſilicæ S. Pauli ad Viam Oſtienſem,
Rom. 1654 *0 - 1 - 0*
4 2089 Joſephus (Flav.) de Bello Judaico, Gr. Lat. Bernardi,
Oxon. 1700 *0 - 4 - 0*
4.6 2090 Joſephi Opera, Græcé, *Baſ.*1544 *0 - 4 - 6*
5-6 2091 ——— Opera, Gr. & Lat. *Genev. ap. Criſpin,*
1634 *0 - 5 - 6*
3 — 2092 ——— Opera, Gr. Lat. ab Ittigio, *Colon.* 1691 *0 - 3 - 0*
14.6 2093 ——— Opera, Gr. Lat. ab Hudſono, 2 vol.
Oxon. 1720 *0 - 14 - 6*
2- 4 — 2094 ——— Opera, Gr. Lat. ab Havercampo, 2 vol.
Amſt. 1726 *2. 4. 0*
1- 4 — 2095 Iovii (Pauli) Hiſtoria ſui Temporis, *compaét. in corio turcico,*
cum foliis deauratis, 2 vol.*Wodhull* *Florent. ap. Torrentin.* 1550 *1 - 4 - 0*
3 — 2096 Irenæi (Sancti) Opera, Gr. Lat. per Grabe, *Oxon.*1702 *0 - 3 - 0*
1.6 2097 Iſidori (Sancti) Peluſiotæ Opera, Gr. & Lat. cum Notis
Conr. Ritterſhuſii, *Par. ap. Morel.*1638 *0 - 1 - 6*
5 — 2098 Iſocratis Opera, Gr. & Lat. per Hieron. Wolſium, *Baſ.*1570 *0 - 5 - 0*
10.6 2099 ——— Opera, Gr. Lat. *ap. Henr. Stephan.*1593 *0 - 10 - 6*
9 — 2100 ——— Orationes, Græcé, *liber rariſſ. exemplar pulcherrimum,*
compaét. in corio turcico, cum foliis deauratis *Venet.* 1535 *9 - 0 - 0*
Ed princeps cum tit. novo. Aubrey 2101 Iſo-

2085. Mem. This ſday Mr Baker not to be ſhis
Edtn & one leaf of it written.

1.4.0 2101 Iſocratis Orationes, Græcé, *liber rariſſ. exemplar pulcherrimum,*
11-0-6   *cum foliis deauratis,*   *Venet. ap. Hæredes Alaï Manutii,* 1534   *1 4-*

     2102 —— Orationes, Græcé, EDITIO PRINCEPS, *exemplar pul-*
      cher. compaɛt. in corio turcico, foliis deauratis,   *Mediolan.* 1493   *11 + 6*

1.1.0 2103 Juliani (Imp.) Opera, & S. Cyrillus contra Eundem, Gr. &
      Lat. ab Ezech. Spanhemio, 2 vol.   ——   *Lipſ.* 1696   *1-1-*

3.6 2104 Junius (Fran.) de Piɛtura Veterum,   *Rotterd.* 1694   *3.6*

10.6 2105 Junii (Hadriani) Copiæ Cornu ſive Oceanus Enarratio-
      num Homericarum, ex Euſtathii Commentariis, *Baſ. ap.*   *10.6*
                                         Froben, 1558

5.6 2106 Juſtini Martyris Dialogus cum Tryphone Judæo, Gr. & Lat.
      cum Notis Styani Thirlbii,   ——   *Lond.* 1722   *5.6*

6.0 2107 —— Opera Græcé,   *Lutet. ap. Rob. Steph.* 1551   *6-*

2.0 2108 Juſtiniani (Imp.) Inſtitutiones, Græcé,   *ap. H Steph.* 1558.   *2-*

13.13.0 2109 Juſtini Hiſtoria, EDITIO PRINCEPS, *exemplar pulcherrimum,*
      compaɛt. in corio turcico,   *Venet. ap. Jenſon,* 1470 *13.13-*

1.4.0 2110 Juvenalis Opera,   ——   *Venet. ap. Bapt. de Tortis,* 1482   *1 4-*

3.4.0 2111 —— Opera, *compaɛt. in corio turcico, cum foliis deauratis,*
                                    Romæ, 1474   *3 4-*

13.13.0 2112 —— & Perſii Opera, EDITIO PRINCEPS, *compaɛt. in*
      corio ruſſico,   *Romæ per Udalvicum Gallum abſque Anni In-* *13.13-*
                                         dicatione,

0.2.0 2113 Labbæi (Caroli) Gloſſaria Latino Græco, & Græco Latino,
                                         Par. 1679   *— 2*

0.2.0 2114 Idem Liber,   ——   ——   *ib.* 1682   *— 2*

3.12.6 2115 Laɛtantii Firmiani Opera, *foliis deaurat.*   *Venet.* 1472   *3 12 6*

4.6 2116 Lætitiæ Tomus, *Græco-Modern.*   ——   *Wallach.* 1705   *— 4.6*

1.11.6 2117 Lambecii (Petri) Commentaria de Auguſtiſſima Biblio-
      theca Cæſarea Vindobonenſi, in Septem Libris, cum
      Neſſelii Supplemento, *cum figuris,* 9 vol.   *Vindobon.*   *1.11.6*
                                         1665, &c.

12.0.0 2118 Lambecii (Petri) Commentaria de Auguſtiſſima Biblio-
      theca Cæſarea Vindobonenſi, cum Neſſelii Supplemento,
      exemplar elegant. compaɛt. in corio turcico, foliis deauratis, cum
      figuris, 11 vol.   ——   *Vindobon.* 1665, &c. *12-*

2.10.0 2119 Leoniceni (Omniboni) Commentarii in Ciceronis Ora-
      tiones, EDITIO PRINCEPS, *exemplar pulcherrimum, compaɛt.*
      in corio ruſſico   *Vicent.* 1476 *2-10-*

Thirteenth

✿✿✿✿✿✿✿✿✿✿✿✿:✿:✿:✿✿✿✿✿✿✿✿✿✿✿✿

Thirteenth Day's Sale, *Monday, Febr.* 27.

OCTAVO & *Infra.*

LOT			
1 —	2120	Horatii Opera, ——	*Par. ap. Fran. Gryph.* 1545	0 - 1 . 0
1. 6	2121	—— Opera, ab Heinfio,	—— *Amft.* 1743	
	2122	Horatii Opera,	*Par. ap. Colin.* 1543	0 - 1 . 6
3 —	2123	—— Opera, a Rutgerfio, *compact. in corio turcico,* 2 vol.		
			Traj. Bat. ap. Vaude Water, 1699	0 - 3 . 0
1. 3 —	2124	—— Opera, a Bond, *exemplar elegant. & compact. in corio*		
		turcico, cum foliis deaurat. —— *Amft. ap. Elz.* 1676		1 . 3 . 0
2 - 6	2125	—— Opera, *corio turcico, ac foliis deaurat.* *Cantab.* 1791		0 . 2 . 6
4 - 6	2126	—— Opera, *Birming. ap. Baskerv.* 1762		0 . 4 . 6
3 - 6	2127	—— Opera, —— *Par. ap. Colin.* 1539		0 . 3 . 6
- 2 - 6	2128	—— Opera, *Glafguæ,* 1760		0 . 2 . 6
10 - 6	2129	—— Opera, *Venet. ap. Aldum,* 1527		0 . 10 . 6
2 5 —	2130	—— Opera, CUM LITERIS CAPITALIBUS DECORAT.		
		& foliis deaurat. *Venet. ap. Aldum,* 1501		2 . 5 . 0
5 6	2131	—— Opera, cum Comment. a Bond, & Parodiæ in		
		Libros Odarum & Epodon, a Dav. Hoppio, 2 vol.		0 - 5 . 6
			Brunfvig. 1668	
2 —	2132	—— Opera, —— *Dublin,* 1745		0 . 2 . 0
1 . 9	2133	—— Opera, a Cuninghamio, 2 vol. *Lond.* 1721		0 - 1 . 9
2 —	2134	—— Opera, a Baxtero, —— *ib.* 1725		0 . 2 . 0
1 . 15 —	2135	—— Opera, *compact. in corio turcico, cum foliis deaurat.*		
		2 vol. *D. B.* —— *Lond. ap. Pine,* 1733		1 . 15 . 0
1. 6	2136	Horæ Beatæ Virginis, *cum figuris, elegant. depict. compact. in*		
		corio turcico, & IMPRESS. IN MEMBRANA, *fine Anno*		1 . 6 . 0
			& Loco	
1 —	2137	—— in Laudem beatiff. Virginis —— Septem Pfalmi		
		Pænitentiales——Sacrificium in Laudem Virginis, Græcé,		0 - 1 . 0
			1506	
- 6	2138	Horneii Scholia vetufta & erudita in 9 Lib. Iliados Homeri,		
		Græcé, —— —— *Helmftad.* 1620		0 - 0 . 6
1 —	2139	Horologium, *Gr. Modern.* *Venet.* 1522		0 - 4 . 0
2 . 9	2140	Idem Liber, *Gr. Modern.* *ib.* 1535		0 . 2 . 9
2 . 9	2141	Horræi (Petri) Mifcellanea critica, —— *Leovard.* 1738		0 . 2 . 9
5 . —	2142	—— Animadverfiones Sacræ & Profanæ, *Har-*		
			ling. 1749	0 - 5 . 0

M

2143 Horræi

e — 4.0 2143 Horræi (Petr.) Observationes criticæ in Scriptores Græcos — 4
Historicos,   *Leovard.* 1736

" 0.6 2144 Huetii (Dan.) Poemata,   *Ultrojeſt.* 1 00 — 6

" 1.6 2145 ——— de Interpretatione, — *Hag. Com.* 1683 1- 6

" 2.0 2146 Hugo (Herm.) de prima Scribendi Origine, *ap. Plant.* 1683 2. —

" 5.0 2147 Huxham de Aere & Morbis Epid. 2 vol. *Lond.* 1752 5 —

" 2.6 2148 Hygini Fabulæ & Aſtronomicon; Palæphatus; Fulgentius;
Phornutus; Aratus; Proclus, &c. *Lugdun.* 1608 2-6

" 1-0 2149 Janſſonii ab Almeloveen Inventa nov Antiqua, *Amſt.* 1684 1 —

" 3-3 2150 ———— ab Almeloveen Syllabus Plagiariorum, *ib.* 1694 3. 3.

" 5.0 2151 Jenſii (Joan.) Lucubrationes Heſychianæ, *Rotterd.* 1742 5 —

" 1.6 2152 ———— Lectiones Lucianeæ, *Hag. Com* 1699 1. 6

" 1.0 2153 Ignatii (Sancti) Epiſtolæ, Græcé, *Par. ap. Morell.* 1558 1 —

" 5.6 2154 ———— Epiſtolæ genuinæ, Gr. & Lat. ab Aldrich,
chart. max. compact. in corio turcico, *Oxon.* 1708 5- 6

" 1.9 2155 Incerti Scriptoris Græcæ de Ulixis Erroribus, Gr. & Lat.
cum Notis Johan. Columbi, — *Holmæ,* 1678 1- 9

" 3.0 2156 Idem Liber, Gr. & Lat. — *Lug. Bat.* 1745 3 —

3 — 2157 Interpretatio antiqua ac Puerilis in Apollonii Rhodii Argo- 5 *Par*
nautica, Græcé, — 1541

" 0.6 2158 Johnſtoni (Arthuri) Pſalmi Davidici, *Amſt.* 1706 — 6

" 1.9 2159 Johnſoni (Rich.) Ariſtarchus Anti-Bentleianus ſuper Bentleii
Errores ſuper Horatium, — *Nottingb.* 1717 1- 9

" 1.6 2160 Jortini (Joan.) Luſus Poetici, *Lond.* 1724 1- 6

" 1.9 2161 Joſephius (Flavius) de Maccabæis; ſeu de Rationis Imperio,
Gr. & Lat. *Oxon.* 1590 1- 9

" 1.0 2162 Iſocratis Oratio Admonitoria cum Verſione interlineari &
ſingulorum vocum Explanatione, — *Par.* 1657 1 —

" 1.9 { 2163 ———— Orationes & Epiſtolæ, Gr. Lat. *Lond.* 1615 } 1- 9
{ 2164 ———— Orationes & Epiſtolæ, a Wolfio, *Par.* 1621 }

" 1.6 { 2165 ———— Orationes, Græcé, *Baſil.* 1561 } 1. 6
{ 2166 ———— Orationes & Epiſtolæ, Gr. Lat. *Col. Allob.* 1618 }

" 3-3 2167 ———— Orationes, Græcé, a Wolfio, *compact. in corio turcico,*
ac foliis deauratis, *Baſil.* 1571 3- 3

" 1.0 2168 ———— Opera omnia, Gr. Lat. a Wolfio, *ib.* 1587 1 —

" 1.0 2169 ———— Opera omnia, Gr. Lat. Wolfii, — *ib.* 1582 1 —

" 1.12.8 2170 ———— Opera omnia, Gr. & Lat. a Battie, *chart. max. com-*
pact. in corio turcico, cum foliis deauratis, 2 vol. *Lond.* 1749 1- 12

" 9.0 2171 ———— & Æſchinis, ac Demoſthenis Orationes. quædam &
plures ex Thucydidis Concionibus, *Patav.* 1688 9 —

" 3.6 2172 Itigii (Thom.) Bibliotheca Patrum Apoſtolicorum Græco-
Latina, *Lipſ.* 1699 3. 6

" 2.0 2173 Juliani (Imp.) Miſopogon & Epiſtolæ, Gr. & Lat. a Marti-
nio Moreutino, Gr. & Lat. *Par. ap. Weckel.* 1566 2 —

" 1-3 2174 Juſtelli (Chriſt.) Codex Canonum Eccleſiæ Africanæ, Gr. &
Lat. *Par.* 1619 1- 3

" 5.6 2175 Juſtini (Sancti) cum Tryphone Judæo Dialogus, Gr. & Lat.
cum Notis Langii, edit. a Jebb, *chart. max.* *Lond.* 1719 5- 6

2176 Juſti-

1. 6 2176 Justiniani (Imp.) Novellæ Constitutiones, Græcé, *Par.* 1542 0.. 1. 6
3. 9 2177 Justini Historia, — *Par. ap. Du Val.* 1581 0.. 3. 9
3. 6 2178 Idem Liber, ——— *Ven. ap. Ald.* 1522 0.. 3. 6
1. — 2179 Idem Liber, ——— *Lug. Bat. ap. Elz.* 1634 0.. 1. 0
6. 6 2180 Juvencii Historia Evangelica Versu Heroico descripta, *compact. in corio turcico, cum foliis deauratis, & lineis rubris, Par.* 0.. 6. 6 *ap. Galterum,* 1545
5. 6 2181 Juvencii; Cœlii Sedulii; Aratoris Sacra Poesis, *compact. in corio turcico, cum foliis deauratis, & lineis rubris, Lugdun.* 0.. 5. 6 *ap. Tornæs.* 1553
1. 6 2182 Juvenalis & Persius, ——— *sine Anno & Loco,* 0.. 1. 6
. 9 2183 —— & Persius, ——— *Dublin.* 1746 0.. 1. 0
1. — 2184 —— & Persius, — *Par. ap. Rob. Stephan.* 1544 0.. 1. 0
17. 6 2185 —— & Persius, *compact. in corio turcico, cum foliis deauratis,* 0.. 17. 6 *Venet. ap. Ald.* 1501

Rawlinson 1. 6 2186 Juvenalis Satyra, &c. Gr. Lat. ab Hingeston, *Cantab.* 1753 0.. 1. 6
4. 6 2187 Kahlii Bibliothecæ Philosophicæ Struvianæ emendatæ continuatæ, atque auctæ, 2 vol. — *Gotting.* 1740 0.. 4. 6
7. 6 2188 Keysleri Antiquitates Selectæ Septentrionales & Celticæ, *cum figuris,* — *Hanov.* 1720 0.. 7. 6
— 6 2189 King (Johan) Epistolæ ad Freind, *Cantab.* 1722 0.. 0. 6
1. 6 2190 Koehleri Notæ & Emendationes in Theocritum, & Specimen Emendationum in Scriptores Arabicos, *Lubec.* 1667 0.. 1. 6
1. — 2191 Kuhnii Animadversiones in Julii Pollucis Onomasticon, *Argent.* 1675 0.. 1. 0
1. 6 2192 Kusterus de Verbis Mediis apud Græcos, *Par.* 1714 0.. 1. 6
3. 6 2193 —— de Verbis Græcorum Mediis cum Notis Clarkii, Schmidii & Wollii, *Lips.* 1752 0.. 3. 6
15. — 2194 Kype (Dav.) Observationes Sacræ in Novi Fœderis Libros, 2 vol. *Wratislav.* 1755 0.. 15. 0
1. — 2195 Labbe Notitia Dignitatum Imperii Romani, *cum foliis deauratis, Par. e Typog. Reg.* 1651 0.. 1. 0
3. — 2196 Lactantii (Cœlii) Institutiones divinæ, &c. *Venet. ap. Ald.* 1515 0.. 3. 0
5. — 2197 Lambermontii totius Medicinæ complexus sub intellectus aspectum ponitur, Gr. Lat. *Lond.* 1654 0.. 5. 0
N. B. *In the above Book is a very scarce Head of Oliver Cromwell by Faithorne.*
2198 Lambecii (Petri) Lucubrationes Criticæ in Auli Gellii Noctes Atticas, *Par. ap. Cramoisy,* 1647
12. 6 2199 —— & Nesselius de Bibliotheca Cæsare Vindobonensi, a Frid. Reimanno, *Hanov.* 1712 0.. 12. 6
2200 Lamy (Jo.) Deliciæ Eruditorum seu Veterum Opusculorum Collectanea, 15 vol. *Florent.* 1736
1. — 2201 Lapis Offendicali sive Expositio Originis & Causæ Discidii duarum Orientalis & Occidentalis Ecclesiarum, *Lond.* 0.. 1. 0
1762
3. 9 2202 Idem Liber, Gr. Lat. a Kositzko. *Uratisl.* 1752 0.. 3. 9

2203 Largus

⌐ /. 3 2203 Largus (Scribonius) de Compofitione Medicamentorum ; Be-
nevinius de Morborum Caufis; Polybius de Victus Ratione,
a Ruellio & Joan. Andernaco, ——— *Baf.* 1529 1. 3

⌐ 2 0 2204 Lafcaris (Conftant.) Grammatica, Gr. Lat. *Venet.* 1550 2 —

⌐ 5. 0 2205 ———————— Grammatica, Gr. & Lat. *ibid.* 1540 5 —

⌐ 3. 6 2206 ———————— Grammatica, Græca & Lat. *ibid.* 1540 3. 6

⌐ /. 6 2207 ———————— Grammatica, Græca & Lat. *Bafil.* 1547 1. 6

⌐ /. 0 2208 ———————— Grammatica Græca, *Venet.* 1545 1 —

⌐ 0. 6 { 2209 Laubegeois Græcæ Linguæ Breviarium, *Duaci* 1626 ⎫
{ 2210 ——— Græcæ Linguæ Breviarium, *ib.* 1626 ⎬ — 6

⌐ 3. 0 2211 Lawrence (Thom.) Prælectiones Medicæ, *Lond.* 1757 3 —

⌐ 2. 3 2212 Legatio Imp. Cæf. Manuelis Commeni ad Armenios, Gr. &
Lat. a Sambuco & Leunclavio, ——— *Baf.* 1578 2 3

⌐ 2. 6 2213 Lette (Ger. Joh.) Obfervationes Criticæ in Canticum De-
boræ, &c. ——— ——— *Lug. Bat.* 1748 2. 6

⌐ 4. 0 2214 Leyferi (Policarpi) Hiftoria Poëtarum & Poematum Mædii
Ævi decem, ——— *Hal. Magd.* 1721 4 —

⌐ /. 6 2215 Libanii Sophiftæ Oratio de Paftis, Gr. Lat. *Par. ap. Morel.*
1614 1. 6

⌐ /. 6 2216 ——————— Laus Palmæ & Pomi ; Ejufdem Horti,
Portus, &c. Defcriptiones, Gr. Lat. *Lutet. ap. Morel.* 1612 1. 6

⌐ 2. 3 2217 ——————— Oratio de Profefforibus, Gr. Lat. *ib. ib.*
1616 2. 3

⌐ 4. 9 2218 ——————— Bafilicus, Gr. & Lat. *Lut. ap. Morel.* 1614
& Ejufdem Panegyricus Juliani Imp. Gr. & Lat. *ib.*
1610 4. 9

⌐ 5. 6 2219 Librorum rariorum nova Colleftio, 2 vol. *Hal. Magd.* 1705 5. 6

⌐ /. 6 2220 Linacri (Thom.) Rudimenta Grammatices, *Lutet. ap. Rob.*
Stephan. 1550 1. 6

Q U A R T O.

⌐ /. 0 2221 Luciani Nomon, Græcé, a Joan. Cafelio, *Helmftad.* 1594 1 —

⌐ 2. 6 2222 ——— de Morte Peregrini, Gr. Lat. *Par. ap. Cramoify,* 1653 2. 6

⌐ /. 0 2223 ——— Calumnia, Gr. & Lat. a Jo. Cafelio, *Helmftad.* 1590 1 —

4. 0. 0 2224 ——— Opera, Gr. & Lat. cum Notis Variorum & Hem-
D. B. fterhuis, ac Reitzii, cum Indice, *chart. max.* 4 vol. *Amft* 1743 4 —

⌐ /. 0 2225 Lucretii Opera, cum Notis Fabri, ——— *Salmur.* 1662 1 —

⌐ 10. 0 2226 ——— Opera, *D. B.* ——— *Lond. ap. Tonfon,* 1712 10 —

5. 7. 0 2227 ——— Opera, *exemplar pulcherrimum, cum foliis deauratis,*
lineis rubris, & editio rariffima, Maron *Venet. ap. Ald.* 1500 5 — 7. 6

⌐ 3. 0 2228 Ludolphi Lexicon Æthiopico Latinum, *Lond.* 1661 3 —

⌐ /. 0 2229 Lycophronis Alexandra, Gr. Lat. cum Commentaris Græcis
Tzetzis, per Guil. Canterum, *ap. Paul. Steph.* 1601 1 —

⌐ 3. 6 2230 ——————— Alexandra, Gr. Lat. per Gui. Canterum, & Carmine exprcffæ, per Jof. Scaligerum, *Baf. ap. Oporin,* 1566 3. 6

⌐ /. 0 2231 ——————— Alexandra, Græcé, *Oxon. ap. Barnefium,* 1592 1 —

2232 Lyco-

5 7 2232 Lycophronis Alexandra, Græcé, *Par. ap. Bogard.* 1547 0 - 5 6
5 6 2233 —————— Alexandra, Gr. Lat. a Joſ. Scaligero, *Lutet.*
          ap. Morel. 1584 0 · 5 · 6
4 7 2234 Maggii Ædificia & Ruinæ Romæ, — *Romæ,* 1618 0 - 4 · 0
10 · 6 2235 Maittaire Miſcellanea Græcorum aliquot Scriptorum Carmina, Gr. & Lat. cum Notis, *Lond.* 1722 0 - 10 · 6
10 · 5 — 2236 —————— Annales Typographici, cum Indice, *chart. max.*
 compaả. in corio turcico, cum foliis deaurat. ac εdit. opt. 9 vol. 10 · 6 - 0
     Shaftoe.   *Lond.* 1719—33
8 { 2237 Malincktrott de Ortu & Progreſſu Artis Typographicæ,
         Col. Agr. 1639 ⎱ 0 · 8 · 0
0 { 2238 Malincktrott de Natura & Uſum Literarum, *Weſtphal.* 1609 ⎰
6 — 2239 Manaſſis (Conſtant.) Annales, Gr. Lat. a Meurſio, *Lug.*
          Bat. 1616 0 · 6 · 0
4 · 3 2240 Manethonis Apotelefmatìca, Gr. Lat. a Gronovio, *ibid.* 1698 0 - 4 ·· 3
16 — 2241 Manilii Aſtronomicon, cum Notis Rich. Bentleii, *compaả. in*
 corio ruſſico, & chart. max. *Lond.* 1739 0 - 16 · 0
7 — 2242 Marſhami Canon Chronicus Ægypticus, Ebraicus & Græcus,
         Franeq. 1696 0 - 7 · 0
1 · 2 — 2243 Martialis Epigrammata, in uſum Delphini, *Par.* 1680 1 ·· 2 · 0
1 — 2244 Martii (Hierem.) Oratio Funebris in Laudes Card. Joannis
 de Medici, — *Florent. ap. Torrentin.* 1563 0 - 1 · 0
2 · 15 — 2245 Marulli Hymni & Epigrammata, ᴇᴅɪᴛɪᴏ ᴘʀɪɴᴄᴇᴘs, *compaả.*
 in corio turcico, cum foliis deaurat. *Florent.* 1497 2 · 15 · 0
4 · 3 2246 Maurocordatus de Officiis, Gr. Lat. *chart. max.* *Lipſ.* 1722 0 ·· 4 · 3
17 — 2247 Maximi Tyrii Differtationes, Gr. & Lat. a Joan. Daviſio,
 cum Annotationibus Marklandi, — *Lond.* 1740 0 ·· 17 · 0
2 · 14 2248 Meermanni (Ger.) Origines Typographicæ, *chart. max. com-*
 paả. in corio turcico, foliis deauratis, cum lineis rubris, 2 vol. 2 - 14 - 0
   Shaftoe   *Hag. Com.* 1765
1 · 6 — 2249 Meibomii Antiquæ Muſicæ Auảores Septem, Gr. & Lat.
 cum Notis, 2 vol. *Amſt. ap. Elz.* 1652 1 ·· 6 · 0
11 · 6 2250 Mela (Pomponius) de Situ Orbis, Andr. Schottus recenſuit
 & Spicilegio illuſtravit, cum Caſtigationibus Herm. Bar- 0 - 11 · 6
 bari, & Fred. Noni Pintiani, *compaả. in corio turcico, cum*
 lineis rubris,   *Antv. ap. Plantin.* 1582
7 · 6 2251 —————— de Situ Orbis *Venet. ap. Erb. Radholt,* 1482 0 - 7 · 6
3 — 2252 Metropolitani (Joan.) Verſus Iambici in Feſta, Græcé, *Eton,*
        1610 0 - 3 · 0
4 · 6 2253 Idem Liber, *exemplar elegant.* — *Eton.* 1510 0 · 14 · 6
6 · 6 2254 Meurſius (Joan.) de Tragœdiis Æſchyli, Sophoclis & Euripidis, — — *Lug. Bat.* 1619 0 · 6 · 6
6 — 2255 —————— Creta, Cyprus, Rhodus, — *Amſt.* 1675 0 · 6 · 6
1 { 2256 —————— Gulielmus Auriacus, *L. Bat.* 1621
  2257 —————— Panathenæa, *ibid.* 1619 0 · 1 · 0
3 · 6 { 2258 —————— Themis Attica, *Traj. Rhen.* 1685 0 · 3 · 6
  2259 —————— de Luxu Romanorum, — *Hafn.* 1631
       2260 Meurſius

1.6 2260 Meurſii Gloſſarium Græco-Barbarum,   *L. Bat.* 1614   *1.1*

3.0 2261 ——— Regnum Atticum,   *Amſt.* 1633 ——— Ejuſdem Piſiſtratus,   *L. Bat.* 1633 ——— Ejuſdem Fortuna Attica, *L.*
                               Bat. 1622   *3—*

7.6 2262 ——— Athenæ Batavæ,   *Lug. Bat.* 1625 ——— Ejuſdem Miſcellanea Laconica,   *Amſt.* 1661 ——— Ejuſdem Theſeus,
                               Ultraj. 1684   *7.6*

15.6 2263 Miſcellanea Curioſa, five Ephemeridum Medico-Phyſicarum Germanicarum Academiæ Naturæ Curioſorum, cum Indice, *15.6*
27 vol.   *ϑ.ß.* ———   *Francf.* 1684

4-10. 0
Nicol 2264 Modeſtus de Re Militari, *exemplar elegant. compact. in corio turcico, cum foliis deauratis, Romæ, per Tibull. de Amidan;* 1475 *4.10.10*

8.17. 0 2265 Modeſtus de Re Militari, nec non de Magiſtratibus, Sacerdotiis & Legibus, & Suetonius de Grammaticis & Rhetoribus, EDITIO PRINCEPS, *exemplar elegant. compact. in corio turcico ac foliis deauratis*   *Venet. ap. Barth. Cremonenſis ac Barth.*
            ϑ.ß   *de Carla,* 1474 *8.17.6*

2.6 2266 Montfauconi (Bern.) Diarium Italicum,   *Par.* 1702   *2.6*
16.0 2267 Morelli (Thom.) Theſaurus Græcæ Poeſeos, 2 vol. *Eton,* 1762   *16—*
6.0 2268 Morhoſi Polyhiſter, 2 vol.   *Lubecæ,* 1708   *6—*
2.0 {2269 Morgagni Epiſtolæ in Celſum & Samonicum,   *H. Com.* 1724
     {2270 Moſchion (Medicus Græcus) in Morbis Mulierum, Græcé,   *2*
         cum Annotationibus Conr. Geſneri,   *Raſil.* 1566

3.6 2271 Moſchopulus de Ratione Examinandæ Orationis, Græcé,   *3.6*
               Par. ap. Rob. Stephan. 1544

3.0 2272 ——————— Grammaticæ Artis Græcæ Methodus, Græcé,   *3—*
               Baſil. 1540

FOLIO.

2.6 2273 Lexicon Græcum, & Inſtitutiones Linguæ Græcæ, ad Sacri Apparatus Inſtructionem,   *Antv. ap. Plant.* 1572   *2.6*
5.6 2274 ——— Græco-Latinum,   *Baſ. ap. Valderian.* 1541   *5.6*
1-12. 0 2275 ——— Græco-Latinum ; Cyrillus de Dictionibus ; Ammonius de Differentia Dictionum, &c.   *Venet. ap. Ald.*
              Woodhall   *Manut.* 1497 *1-12—*

17.0 2276 Libanii Sophiſtæ Opera, Gr. Lat. a Fed. Morello, 2 vol.
             Par. ap. Claud. Morel. 1606   *17—*

18.6 2277 ——— Epiſtolæ, Gr. Lat. a Chriſtiano Wolfio, *chart. max.*
                   Amſt. 1738   *18.6*

12.6 2278 Livii Hiſtoria Romana,   ——   *Mogunt.* 1519   *12.6*
1.1. 0 2279 ——— Hiſtoria Romana, a Carolo Sigonio,   *Venet. ap. Paul.*
                   Manutium, 1555 *1- 1—*
6.6 2280 ——— Hiſtoria Romana,   ——   *Mediolan.* 1495   *6.6*
15.6 2281 Long Bibliotheca Sacra, *chart. max.* 2 vol.   *Par.* 1723   *15.6*
16.0. 0 2282 Lucanus, EDITIO PRINCEPS, *compact. in corio ruſſico.*   *Rom.*
         ϑ.ß.   *ap. Conrad. Sueynheim,* 1469 *16 —*
         2283 Luciani

2263 Wants from 1687 to 1719 a 20 ends 1702
He had first 16 Vols

2283 Luciani Opera, Græcé,   —   *Venet. ap. Aldum,* 1503   0 - 5 0

2284 ——— Opera, Græcé, *exemplar pulcherrimum, cum foliis deauratis,*   *Venet. ap. Ald.* 1522   0 - 3 - 6

2285 ——— Opera, Græcé, EDITIO PRINCEPS, CUM LITERIS INITIALIBUS ILLUMINAT. *exemplar pulcherrimum, Rom.*1496   19 - 8 - 6

2286 Lucretii Opera, *compact. in corio turcico, cum foliis deauratis,*   *Lond. ap.* Tonson, 1712   6 - 10 - 0

2287 ——— Opera, EDITIO PRINCEPS, *& exemplar pulcherrimum,*   *Veronæ ap. Paulum Fridenpergerum,* 1486   12 - 12 - 0

2288 Ludolphi Historia Æthiopica,   *Francf. ad Mæn.* 1681   0 - 2 - 6

2289 Lycophronis Alexandra, Gr. Lat. a Pottero,   *Oxon.* 1702   0 - 10 - 6

2290 ——— Alexandra, Græcé, cum Commentaris Græcis Joan. Tzetzæ, & Tzetzæ variæ Historiæ versibus politicis, Gr. Lat. a Paulo Lancisio,   —   *Baf. ap. Oporin.* 1546   0 - 5 - 0

2291 Mabillon de Re Diplomatica, *edit. opt.*   —   *Par.* 1709   5 - 15 - 0

2292 Macrobii Opera, EDITIO PRINCEPS, *exemplar pulcherrimum, & compact. in corio ruffico,*   *Venet. ap. Nic. Jenfon,* 1472   8 - 0 - 0

2293 Maii (Juniani) Parthenopœi de prisca Verborum Proprietate,   *Tarvis ap. B. de Colon.* 1477   1 - 3 - 0

2294 Idem Liber, EDITIO PRINCEPS, *exemplar pulchrum, compact. in corio ruffico,*   *Neapol. ap. Morav.* 1475   3 - 0 0

2295 Marfili (Ferd. Com.) Danubius Pannonico-Myficus, *compact. in corio ruffico,* 6 vol.   *Hag. Com.* 1726   9 - 0 0

2296 Martialis Opera. *exemplar pulcherrimum, compact. in corio ruffico,* CUM LITERIS CAPITALIBUS ILLUMINAT. ET EDITIO PRINCEPS,   *ap. Vind. Spyren. fine Anno,*   17 - 0 - 0

2297 Marmora Oxoniensia ex Arundellianis, Seldenianis, aliifque conflata, cum Notis Humphr. Prideaux, *exemplar fplendiffimé compact. cum foliis deauratis,*   —   *Oxon.* 1676   0 - 12 - 0

2298 Marmora Pifaurenfia, cum Notis Illuftrata,   *Pifaur.* 1736   0 - 5 - 6

2299 Martianus Capella de Nuptiis Philologiæ & Mercurii; de Grammatica; de Dialectica; de Mufica, &c. &c. EDITIO PRINCEPS, *compact. in corio turcico,* *Vicent. ap. Henr. Sancte Urfo,* 1499   2 - 15 - 0

2300 Mathematici Veteres, Gr. & Lat.   *Par. e Typog. Reg.* 1693   2 - 12 - 6

2301 Maximi Confefforis Opera, Gr. & Lat. 2 vol.   *Par. ap. Cramoify,* 1675   0 - 16 - 0

2302 Mayernii (Theod.) Opera Medica,   —   *Lond.* 1700   0 - 2 - 0

2303 Meibomius de Proportionibus, Gr. & Lat.   *Hafn.* 1655   0 - 5 - 0

2304 Idem Liber, Gr. & Lat. *chart. max.*   —   *ibid.* 1655   0 - 5 - 0

2305 Menelogia, *Græco Modern.* 4 vol.   —   *Venet.* 1572   0 - 12 - 0

2306 Menetreii (Claudii) Symbolica Dianæ Ephefiæ Statuæ Expofita   *Romæ,* 1688   0 - 5 - 6

2307 Militari (Scriptores de Re) EDITIO PRINCEPS, CUM LITERIS CAPITALIBUS ELEGANT ILLUMINAT. *compact. in corio ruffico, Venet. ap. Johan. ex Verona, & Nic. Cyrurgum,* 1472   8 - 0 - 0

Four-

Fourteenth Day's Sale, *Tuesday*, *Febr.* 28.

OCTAVO & *Infra.*

LOT

2310 Lifterus (Mart.) de Morbis Chronicis, &c.　　*Amſt.*1698
2311 Livii Hiſtoria, cum Notis Clerici & Gefneri; 3 vol.
　　　　　　　　　　　　　　　　　　　　　Lipſ. 1735
2312 Livii Hiſtoria, a Joan. Tillemonio, *exemplar nitid. cum foliis*
　　deauratis, 3 vol. ——　　　　　　　　*Par.* 1672
2313 —— Hiſtoria, 4 tom. ——　　*Venet. ap. Ald.* 1518
2314 Lomeirus de Bibliothecis, ——　　*Ultraj.* 1680
2315 Lommii Obſervationes Medicinales, ——　　*Amſt.* 1738
2316 —— Comment. de Sanitate Tuenda,　　*L. Bat.* 1724
2317 —— Obſervationes Medicinales, ——　　*Amſt.* 1745
2318 Longinus de Sublimitate, Gr. Lat. a Fabro,　　*Salmur.* 1662
2319 —— de Sublimitate, Gr. Lat. *chart. max.*　　*Oxon.* 1713
2320 —— de Sublimitate a Zach. Pearcio, cum Animadver-
　　fionibus Nathan. Mori, ——　　　　*Lipſ.* 1768
2321 Longus de Daphnide & Chloe, Gr. & Lat. cum Notis Jun-
　　germanni, ——　　*Hanov. ap. Wechel.* 1605
2322 Lonicerus (Joan.) in Pindarum, ——　　*Tigur.* 1560
2323 Lubini (Clavis) Linguæ Græcæ,　　*Amſt. ap. Elz.* 1664
2324 Lucani Pharfalia, *compact. in corio turcico, cum foliis deaurat.*
　　　　　　　　　　　　　　　Par. ap. Colin. 1543
2325 —— Pharfalia,　　　　　　　　　*ib. ib.* 1528
2326 —— Pharfalia, ——　　*Lugdun. ap. Seb. Gryph.* 1551
2327 —— Pharfalia, cum Notis Gott. Cortii,　　*Lipſ.* 1726
2328 —— Pharfalia, *cum foliis deaurat.*　　*Lugd. ap. Vincent.* 1538
2329 —— Pharfalia, *exemplar pulcherrimum,*　　*Lut. ap. Rob.*
　　　　　　　　　　　　　　　　　　　Steph. 1545
2330 —— Pharfalia, *exemplar elegant. compact. in corio turcico, cum*
　　foliis deauratis, CUM LITERIS INITIALIBUS COLORAT.
　　　　　　　　　　　　　　　Venet. ap. Aldum, 1502
2331 Lucianus de Calumnia, Gr. Lat. a Tollio,　　*L. Bat.* 1677
2332 —— de non facile credendis Delationibus, Græcé,
　　　　　　　　　　　　　　　　　　　Lovan. 1534
2333 —— Mortuorum Dialogi, Gr. Lat.　　*Par.* 1656
2334 —— Excerpta quædam, Gr. & Lat. a Kent, *chart. max.*
　　　　　　　　　　　　　　　　　　Cantab. 1730
2335 —— Pfeüdofophiſta, Gr. & Lat. a Grævio,　'*Amſt.* 1668
　　　　　　　　　　　　　　　　　　　2336 Lu-

4 — 2336 Luciani Opera omnia, Græcé, 2 vol.　　　　Bafil. 1545 0- 4. 0
3 — 2337 ———— Opera omnia, Græcé, 2 vol.　　Hoganoæ, 1526 0- 3. 0
5 — 2338 ———— Opera omnia, Gr. Lat.. a Benedicto, 2 vol. Sal-
　　　　　　　　　　　　　　　　　　　　　　　mur. 1619 0- 5. 0
9 — 2339 ———— Opera, Græcé,　　　　　　　ap. Junt. 1535 0. 9. 0
2. 6 2340 Lucretii Opera, cum lineis rubris,　　ap. Seb. Gryph. 1546 0. 2. 6
' { 2341 ———— Opera, cum Notis Fabri,　　　　Cantab. 1686 }
1 { 2342 ———— Opera,　　　　　　Lugd. ap. Seb. Gryph. 1540 } 0- 1- 0
2. — 2343 ———— Opera, exemp. pulcherrimum,　Ven. ap. Ald. 1515 / 2- 0
2 — 2344 Lupi (Servati) & Abbatis Ferrarienfis Opera, a Steph.
　　　　　Baluzio,　　　　　　　　　　　　　　　Par. 1664 0- 2- 0
3. 9 2345 Lufcinii (Ottomar.) Epigrammata Veterum ad Jocos Acco-
　　　　　modata, Gr. Lat.　　　　　　　　　　Friburg. 1529 0- 3. 9
2 — 2346 Lycophronis Alexandra, Gr. & Lat. cum Notis Joan. Meurfii
　　　　　& Jof. Scaligeri,　　　　　　　　Lug. Bat. 1697 0- 2. 0
4. 3 2347 ———— Alexandra, Græcé, cum Verfione Latina Gul.
　　　　　Canteri, compact. in corio turcico, cum foliis deauratis, ap. 0- 4- 3
　　　　　　　　　　　　　　　　　　　　　　Commelin. 1596
5 — 2348 Lycurgi Oratio contra Leocratem, Græcé, ad Edit. Joan.
　　　　　Taylori, cum Notis & Indicibus Gottfr. Hauptmanni, 0- 5- 0
　　　　　　　　　　　　　　　　　　　　　Lipf. 1753
2. 6 2349 Lyfiæ Orationes, Gr. & Lat. cum Notis Jodici Vander-
　　　　　heidii,　　　　　　　　Hanov. ap. Wechel. 615 0- 2- 6
9. 6 2350 ———— Orationes, Gr. Lat. a Tayloro,　Cantab. 1740 0- 9. 6
4. 6 2351 Macariæ Ægypti Homiliæ quinquaginta, Gr. & Lat. cum
　　　　　foliis deauratis,　　　　　　　Par. ap. Morell. 1559 0- 4. 6
6 — 2352 ———— Homiliæ, Græcé, elegant. compact. in corio
　　　　　turcico, cum foliis deauratis,　　　　　ib. ib. 1559 0- 6- 0
1. 6 2353 Macrobi Opera omnia,　　Lugdun. ap. Seb. Gryph. 1556 0- 1- 6
3. — 2354 ———— Opera omnia,　　　　　　　　　Par. 1585 0- 3. 0
2. 6 2355 ———— Opera omnia,　　　Venet. ap. Ald. 1528 0. 2. 6
2. 3 2356 Maffeii Græcorum Siglæ Lapidariæ,　　Veron. 1745 0- 2. 3
9 2357 Magii (Hieron.) variæ Lectiones,　Ven. ap. Zilett. 1562 0. 0. 9
1 — 2358 M giler (Thom.) de Vocibus Atticis, Græcé, cum Notis
　　　　　Nic. Blancardi,　　　　　　　　　Franeq. 1690 0- 1- 0
1 — 2359 ———————— de Vocibus Atticis, a Bos,　ib. 1698 0- 1- 0
1 — 2360 ———————— de Vocibus Atticis,　　ib. 1690 0- 1- 0
13. 6 2361 ———————— de Vocibus Atticis, cum Notis Bos,
　　　　　Nic. Blancardi, &c. a Steph. Bernard, 2 vol. Lug. 0- 13- 6
　　　　　　　　　　　　　　　　　　　　　Bat. 1757
10. 6 2362 ———————— de Vocibus Atticis, & Phrynici Eclo-
　picol　gæ, Græcé, compact. in corio turcico, cum foliis deauratis, 0- 10- 6
　　　　　Liber rarif.　　　　　　　　　　　　Romæ, 1517
4. 9 2363 Maichelii Introductio ad Hiftoriam Literariam de præcipuis
　　　　　Bibliothecis Parifienfibus,　　　　　Cantab. 1721 0- 4. 9
4 — 2364 Maittaire Græcæ Linguæ Dialecti, a Reitzio, Hag.
　　　　　　　　　　　　　　　　　　　　Com. 1738 0- 4. 0

　　　　　　　　　　2365 Mai-

2.11.0 — 2365 Maittaire Hiſtoria Typographorum aliquot Pariſienſium Vitas & Libro complectens, *chart. max.* Craasherad *Lond.*1717 } 2.11—

2366 ———— Hiſtoria Stephanorum, *chart. max.* *ib.* 1709

4 5.0 2367 Maievii Animadverſiones ad Loca novi Teſtamenti, *Traj.* *Rhen.* 1704 5—

4 4.6 2368 Malalæ (Joan.) Chronica, Gr. & Lat. — *Oxon.*1691 4.6

4 7.6 2369 Manilii Aſtronomicon, a Joſ. Scaligero, *exemplar pulcherrimum, compact. in corio turcico, cum foliis deauratis, Lutet. ap. Patiſſon, 1579*

4 3 0 2370 Mantuani (Bapt.) Opera, *Par.*1508 7.6

4 1.6 2371 Manutii (Pauli) Epiſtolæ, ———— *Ven. ap. Ald.*1580 } 3—
1.6
2372 ———— (Aldi Pii) Inſtitutiones Grammaticæ, *ib. ib.* 1575

4 0.6 2373 Mapletoft Placita Principalia, Gr. Lat. *Lond.* 1717

4 14.6 2374 Marcellus (Nonius) de Proprietate Sermonum, *exemplar pulcherrimum, compact. in corio turcico, cum foliis deauratis,* *Antv. ap. Plantin.* 1565 14—

4. 1.6 2375 Marciani Heracleotæ Carmen de Situ Orbis, Gr. & Lat. a Fed. Morello, *Lutet. ap. Morell.* 1596 1.6

4 2.6 2376 Marci Eremitæ; Nicolai; & Heſychii Presbyteri Opera, Græcé, *Par. ap. Morell.*1563 2.6

4 2.9 2377 Idem Liber, Græcé, ———— *ib. ib.* 1563 2.9

4. 1.3 2378 Margunii (Max.) Epiſtolæ duæ, Gr. Lat. *Francf. Wechel.* 1591 1.3

4 1.0 2379 Martialis Epigrammata, — *Antv. ap. Plantin,* 1568 1—

4 1.0 2380 ———— Epigrammata, *ap. Seb. Gryph.* 1546 1—

4 1.6 2381 ———— Epigrammata, — *Par. ap. Colin.* 1539 1.6

4 4.6 2382 ———— Epigrammata, *cum foliis deaurat. & lineis rubris,* *Ven. ap. Ald.* 1517 4.6

2.2.0 2383 ———— Epigrammata, *exemplar pulcherrimum, compact. in corio turcico, cum foliis deauratis,* *ib. ib.*1501 2— 2—

4 3.3 2384 Martini (Eman.) Epiſtolæ, 3 vol. *Mant. Carp.* 1735. 3.3

4 1.0 2385 Martini (Nath.) Cadmus Græcophænix, *Brem.* 1625 1—

4 2.9 2386 Martinengii (Prosperi) Poemata diverſa cum Græca, tum Latina, ———— *Rom.* 1582 2.9

4 0.6 2387 Maurocordatus (Nic.) de Officiis, Gr. Lat. *Lond.* 1726 —6

1.11.6 2388 Maurus Terentianus de Literis, Syllabis, Pedibus ac Metris, *Venet.*1553
N. B. In hoc Libro hæc Nota eſt—Hæc Terentiani Mauri Editio Maittairio & Fabricio ignota. Hunter 1.11.6

4 3.0 2389 Maximi (Monachi) Scholia in Dicnyſii Opera, Græcé, *Par. ap. Morell.* 1562 3—

4 2.6 2390 Maximi Tyrii Diſſertationes, Gr. & Lat. a Dan. Heinſio, 2 vol. ———— *Lug. Bat.*1607 2.6

4 1.0 2391 Mazochii (Alex. Symmachi) de Alcia, *Neapol.* 1739 1.7

4 3.6 2392 Mead de Variolis & Morbillis, *chart. max.* *Lond.* 1747 3.6

4 2.6 2393 ——— de Imperio Solis ac Lunæ, *chart. max.* *ib.* 1746 2.6

4 2.6 2394 ——— Medica Sacra, *chart. max.* ———— *ib.* 1749 2.6

4 5.6 2395 ——— Monita & præcepta Med. *chart. max.* *ib.* 1751 5.6

2396 Meer-

Dany

2.9
2396 Meermanni Origines Typographicæ, ———— 1761 ½ 9

5.16
2397 Meibomius & Bartholinus de Ufu Flagrorum in Re Venerea, accedunt Olhafii & Olai Wormii Differt. de Ufu 0-5-6
Renum, ———— ———— *Francf.*1669

1—6
2398 Menagii (Ægidii) Poemata, *Par. ap. Cramoify,*1668 0-1-0

3.6
2399 Menandri & Philiftionis Sententiæ comparatæ, Gr. Lat. a
Nic. Morello, ———— *Lutet. ap. Morell.*1614 0-3.6

3.6
2400 Menckenius de Charlataneja Eruditorum, *Amft.*1747 0-3 6

QUARTO.

4 —
2401 Mofchi, Bionis, & Theocriti Idyllia, Gr. & Lat. *Par. ap.*
Rob. Stephan, 1556 0-4-0

2 —
2402 ———— Bionis, & Theocriti Idyllia, *compact. in corio turcico,*
cum foliis deauratis, Crachorode *Brug. Fland. ap. Goltz.* 1565 1-2.0

5.6
2403 Muleni Numifmata Danorum & vicinarum Gentium, Edit.
a Bartholino, *Hafniæ,* 1670 0-5.6

1-7—
2404 Mulierum Græcarum Fragmenta Profaica, Gr. & Lat. a
Chrift. Wolfio, Elmsley *Getting* 1739 2-7.0

9.6
2405 Muratori Anecdota Græca, ———— *Patav.*1709 0-9.6

8—
2406 Mureti (Anton.) variæ Lectiones, *Ven. ap. Zilletti,* 1559 0-8-0

3.6
2407 Mufæus de Amoribus Heronis & Leandri, Gr. Lat. cum
Commentario Dan. Parei, ———— *Francf.*1627 0-3.6

2-6
2408 ———— de Amoribus Heronis & Leandri, *ib.* 1627 0-2.6

2—
2409 ———— de Herone & Leandro, Gr. Lat. *Par.* 1578 0-2.0

3-5
2410 ———— de Herone & Leandro, Gr. Lat. *compact. in corio*
turcico, cum foliis deauratis, ———— *Venet. ap. Aldum, fine Anno* 3-5.0

3.6
2411 ——— Mofchus, & Bion, Gr. Lat. a Whitfordii, *Lond.*1659 0-3.6

3—
2412 Mufuri (Marci) Carmen Admirandum in Platonem, Gr. &
Lat. a Phil. Munckero, ———— *Amft.*1676 0-3.0

2—
2413 Myfteriis (Compendium de Sacris) Græco-Modern. *Venet.*1600 0-2.0

10.6
2414 Mythographi Latini, a Van Staveren, *Amft.* 1742 0-10.6

1-2—
2415 Neandri (Mich.) Ariftologia Euripidea Græco-Latina, *cum*
foliis deauratis, ———— *Baf.*1559 1-2.0

1.11.6
2416 ———— Opus Aureum, Gr. & Lat. *exemplar elegant. cum*
foliis deauratis, 2 vol. *Lipf.*1577 1-11.6

4.6
2417 Nemefiani (Aur. Olymph.) & Calphurnii Bucolica, Gr. & Lat.
cum Commentariis Rob. Titii, *Florent. ap. Junt.*1590 0-4.6

1-3—
2418 Newtoni (Ifaaci) Principia Philofophiæ Naturalis, *chart.*
max. compact. in corio turcico, cum foliis deauratis, *Lond.* 1-3.0
1726

3—
2419 Nicandri Theriaca & Alexipharmaca, Græcé, cum Scholiis
Græcis, ———— *Col. ap. Sotzr.*1530 0-3-0

6
2420 ———— Theriaca, & Alexipharmaca, Græcé, cum Commentariis Græcis, *Venet. ap. Ald.*1523 0-6.0

2421 Ni-

2421 Nicetæ & Davidis Interpretatio Greg. Nazianzeni. *Græco-Modern.* —— —— *Venet.* 1563

2422 Nicolai Antidotarium, EDITIO PRINCEPS, *Venet. ap. Nic. Jenfen.* 1471

2423 Nili (Sancti) Epiftolæ, Gr. & Lat. a Poffino, *compact. in corio turcico, cum foliis deauratis,* *Par. e Typog. Reg.* 1657

2424 Nogarolæ (Ludov.) Dialogus, qui infcribitur Timotheus, five de Nilo, *compact. in corio turcico, Ven. ap. Valgrif.* 1552

2425 Nonni Panopolitani Evangelium Joannis in Græcis Verfibus, Gr. & Lat. per Joan. Bordatum, *Par. ap. Perier,* 1561

2426 Numifmata Antiqua Thomæ Pembrochiæ Comitis, *chart. max. compact. in corio turcico, cum foliis deauratis, Aubry Lond.* 1746

2427 Ocellus Lucanus de Natura Univerfi, Gr. & Lat. cum Commentario ab Eman. Vizzanio, —— *Amft.* 1661

2428 Idem Liber, Gr. Lat. *edit. opt.* —— *Bonon.* 1646

2429 Ocium Soranum, five Epigrammata, Gr. & Lat. a Joan. Laurenbergio, *Hafn.* 1640

2430 Oderici (Gafp. Aloyfii) Differtationes in ineditas Infcriptiones & Numifmata, *Rom.* 1765

2431 Onofandri Strategicus, Gr. & Lat. a Nic. Rigaltio, cum Notis Jani Gruteri, & Æmyl. Porti, *ap Commelin.* 1600

2432 —— Strategicus, Gr. & Lat. cum Notis Rigaltii, *Par.* 1599

2433 Oppianus de Pifcibus, Latiné; Lippii Difticha; Paul. Jovius de Pifcibus, &c. *Argent.* 1534

2434 —— de Venatione, Joan. Bodino interprete & Comment. Ejufdem, *Lutet. ap. Vafcofan,* 1555

2435 —— de Venatione, Græcé, *Par. ap. Vofcofan,* 1549

2436 —— de Pifcibus, & de Venatione, Gr. & Lat. *compact. in corio turcico, cum foliis deauratis, Liber rarif. Par. ap. Turneb.* 1555

2437 Orus Apollo de facris Notis & Sculpturis, Gr. & Lat. per Mercerum, —— *Par. ap. Wechel.* 1548

2438 Origen de Oratione, Gr. & Lat. a Reading, *Lond.* 1728

2439 —— de Oratione, Gr. & Lat. a Spencero, *Cantab.* 1658

2440 Orphei Argonautica, Gr. & Lat. *Bafil.* 1523

2441 —— Argonautica, Græcé, *Florent. ap. Junt.* 1500

2442 —— & Ariphronis Hymni in Æfculapium & Sanitatem, Græcé, a Jof. Scaligero, —— *Par. ap. Libert,* 1615

2443 —— feu Mercurii ter Maximi Prognoftica, Gr. & Lat. ab Ant. Bayfio, —— *Lutet. ap. Morel.* 1586

2444 Ovidii Metamorphofis, *Lugdun.* 1527

2445 —— Opera, a Burmanno, 4 vol. —— *Amft.* 1727

2446 Faciaudi (Paul.) Monumenta Peloponnenfia, cum Commentariis Explicata, —— *Rom.* 1761

2447 Pal-

7 — 2447 Palladii Episcopi Helenopoleos Historia Lausiaca, Græcé, 0- 7. 0
cum Notis Joan. Meursii, ———— Lug. Bat.1616
— 6 2448 ———— de Vita S. Chrysostomi, Gr. Lat. Par.1680 0. 0 6
1 — 2449 Palladius Sophista de Febribus, Gr. Lat. a Chartiero,
Par. 1646 0 1 0

F O L I O.

17. 6 2450 Montfauconi Bibliotheca Bibliothecarum Manuscriptorum
nova, 2 vol. ———— Par. 1739 0- 17. 6
1. 1 — 2451 ———— in Hexapla Origenis, Gr. Lat. 2 vol. ib.1713 1. 1. 0
1. 12 — 2452 ———— Collectio nova Patrum & Scriptorum Græcorum,
Gr. & Lat. 2 vol. B.B. ———— ib. 1707 1. 12.0
17 — 2453 ———— Palæographia Græca, ib. 1708 0. 17. 0
11 — 2454 Morelli (Gul.) Verborum Latinorum cum Græcis Anglicis-
que Conjunctorum Commentarii, ———— Lond.1583 0. 11. 0
4. 7 — 2455 Muratori (Lud. Mar.) Thesaurus novus veterum Inscriptionum, 4 vol. Willet ———— Mediolan.1749 4. 7 0
1 — 2456 Myrepsi (Nic.) Medicamentorum Opus, Baf. 1549 0- 1. 0
2-3 2457 Nectarius de Origine Papæ, Græco-Modern. 1572 0. 2. 4
2-2- 2458 Nestoris Dionysii Opus, Ridley —— 1488 2- 2. 0
11. 6 2459 Nicephori Historia Ecclesiastica, Gr. & Lat. a Frontone Ducæo, Par. ap. Cramoisy,1630 0. 11. 6
11 — 2460 Nigri (Stephani) Dialogus, ———— Mediolan,1517 0. 11. 0
3 — 246: Noris (Card.) Opera omnia, compact. in corio turcico, cum
foliis deauratis, 4 vol. Hermasdan Veron.1729 3-0. 0
2. 6 2462 Oecumenii Expositiones antiquæ in Acta & Epistolas Apostolorum, Græcé, ———— Ven. ap. Sabios, 1532 0. 2. 6
5— 2463 ———— Commentaria in novum Testamentum, Gr. & Lat.
2 vol. ———— Par.1631 0. 5. 0
13 — 2464 Olympiodori in Meteora Aristotelis Commentarii, Græcé,
Venet. ap. Ald. 1550 0. 13. 0
2. 6 2465 Onofandri Strategicus, Græcé, cum Notis Criticis, una cum
Versione Gallica Bar. de Zur-Lauben, a cura Nic. Schwe-
belii, cum figuris, ———— Norimb.1752 0. 2. 6
4. 4 — 2466 Oratorum Veterum Orationes, Græcé, exemplar pulcherrimum, compact. in corio turcico, cum foliis deauratis, 2 vol. 4. 4. 0
Aubrey Venet. ap. Ald. 1513
2. 6 2467 Orthodoxa Confessio fidei Ecclesiæ Orientalis, & Com-
pendiosa Expositio de tribus Virtutibus, Græco-Modern. 0. 2. 6
Wallach. 1699
10 — 2468 Ovidii Metamorphoses, EDITIO PRINCEPS, exemplar pul- 8. 10. 0
cherrimum, compact. in corio turcico, cum foliis deauratis, Romæ,
Mason per Conrad. Sweynheym & Arnold. Pannartz,1471
2469 Ovidii

10-15.0 2469 Ovidii Opera, *exemplar pulcherrimum, compact. in corie* 16.15
          turcico, cum foliis deauratis,   *Bonon. ap. Bald. Azzo-*
               Aubrey   *guidis,* 1480

2470 Pa. P. in Francorum cura Concilia Antiquariæ Supellectilis
      Portiunculæ, IMPRESS. IN MEMBRANA, *compact. in corio*
      turcico, cum foliis deauratis,   *Par.* 1610   8 - 8

6.6 2471 Palladius de Gentibus Indiæ & Bragmanibus; S. Am-
      brosius de Moribus Brachmanorum, & Anonymus de
      Bragmanibus, ab Ed. Bissæo, *chart. max.*   *Lond.* 1665   6.6

2..0 2472 Pancirolli Notitia Utraque Dignitatum cum Orientis
      tum Occidentis ultra Arcadii, Honoriique Tempora,
                           Venet. 1593   2 ~

2..0 2473 Parakletike, Græco Modern.   *ib.* 1549   2 ~

2..0 2474 ———— Græco-Modern.   1522   2 ~

1.6 2475 ———— Græco-Modern.   1.6

18..0 2476 Parker (Matth. Archiep. Cantuar.) de Antiquitate Britan-
      nicæ Ecclesiæ, par Sam. Drake, *chart. max. cum foliis deau-*
      ratis,   *Lond.* 1729   18~

4-14.0 2477 Passerii (Bapt.) Picturæ Etruscorum in Vasculis, *cum figuris*
      illuminat. 2 vol.   *Romæ,* 1767   4 - 14. 6

4-6..0 2478 Paterculii (Velleii) Historia, EDITIO PRINCEPS, *Basil.* 1520   4 - 6 ~

14..0 2479 Patriarchum Hierosolymarum Historia, ex Jacobo fratre
      Christi, & primo Hierosolymarum Sacerdote, usque ad
      præsentem Annum 1715, *Græco-Modern.*   *Wallach.* 1715   14~

8..0 2480 Pausaniæ veteris Græcæ-Descriptio, Romulus Amasæus ver-
      tit,   *Florent. ap. Torrentin,* 1551   8~

14.0 2481 ———— Græciæ Descriptio, Gr. & Lat. a Gul. Xy-
      landro, *corio turcico, cum foliis deauratis,*   *Hanov. ap.*   14 6
                                Wechel. 1613

1-12.0 2482 ———— Græciæ Descriptio, Gr. & Lat. a Joah. Kuh-
      nio,   *Lips.* 1696   1 - 12

6.0 2483 ———— Græciæ Descriptio, Græcé, a Gul. Xylandro,   — 6
                        Francf. ap. Wechel. 1583

1..6-0 2484 ———— Græciæ Descriptio, Græcé, *exemplar pulcherrimum,*   1- 6
      cum foliis deauratis,   *Venet. ap. Ald.* 1516

1..0 2485 Pentecostarium & Typicum, *Græco-Modern.*   *Venet.* 1624   1

        2486 Petavius (Dionys.) de Doctrina Temporum, *chart. max.*
1..2.0   2 vol.   *Lutet.* 1627   1- 2
        2487 ———— Uranologion, sive Systema variorum Authorum de
      Sphæra, Gr. & Lat.   *Par.* 1630

Fifteenth

✿✿✿✿✿✿✿✿✿✿ ✿✿✿✿✿✿✿✿✿✿✿

Fifteenth Day's Sale, *Wednefday*, *March* 1.

O C T A V O & *Infra*.

LOT

2 — 2488 MErcurialis (Hieron.) de Puerorum Morbis, addita
Trall:anus de Lumbricis, *Francf. ap. Wechel.*1584 0 - 2. 0

1 — 2489 Merhodii (Epifcopi) Convivium Decem Virginum, Gr. &
Lat. Leo Allatius edit. ——— *Romæ,*1656 0 ·· 1· 0

2·6 2490 Meurfii (Joan.) ad Theocriti Idyllia Spicilegium, & ad Epigrammata Notæ, ——— *Lug. Bat.*1597 0 · 2. 6

6 2491 Miltoni pro Populo Anglicano Defenfio, *Lond.* 1651 0 ·· 0. 6

1·12 — 2492 Mifcellanea Lipfienfia ad Incrementum Rei Litterariæ,
12 vol. ——————— *Lipf.*1716, &c. 1 · 12· 0

3 — 2493 ——— Lipfienfia nova, 19 vol. — *ib.*1742, &c. 3· 0 - 0

2·14 2494 ——— Obfervationes in Auctores veteres & Recen-
tiores, ab Eruditis Britannis, 14 vol. *Amft.*1732, &c. 2 .. 14· 0

10 2495 ——— ex MSS. Libris Bibliothecæ Collegii Societatis
Jefu, 2 vol. *Rom.*1754 0 · 10· 0

1 2496 Moeris Atticifta de Vocibus Atticis, & Martinius de Græ- 0 ·· 1 - 0
carum Literarum Pronunciatione, ——— *Oxon.*

6·6 2497 Moeridi; Atticiftæ Lexicum Atticum, cum Notis Hudfoni, 0 - 6 - 6
Bergleri & Pierfoni, ——— *Lug. Bat.*1759

1·6 2498 ——— Lexicon Atticum, & Timæus, a Ruhnquenio & 0 - 1. 6
Fifchero, *Lipf.*1756

6 2499 Molloy Lucerna Fidelium, Græcé, ——— *Rom.* 1676 0 - 0·· 6

6 — 2500 Moralia quædam Græcé & Latiné, ex variis Authoribus, Gr. 0 ·· 6 - 0
& Lat. ——— *Aug. Vind.* 1523

1 — 2501 Mortoni (Rich.) Opera Medica, 3 vol. *Amft* 1696 0 · 1. 0

3·9 2502 Mofchopuli Scholia ad Homeri Iliados, cum Notis Scher-
pezeelii & Camerarii, ——— *Traj. Rhen.*1719 0 ·· 3. 6

6 2503 Mofellanus (Petrus) de Schematibus & Tropis, & Ant. Man-
cinelli Carmen de Figuris & Tropis, *Colon.*1559 0 - 0. 6

1·6 2504 Mofellani (Petri) Pædologiæ Traductio. Jodoco Velaræ Authore, Græcé, ——— *Antv.*1532 0 - 1.. 6

1 — { 2505 Mureti (Ant.) Variæ Lectiones, — *ap. Plantin.*1586 } 0 - 1. 0
{ 2506 Mufæus de Infano Herus ac Leandri Amore, Græcé, & }
Latinum Paraphrafte Gul. de Mara, *Colon.* 1526

2 — 2507 ——— de Hero & Leandro Poema, Gr. & Lat. cum Notis 0 ·· 2 - 0
Variorum ; & Henr. Kromayeri Acceffio ad Mufæum Epift.
duæ Ovidii, Gr. Lat. ——— *Hal. Magd.*1721

2508 Mufæus

1.6	2508	Musæus de Amoribus Herus & Leandri, Gul. de Mara Paraphraste, cum Comment. Vatelli, *Par. ap. Wechel.* 1538	1.6
12.0	2509	—— de Herone & Leandro; Orphei Argonautica; & Hymni, &c. &c. Græcé, —— *Florent. ap. Junt.* 1519	12—
1.0	2510	—— de Herone & Leandro Carmen, Gr. & Lat. cum Notis Jacobi Rondelli, —— *Par.* 1678	1—
6.0	2511	—— de Herone & Leandro; Orphei Argonautica, &c. Græcé, *exemplar nitid.* —— *Ven. ap. Ald.* 1517	6—
2.6	2512	—— de Herone & Leandro, cum Scholiis Græcis, ac Notis Math. Roveri, *Lug. Bat.* 1737	2.6
9.0	2513	—— de Herone & Leandro Carmen, Gr. Lat. & Ital. a Salvinio, cum Notis Bandinii, —— *Florent.* 1765	9—
4.0	2514	—— de Herone & Leandro, cum conjecturis ineditis Petri Francii, ex recenf. Schroderi, *Leovard.* 1742	4—
0.6	2515	Musæ Juveniles, —— *Lond.* 1732	6.
2.12.6	2516	Musæum Meadianum, *cum figuris Antiquitatis in eodem Musæo,* ib. 1755	2.12.6
9.0	2517	Musgrave Exercitationes in Euripidem, *Lug. Bat.* 1762	9—
0.6	2518	Myrepfus (Nic.) de Compositione Medicamentorum Latinitate donati a Leon. Fuchsio, *Lugdun.* 1550	6
2.6	2519	Neandero (Mich.) de Re Poetica Græcorum, *Lipf.* 1582	2.6
	2520	—— de Re Poetica Græcorum, —— *ib.* 1613	
1.0	2521	—— Anthologicum Græca-Latinum, *Baf.* 1556	1—
10.0	2522	—— Aristologia Pindarica, Gr. Lat. *ib.* 1556	10—
1.0	2523	Nemesius de Natura Hominis, Gr. Lat. *Oxon.* 1671	1—
6.0	2524	Nicandri Theriaca & Alexipharmaca, *Gr. Lat. & Ital.* a Salvinio, cum Notis Bandinii, —— *Florent.* 1764	6—
1.0	2525	Nicolfius (Nic.) de Literis Inventis, *Lond.* 1711	1—
0.6	2526	Nonni Paraphrafis Evangelii Joannis, Gr. & Lat. *Lugdun.* 1620	—6
0.6	2527	—— Evangelii Joannis, Græcé, *Hagan.* 1527	—6
1.6	2528	—— Evangelii Joannis, Græcé, —— 1541 In hoc Libro hæc Nota est—*Liber Gulielmi Laud Archiep. Cantuar & Cancellarii Universitatis Oxon.* 1634.	1.6
1.0	2529	—— Evangelii Joannis, Gr. Lat. cum Notis Nicolai Abrami, —— *Parif. ap. Cramoify,* 1623	1—
9.0	2530	—— Evangelii Joannis, Gr. Lat. cum Animadverfionibus Peiri Cunæi; Heinfii (Dan.) Differtatio de Nonni Dionyfiaca, & Jof. Scaligeri Conjectura, *Hanov.* 1610	9—
1.0	2531	Nonus Medicus de omnium Particularium Morborum Curatione. Gr. Lat. per Hier. Martium, *Argent.* 1568	1—
1.0	2532	Novatiani Opera, a Jackfono, —— *Lond.* 1728	1—
1.0	2533	Numifmata Rariora Maximi Moduli Selecta ex Bibliotheca Card. Carpegnæ, —— *Amft.* 1685	1—
1.7.0	2534	Observationes Selectæ ad Rem Literarium Spectantium, 11 vol. —— *Halæ Magd.* 1725	1 7—
1.0	2535	Ocellus Lucanus de univerfa Natura, Gr. & Lat. cum Notis Ludov. Nogarolæ, *ap. Commelin.* 1596	1

2536 Ocellus

1 — 0 1 0 — 2536 Ocellus Lucanus, Græcé, a Lonæo Boſcio,   *Lovan.* 1554 *0- 1- 0*

1 — 2537 —— Lucanus, Gr. Lat. a Nogarola,   *ap. Commelin.* 1596 *0- 1- 0*

14.6 { 2538 Onoſander de optimo Imperatore; Volateranus de Principis Officio; Agapetus de Officiis Regis,   *Baſil.* 1558 *0- 14- 6*

    2539 Oppianus de Venatione & Piſcatu, cum Notis Conr. Rit-
terſhuſii, Gr. Lat. *exemplar pulcherrimum,* 2 vol. *L. Bat.* 1597

12 — 2540 —— de Piſcibus, & de Venatione, Græcé, *exemplar pulcherrimum, compact. in corio turcico, cum foliis deauratis,* *0- 12- 0*
                                      Ven. ap. Ald. 1517

2- 9 2541 Opſopæi Sibyllina Oracula, Gr. Lat.   —— *Par.* 1607 *0- 2- 9*

1 — 2542 Opuſcula Mythologica, Eth ca & Phyſica, Gr. Lat. *Cantab.* *0- 1- 0*
                                              1670

2.6 2543 Oratorum veterum Orationes Selectæ, Gr. & Lat. cura Joach.
Schroderi,   ——   *Marp. Catt.* 1634 *0- 2- 6*

6. 6 2544 —— Græciæ Præſtantiſſimorum Orationes, Gr. & Lat.
ab Alph. Miniato, 2 vol. *N. B.* —— *Hanov.* 1609 *0- 6- 6*

2- 2 — 2545 Oratores Græci, Gr. Lat. cum Notis Variorum, Edid. Jac.
Reiſke, *chart. max.* 7 vol. —— —— *Lipſ.* 1770 *2- 2- 0*

1— 2546 Oribaſii Collectorum Medicinalium Libri XVII. Latiné, a
Bapt. Raſario,   ————   *Par.* 1553 *0- 1- 0*

12- 2547 —— Collectanea, Græcé, *exemplar pulcherrimum, compact.
in corio turcico, foliis deaurat. cum lineis rubris,* *Par.* *0- 12- 0*
                                    ap. Morell, 1556

2.3 2548 Oribaſii Collectanea, Latiné,   *Venet. ap. Ald.*   *0- 2- 3*

5— 2549 —— Opera, interpret. a Raſario, 2 vol.   *Baſil.* 1557 *0- 5- 0*

— 6 2550 Origen de Oratione, Gr. Lat. *cum foliis deauratis,* *Oxon.* *0- 0- 6*
                                         1685

10.6 2551 Ori Apollinis Hieroglyphica, Gr. & Lat. *Woodhull Par.* 1551 *0- 10- 6*

3— 2552 —— —— Hieroglyphica, Latiné, a Bernardo Trebatio,
                       Par. ap. Rob. Stephan. 1530 *0- 3- 0*

7.6 2553 Orphei Argonautica, Gr. & Lat. cum Notis Henr. Stephani, Eſchenbachii & Geſneri, curante Chriſt. Hamber-
gelo,   *Lipſ.* 1764 *0- 7- 6*

1 — 2554 Orthographiæ Ratio ab Aldo Manutio Collecta, *Venet.* *0- 1- 0*
                                  ap. Ald. 1566

5.6 2555 Orthodoxa Confeſſio Catholicæ atque Apoſtolicæ Eccleſiæ
Orientalis, *Gr. Lat. & Germ.* & Hiſtoria Catechiſmi Ruſſo-
rum,   ——   *Wratiſlaw.* 1751 *0- 5- 6*

2.6 2556 Otrokocſi (Fran.) Origines Hungaricæ,   *Franeq.* 1693 *0- 2- 6*

1.6 2557 Ovelii (Johan.) Carmen Elegiacum in Beili Sectatores con-
ſcriptum, Gr. & Lat.   —— *Düſſeldorp.* 1568 *0- 1- 6*

2.6 2558 Ovidii Opera omnia, 3 vol.   *ap. Seb. Gryph.* 1547 *0- 2- 6*

1. 1— 2559 —— Opera omnia, 3 vol.   — *Par. ap. Colin.* 1529 *1- 1- 0*

1- 7— 2560 —— Opera omnia, *compact. in corio turcico, cum foliis
deauratis,* 3 vol.   *Venet. ap. Ald.* 1516 *1- 7- 0*

1- 1— 2561 —— Opera omnia, *compact. in corio turcico, cum foliis deaurat.* 3 vol. *one lost* ——   *ib. ib.* 1502 *1- 1- 0*

2- 3 2562 —— Opera omnia, *chart. max.* 3 vol.   *ib. ib.* 1533 *2- 3- 0*

                                2563 Pachy-

2563 Pachymeræ (Georgii) Paraphrafis in omnia Dionyfii Areopagitæ Opera, Giæcé, ———— *Par. ap. Morell,* 1561

2564 Palairet Obfervationes Philologico-Criticæ in facros novi
Fœderis Libros, ———— *Lug. Bat.* 1752

2565 Palæphatus de Incredilibus, Gr. Lat. a Patro, *Francf.* 1685

2566 ———— de Incredilibus, Gr. Lat. a Tollio, *Amft* 1649

2567 Palladius de Febribus, Gr. & Lat. cum Notis Stephani Bernardi; accedunt Gloffæ Chemicæ & Excerpta ex Poetis
Chemicis, *Lug. Bat.* 1745

2568 Palmerius (Jac) pro Lucano; Rapini Comparatio Homeri
& Virgilii; Blondelli Comparatio Pindari & Horatii;
Tollii Comparatio Petronii & Virgilii, Senecæ & Sophoclis,
L. Bat. 1704

2569 Parthenius de Amatoriis Affectionibus, Græcé, a Jano Cornario, ———— *fin: Anno & Loco,*

2570 ———— de Amatoriis Affectionibus, Gr. & Lat. a Jano
Cornario, ———— *ap. Froben,* 1531

2571 Paterculi (Velleii) Hiftoria, ———— *Oxon.* 1711

2572 Patrum Apoftolicorum Barnabæ, Hermæ; Clementis, Ignatii,
& Polycarpi Opera Genuina, Gr. & Lat. curâ Rich. Ruffel,
chart. max. 2 vol. ———— *Lond.* 1746

2573 Pauw (Corn.) Notæ in Pindarum, *Traj. Rhen.* 1737

2574 Peckii (Frid.) Græcæ Linguæ Liber memorialis, *Lipf.* 1709

2575 Penn's Latin Grammar for Chrift's Hofpital, *Lond.* 1771

2576 Perfarum (de Regio principatu) *Par.* 1591

2577 Perfii Satyræ; Juvenalis Satyræ, & Sulpicii Satyra, cum veteribus Commentariis, ex Bibliotheca Petri Pithæi, *compaft.
in corio turcico,* ———— *Par. ap. Patiffon.* 1585

QUARTO.

2578 Parænetici Veteres, cum Notis Goldafti, *Inful.* 1604

2579 Paræi (Dan.) Mellificium Atticum, *Francf.* 1627

2580 Paterculus (Velleius) in ufum Delphini, *Par.* 1675

2581 Paulini (Fabii) Commentaria in Thucydidis Hiftoriam, & de
Pefte Athenienfium, *Venet.* 1603

2582 Pentateuchus Moyfis Ægypt., & Lat. a Wilkins, *compaft. in
corio turcico, cum foliis deauratis,* ———— *Lond.* 1731

2583 Petiti Mifcellanea; Variæ Lectiones; Obfervationes; & Eclogæ Chronologicæ, *nitid. ac uniformiter compaft.* 4 vol. *Par.
ap. Morel.* 1631, &c.

2584 Perottus (Nic.) de Metris, 1471 ——— Guarinus de Diph-
thongis, *compaft. in corio turcico,* ———— 1474
N. B. *Hæc Perotti Editio Maittario aliifque de Re Typographicâ
Scriptoribus haud innotuit.*

2585 Petronius Arbiter, a Burmanno, 2 vol. *Traj. Rhen.* 1709
2586 Pha-

5.18 2586 Phalaridis Epiſtolæ, Latiné, per Fran. Aretinum, IMPRESS.
       IN MEMBRANA, *compact. in corio turcico,*   *Venet. Impreſſ. per*   5.18.0
                                            Anton. Venetum, ſine Anno,

4. — 2587 ———— Epiſtolæ, Latiné, & Suetonius de Grammaticis,   4.0.0
       compact. in corio turcico, cum foliis deauratis, ſine Loco, 1475

5.15.6 2588 ———— Epiſtolæ, Græcé, EDITIO PRINCEPS, *compact. in*   5.15.6
       corio turcico, & exemplar pulcherrimum,   *Venet.* 1498

1 — 2589 Pharmacopeia Collegii Regalis Medicorum Londinenſis,   8.1.0
                                                Lond. 1746

6 — 2590 Phile de Animalibus, Gr. Lat. a Corn. de Pauw,   *Traj.*   0.6.0
                                                    Rhen. 1730

2 — 2591 ——— de Animalibus, cum Auctario Joach. Camerarii, Gr.
       & Lat. a Greg. Berſmanno,   ———   *Lipſ.* 1575   0.2.0

1 — 2592 Philelpni Epiſtolæ,   *ſine Loci vel Anni Indicio,*   0.1.0

1 — 2593 Philoponus de Mundi Creatione, Gr. & Lat. a Balth. Cor-
       derio,   *Vien. Auſtr.* 1630   0.1.0

1 — 2594 Photii (Patriarch. Conſtantinop.) Nomocanon, Gr. & Lat.
       cum Commentariis Chriſtophori Juſtelli,   *Par.* 1615   0.1.0

1.3 2595 Phrynici Eclogæ, Gr. & Lat. a Nunneſio,   *Aug. Vind.* 1601 0.1.3

5.6 2596 ——— Eclogæ, Gr. & Lat. a Corn. de Pauw,   *Troj. Rhen.*   0.5.6
                                                   1739

1.6 2597 Piccarti Periculorum Criticorum Liber, curâ Johan. Sau-
       berti,   ———   *Helmſtad.* 1583   0.1.6

1.6 2598 Pietas & Gratulatio Collegii Cantabrigenſis apud Novan-
       los,   *Boſton,* 1761   0.1.6

10.6 2599 Pindari Opera, Gr. & Lat. a Schmidio,   *ap. Schurer.* 1616 0.10.6

16 — 2600 ——— Opera, Gr. & Lat. a Benedicto, *compact. in corio*
       turcico, cum foliis deauratis,   *Salmur.* 1620   0.16.0

1 — 2601 ——— Opera, Latiné, a Lonicero,   ———   *Baſ.* 1535 0.1.0

6.6 2602 ——— Opera, Gr. & Lat.   *ap. Paul. Steph.* 1599   0.6.6

3 — 2603 ——— Opera, Græcé, cum Græcis Scholiis, `Francf. ap.`
                                       Brubacchium, 1542   0.3.0

2.12.6 2604 ——— Opera, Græcé, *compact. in corio turcico, cum foliis* 2.12.6
       deauratis,   *Par. ap. Morel,* 1558

19 — 2605 ——— Opera, Græcé, cum Græcis Scholiis, *compact. in corio*
       turcico, EDITIO PRINCEPS,   ———   *Rom.* 1515 0.19.0

11.6 2606 Piſidæ (Geo.) Opus ſex Dierum, & Senarius de Vanitate Vitæ,
       Gr. & Lat. a Fred. Morello, *compact. in corio turcico, cum* 0.11.6
       foliis deauratis, ac lineis rubris,   *Lut. ap. Morel.* 1584

3.6 2607 Pius IIdus Pont. (Æn. Sylvius) de duobus Amantibus, *ſine* 0.3.6
                                            Loco, vel Anni Indicio,

3.6 2608 Placentini Epitome Paleographiæ & de recta Græci Sermonis
       Pronunciatione Diſſertatio,   *Rom.* 1735 0.3.6

3.3 2609 ——— Commentarium Græcæ Pronunciationis, cum Notis
       in Veteres Inſcriptiones,   *Rom.* 1751 0.3.6

1.6 2610 Platonis Epiſtolæ, Græcé,   *Par. ap. Wechel.* 1548 0.1.6

1 — 2611 ——— de Legibus Libri, Græcé,   ———   *Lovan.* 1531 0.1.0

                                            2612 Pla-

2612 Platonis Dialogus de Morte, Gr. & Lat. cum Scholiis Her-
manni Rayani, *Colon. ap. Birchman.* 1568
2613 ——— Timæus, Gr. & Lat. a Cicerone & Chalcidio, *Par.*
ap. Morel, 1563
2614 ——— Timæus, Gr. & Lat. *Par. ap. Benenat.* 1579
2615 ——— Epiſtolæ, Gr. & Lat. *Par. ap. Bigard.* 1544
2616 ——— Epiſtolæ, Gr. Lat. a Jac. Beurero, *Baſ.* 1586
2617 ——— Convivium, Græcé *Par. ap. Wechel.* 1543
2618 ——— Timæo (Particula ex) Ciceronis de Univerſitate Libro
reſpondens, ——— *Par. ap. Colin.* 1540
2619 Plauti Comœdiæ, a Phil. Pareo, ——— *Francſ.* 1623
2620 ——— Comœdiæ, in uſum Delphini, 2 vol. *Kaſtre Par.* 1679
2621 Plinii Epiſtolæ, a Cortio & Longolio, *Amſt.* 1734
2622 ——— Epiſtolæ, *compact. in corio turcico, cum foliis deauratis,*
Hæc verba, Imprim. Oxon. ap. Corſellis, 1569, *Manu recen-*
tiore exarata ſunt.
2623 Plutarchi Opuſcula varia, Græcé, *Par. ap. Vaſcoſan; Morel,*
& Wechel, 1560, *&c. &c.*
2624 ——— de Procreatione Animi in Timæo Platonis, Gr. &
Lat. ——— *Par. ap. Morel,* 1552
2625 ——— Apothegmata, Gr. Lat. a Maittaire, *Lond.* 1741
2626 ——— de Placitis Philoſophorum, Gr. & Lat. cum Notis
Edv. Corſini, *Florent.* 1750

F O L I O.

2627 Phavorini Lexicon Græcum, ——— *Baſil.* 1538
2628 ——— Lexicon Græcum, *exemplar elegant.* *ibid.* 1538
2629 ——— Lexicon Græcum, 2 vol. *Rom. ap. Caliergum,* 1523
2630 ——— Lexicon Græcum, . *Venet.* 1712
2631 Philonis Judæi Opera, Gr. Lat. a Gelenio, *Lut. Par.* 1640
2632 ——— Opera, Græcé, *Par. ap. Turneb.* 1552
2633 ——— Opera, Gr. Lat. a Gelenio, *Francſ.* 1691
2634 ——— Opera, Gr. & Lat. ab Adr. Turnebo, & Dav.
Hoeſchelio, *chart. max.* ——— *Lut. Par.* 1640
2635 ——— Opera, Gr. & Lat. per Thom. Mangey,
chart. max. compact. in corio turcico, cum foliis deauratis,
2 vol. ——— *Lond.* 1742
2636 Philoponus (Joan. Grammat.) Commentarii in poſteriora re-
ſolutoria Ariſtotelis, Græcé, *Venet. ap. Ald.* 1504
2637 ——— in primos quatuor Ariſtotelis de Naturali Auſcul-
tatione Libros Commentaria, Græcé, *Venet. ap. Barth.*
Zanetti, 1535
2638 ——— in Libros de Generatione & Interitu; Alexander
Aphrodiſienſis in Meterologica; Idem de Mixione, Græcé,
Venet. ap. Ald. 1527
2639 Phi-

2-6 2639 Philoponus contra Proclum de Mundi Æternitate, Græcé, *Venet. ap. Barth. Cafterzagen.* 1535 0- 2-6

3 — 2640 ——————— Commentarii in priora Analytica Ariftotelis ; Magentini Commentaria in Eadem Libellus de Syllogifmis, ————— ————— *ib. ib.* 1536 Græcé, 0- 3. 0

1-1 — 2641 ——————— Commentaria in Libros de Anima Ariftotelis, Græcé, ————— ————— *ib. ib.* 1535 1- 1- 0

5 — 2642 ——————— in Pofteriora Refolutoria Ariftotelis Commentarium ; Incerti Authoris Liber de Eadem, & Euftratius in Eadem, Græcé, ————— *Venet. ap. Ald.* 1534 0- 5- 0

1-11-6 2643 Philoftrati Icones ; Heroica, & Defcriptiones Calliftrati ; Ejufdem Vitæ Sophiftarum, Græcé, *Florent. ap. Junt.*1517 1-11-6

1-3 — 2644 ——————— Vita Apollonii Tyannæi, Gr. Lat. *Ven. ap. Ald.* 1502 1- 3- 0

14-6 2645 ——————— Opera, Gr. & Lat. ab Oleario, *Lipf.* 1709 0- 14-6

1-1 — 2646 ——————— Opera, Gr. & Lat. *chart. max. compaȼt. in corio turcico, cum foliis deauratis,* *Par. ap. Morel,* 1608 1- 1- 0

4 — 2647 Photii Bibliotheca, Gr. Lat. ab Hoefchelio, *ap. Paul. Stephan.* 1612 0- 4- 0

2-6 2648 ——————— Bibliotheca, Græcé, ab Hoefchelio, *Aug. Vind.*1601 0- 2- 0

5- 10 — 2649 ——————— Bibliotheca, Gr. & Lat. ab Hoefchelio & Andr. Schotto, *edit. opt. compaȼt. in corio turcico, cum foliis deauratis,* CHART. MAX. *Rothomag.* 1653 0- 10- 0

3 — 2650 ——————— Epiftolæ, Gr. Lat. per Montacutium, *Lond.* 1651 0- 3- 0

14-10 — 2651 Pindari Opera, Gr. & Lat. a Nic. Sudorio, cum Notis Weft & Welfted, CHART. MAX. *fplendidiffimé compaȼt. in corio turcico, foliis deauratis, cum lineis rubris,* *Oxon.* 1697 14- 10- 0

5-15 — 2652 Pitifci (Sam.) Lexicon Antiquitatum Romanarum, CHART. MAX. *compaȼt. in corio ruffico,* 2 vol. *Leovard.* 1713 5- 15- 0

8-6 2653 Platonis Opera, Græcé, cum Commentariis Græcis Procli, *Baf.* 1534 0- 8- 6

1-7 — 2654 ——————— Opera, Gr. & Lat. per Marfilium Ficinum, *Francf.* 1602 1- 7- 0

6 — 2655 ——————— Opera, Gr. & Lat. a Serrano, 4 vol. *ap. H. Steph.* 1578 6- 0- 0

5-13 2656 *Elmsley* Opera, Græcé, IMPRESS. IN MEMBRANA, 2 vol. *compaȼt. in corio turcico, cum foliis deauratis, Ven. ap. Ald.* 1513 5- 13- 0

6-10 2657 Platynæ Vitæ Pontificum, EDITIO PRINCEPS, *compaȼt. in corio ruffico, mufeaum Venet. ap. Joan. de Colonia,* 1479 6- 10- 0

4-10 2658 ——————— de Honefta Voluptate & Valetudine, EDITIO PRINCEPS, *Venet.* 1475 4- 10- 0

6-6 2659 Plauti Comœdiæ, per Geo. Alexandrinum, *compaȼt. in corio turcico, cum foliis deauratis, aulæ ef Tarvis,* 1482 6- 6- 0

3-2-6 2660 ——————— Comœdiæ, EDITIO PRINCEPS, *ap. Joan. Colon. & Vind. Spiram,* 1472 13- 2- 6

Sixteenth

✠✿✠✿✠✿✠✿✠✿✠✠✠✠✠✠✠✠✠✠✠✠

Sixteenth Day's Sale, *Thursday*, March 2.

O C T A V O & *Infra*.

LOT

2661 PEtavii (Dion.) Græca varii generis Carmina, cum Latina
Interpretatione. —— *Par. ap. Cramoif̄*, 1641

2662 ———————— Parerga quædam; Hoc eft Ciceronis Paradoxa, & Ejufdem alia Græcé reddita, *ib.* 1649

2663 Petiti (Petri) Mifcellaneæ Obfervationes, *Tr. Rhen.* 1682

2664 Petronii Arbitri Satyricon & Fragmenta, *Lipf.* 1731

2665 ——— Arbitri Satyricon & Fragmenta, cum Notis Jani
Douzæ & Joan. Richardi; Sulpitiæ Satyra de Edicto Domitiani, *elegant. compact. cum foliis deauratis, Lut. Par.*1685

2666 ——— Arbitri Satyricon, a Bourdelotio, *edit. ra:if̄. Lut.
Par.* 1618

2667 Peuceri (Dan.) Commentarius differentium apud Græcos Vocum ex Ammonio & Philono, —— *Drefd.* 1748

2668 Pfaffius (Math.) Differtatio de genuinis Librorum Novi Teftamenti Lectionibus, *Lug. Bat.* 1716

2669 Phædri Fabulæ, *Editio apad Anglos prima*, *Lond.* 1668

2670 ——— Fabulæ & Publii Syri Sententiæ, *compact. in corio turcico, ac foliis deauratis*, *Par. ex. Typog. Reg.*1729

2671 Phæmonis veteris Philofophi Cynofophion, feu de cura
Canum Liber, Gr. & Lat. interprete Andrea Aurifabro, *compact. in corio turcico*, *Vitenberg.* 1545

2672 Phalaridis Epiftolæ, Gr. Lat. a Thoma Naogorgo, *Baf.*

2673 ——————— Epiftolæ, Gr. & Lat. *ap Commelin.* 1597

2674 ——————— Epiftolæ, Gr. & Lat. a Boyle, *Oxon.*1695

2675 Pharmacopeia Medicorum Edinburgenfis, *Edinb.* 1744

2676 Phile de Animalium Proprietate, Græcé, *Venet.* 1553

2677 ——— de Animalium Proprietate, Gr. & Lat. cum Auctario
Joach. Camerarii, a Befmanno, *ap. Commelin.* 1596

2678 ——— de Animalium Proprietate, Græcé, *Venet.* 1533

2679 Philæ Carmina Græca, maxima partem e Codicibus Augu-
ftanis & Oxonienfibus nunc primum in Lucem producta,
Gr. Lat. a Wernfdorfio, —— *Lipf.* 1768

2680 Philo Byzantius de feptem Orbis Spectaculis, cum Notis
Leonis Allatii, —— *Romæ,* 640

2681 Philopatris Dialogus Lucianeus Difputationem de Illius
Ætate & Auctore præmiffit verfionem ad Notas adjecit
Math. Gefnerus, —— *Jenæ,* 1715

2682 Phi-

1 — 2682 Philoſtrati Epiſtolæ quædam, Græcé, Joan. Meurſius adjunxit de Philoſtratis Diſſertatiunculam,   *L. Bat.* 1616   *0 - 1. 0*

5.6 2683 ———— Imagines ; Heroica ; Vitæ Sophiſtarum, &c. &c. Græcé, ———— *Venet. ap. Sabienſes,* 1550   *0 - 5. 6*

19 — 2684 ———— Imagines ; Heroica ; Vitæ Sophiſtarum, &c. com*paƈt. in corio turcico, cum foliis deauratis, Venet. ap. Junt.*1535   *0 - 19. 0*

5 — 2685 Pierſoni (Joan.) Veriſimilium Libri,   *Lug. Bat.* 1752 *0 - 5. 0*

1 — 2686 Pignorii (Laurent.) Symbolæ, ——— *Patav.* 1629 *0 - 1. 0*

2.6 2687 Pindari Opera, Græcé, ——— *Glaſg.* 1754 *0 - 2. 6*

1 — 2688 ——— Opera, Gr. & Lat.   *ap. Hen. Steph.* 1600 *0 - 1. 0*

1 — 2689 ——— Opera, Gr. & Lat. ab Æmylio Porto, *ap. Commelin,* 1598 *0 - 1. 0*

1.19 — 2690 ——— Gr. & I:al. da Batt. Gautier, Wynne *Rom.* 1762 *1 - 19. 0*

8.6 2691 ——— Opera, Gr. & Lat.   *Par. ap. Morell,* 1623 *0 - 8. 6*

1.6 2692 ——— Opera, Græcé,   *Lug. Bat. ap. Plantin.* 1590 *0 - 1. 6*

9 — 2693 ——— Opera, Græcé,   *Baſ. ap. And. Cratand.* 1526 *0 - 9. 0*

3.6 2694 ——— Opera, Latino Carmine reddita per Nic. Sudorium, *Lutet. ap. Fed. Morell,* 1582 *0 - 3. 6*

3 — 2695 ——— Opera, Græcé,   *Baſ. per Hæred. Cratandri,*1556 *0 - 3. 0*
N. B. In hoc Libro hæc nota eſt ; *Omnium Editionum Pindari longé emendatiſſima eſt Cratandri Editio.*

2 — 2696 ——— Opera ; Cæterorum oƈto Lyricorum Carmina, Gr. Lat. ———— *Antv. ap. Plantin.* 1566 *0 - 2. 0*

1 — 2697 ——— Opera, & Cæterorum oƈto Lyricorum Carmina, Gr. & Lat. ———— *Ebrodun.* 1624 *0 - 1. 0*

2 — 2698 ——— Opera, & Cæterorum oƈto Lyricorum Carmina, Gr. & Lat. ———— *ap. Hen. Stephan.* 1566 *0 - 2. 0*

2 — 2699 ——— Opera, & Cæterorum oƈto Lyricorum Carmina. Gr. Lat. ———— *Antv. ap. Plantin.* 1567 *0 - 2. 0*

1 — 2700 ——— Opera, & Cæterorum oƈto Lyricorum Carmina, Gr. & Lat. ———— *Lugdun.* 1598 *0 - 1. 0*

3 — 2701 ——— Opera ; Callimachi Hymni, Dionyſius de Situ Orbis ; *D Sandys* & Lycophron, Græcé, *exemplar elegant. cum foliis deauratis,* *Venet. ap. Aldum,* 1513 *2 - 3. 0*

13 — 2702 ——— Idem Liber, *in Scapis, Liber veré extraordinarius,* *Ven. ap. Al.'.* 1513 *0 - 13. 6*

3.6 2703 Piſidiæ (Georgii) Opus ſex Dierum, ſive Mundi Opificium, Ejuſdem de Vanitate Vitæ, Gr. & Lat. per Fed. Morellum, *ap. Commelin.* 1596 *0 - 3. 6*

7.6 2704 Plato de Republica, Gr. & Lat. a Maſſey, 2 vol. *Cantal.* 1740 *0 - 7. 6*

6 2705 ——— de Rebus divinis, Gr. & Lat. ——— *ibid.* 1683 *0 - 0. 6*

4.6 2706 Platonis Parmenides, Gr. & Lat. a Gul. Thomſono, *chart. max.*   *Oxon.* 1728 *0 - 4. 6*

2.6 2707 ——— Gnomologia, Gr. & Lat. . *Lugdun. ap. Tornæſ.* 1582 *0 - 2. 6*

1.5 — 2708 ——— Opera omnia, Latiné, a Marſilio Ficino, *compaƈt. in corio turcico, ac foliis deaurat.* 5 vol. *Lugdun. ap. Tornæſ.*1550 *1 - 5. 0*

4 — 2709 Plauti Comœdiæ,   *Florent. ap. Giunti, ſine Anno,* *0 - 4. 0*

6.6 2710 ——— Comœdiæ, ——— *Venet. ap. Aldum,* 1522 *0 - 6. 6*

               2711 Plinii

2711 Pletho (Geo. Gemiſt.) de Geſtis Græcorum poſt Pugnam
ad Mantineam, Græcé, cum Notis Richardi,   *Lipſ.* 1770

2712 Plinii Epiſtolæ & Panegyricus, a Geſnero,   *Lipſ.* 1739

2713 —— Epiſtolæ & Panegyricus,   *Ven. ap. Aldum,* 1518

2714 —— Epiſtolæ; *compaƈt. in corio turcico, cum foliis deauratis,*
  Venet. ap. Aldum, 1508

2715 —— Hiſtoria Naturalis, 4 vol.   *ib. ib.* 1536

2716 Plinius de Viris Illuſtribus ; Suetonius de claris Grammaticis;
Julius Obſequens de Prodigiis, *compaƈt. in corio turcico, Par.*
  ap. Colin. 1545

2717 Plutarchus de Puerorum Educatione, Gr. & Lat. a Petro
Weſthuſio, ———— ———— *Hamb.* 1665

2718 ——————— de Puerorum Educatione, Gr. & Lat. a Heumanno,
  Lipſ. 1748

2719 ————— de Fluviorum & Montium Nominibus, Gr. Lat. ab
Jac. Mauſſaco, ———— *Toloſ.* 1615

2720 ——————— de Fluviis, Gr. Lat. a Mauſſaco,   *ibid.* 1615

2721 ——————— de Iſide & Oſiride, *Gr. & Angl.* cum Notis Sam.
Squire, *chart. max.*   *Cantab.* 1744

2722 Plutarchi Apophthegmata, Gr. & Lat. a Steph. Pemberton,
compaƈt. in corio turcico, cum foliis deaurat.   *Oxon.* 1768

2723 ——————— Opera omnia, Gr. & Lat. *exemplar elegantiſſimum,*
compaƈt. in corio turcico, cum foliis deauratis, 13 vol.   *ap. Hen.*
  Stephan. 1572

2724 —— Poema Paſtorale, *Græco-Modern.* ———— *Venet.* 1662

2725 —— Poemata veterum Poëtarum Græcorum, a Schrodero, *Marpurg.*
  1733

2726 ——————— ſeptem Illuſtrium Virorum, *Antv. ap. Plantin.* 1662

2727 —— Poetarum vetuſtiſſimorum Opera ſententioſa, Græcé, *ib. ib.* 1564

2728 —— Poëtæ Græci Chriſtiani, Gr. & Lat.   *Par.* 1609

2729 —— Polemonis Sophiſtæ Orationes duæ, Græcé, cum Latina Paraphraſi, ac Notis Petri Poſſini, — *Biturg.* 1665

2730 —— Politiani (Angeli) Epiſtolæ, ———— *Baſil.* 1542

2731 —— Polyæni Stratagemata, Gr. Lat. a Caſaubono,   *ap. Tornæſ.*
  1589

2732 ——————— Stratagemata, Gr. Lat. a Maaſvicio,   *L. Bat.* 1692

2733 —— Polybii Hiſtoria, Gr. Lat. a Caſaubono, 3 vol.   *Amſt.* 1670

2734 —— Pomponius Mela de Situ Orbis, ———— *L. Bat.* 1743

2735 ——————— Mela ; Julius Solinus ; Antonini Itinerarium ; Vi-
bius Sequeſter ; Dionyſius, &c. *exemplar elegant. cum foliis*
deauratis,   *Ven. ap. Ald.* 1518

2736 —— Pontani (Joviani) Commentarii in Centum Sententiis Ptolomæi ; Ejuſdem de Rebus Cœleſtibus Libri, *Ven. ap. Ald.* 1519

2737 —— Pontani (Joviani) Opera Poëtica, *exemplar pulcherrimum, foliis*
deauratis, cum lineis rubris, 2 vol.   *Venet. ap. Aldum,* 1518

2738 ——————— Opera omnia ſoluta Oratione compoſita, *exemplar*
pulcherrimum, 3 vol. ———— *Ven. ap. Ald.* 1518

        2739 Por-

1 — 2739 Porphyrius de Abſtinentia, Gr. Lat.   *Lugdun.* 1620   0 - 1. 0
1 ᷅ 2740 ————— de Abſtinentia, Gr. Lat.   *Cantab.* 1655   0 - 1. 0
1. 6 2741 ————— de Abſtinentia, Gr. Lat.   *ibid.* 1655   0 .. 1. 6
5. 6 2742 ————— de Vita Pythagoræ ; Ejuſdem Sententiæ ; et de 0 .. 5. 6
       Antro Nympharam, Gr. Lat. cum Lucæ Holſtenii Diſ-
       ſertatione de Vita et Scriptis Porphyrii,   *Romæ* 1630
7. 6 2743 Portii (Simonis) Grammatica Linguæ Græcæ,   *Par.* 1638   0 .. 2. 6
10 2744 Porti (Æmylii) Dictionarium Doricum, Ionicum & Pinda-
       ricum, *exemplar pulcherrimum, compact. in corio turcico, cum* 3 . 10; 0
       foliis deauratis, 3 vol. —————   *Francf.* 1603—6
2. 6 2745 Poſſelii (Johan.) Colloquia, Gr. & Lat.   *Lond.* 1733 0 - 2. 6
     2746 Precationes Biblicæ, *Heb. Gr. & Lat.*   *Par.* 1554
17 2747 Pricæus (Johan.) in Plinii Epiſtolas,   *Muſeum*   1 .. 17. 0

       N. B. In hoc Libro hæc nota eſt ——— *De hoc Libro rariſ-
       ſimo vide Fabricii Bibliothecam Latinam, Vol.* 1. *p.* 612,
       Venetiis 1728 ——— *Joh. Pricæi in Epiſtolas Plinii quas jam
       ad prælum paraverat, notas necdum vidiſſe lucem, dolen-
       dum eſt.*

2. 6 2748 Procli Paraphraſis in quatuor Ptolomæi Libros de Siderum
       Effectionibus, Græcé, —————   *Baſil.* 1554 0 - 2. 0
1 ᷅ 2749 ————— Paraphraſis, Gr. Lat. ab Allatio,   *L. Bat.* 1635 0 - 1.. 0
3. 6 2750 Pronunciatione (de vera) Græcæ & Latinæ Linguæ Commen-
       tarii Doctiſſimorum Virorum,   *ap. H. Steph.* 1587 0 .. 3.. 6
6 2751 Prudentii (Aurelii) Opera, —————   *Antv.*   0 .. 0.. 0
11. 6 2752 Prudentius ; Proſperus ; Joannes Damaſcenus ; Coſmus Hie-
       roſolymitanus, &c. *exemplar elegant. compact. in corio turcico,* 1 .. 11. 6
       cum foliis deauratis, —————   *Venet. ap. Ald.* 1501

       N. B. In hoc Libro nota eſt. *Eſt hæc vetuſta Aldi Senioris
       et a diligentiſſimo Maittairo prætermiſſa Editio.*

1. 6 2753 Pſalmorum Liber, Græcé, *compact. in corio turcico, cum foliis
       deauratis,* —————   *Antv. ap. Plantin.* 1584 0 - 1. 6
- 6 2754 Pſalmorum Liber, Hebraicé, ab Hulſio,   *L. Bat.* 1650 0 - 0 - 6
3 — 2755 Pſalter um Davidis, Gr. & Lat. *compact. in corio turcico, cum
       foliis deauratis,* —————   *Par. ap. Nivell.* 1559 0 - 3. 0

Q U A R T O.

6 2756 Polemonis, Himerii & aliorum quorundam Declamationes,
       Græcé, —————   *ap. Henr Stephan.* 1567 0 .. 6. 0
1 2757 Politi (Alex.) & Ubaldi Mignonii Orationes duæ pro ſolenhi
       Inſtauratione Studiorum, & Specimen Euſtathii in Iliadem, 0 .. 1.. 0
       Gr. & Lat. ——————   *Florent.* 1723

2758 Polybii

2758 Polybii Selecta de Legationibus & alia, Græcé, cum Notis Fulvii Urfini. ——— *Antv. ap. Plantin,*1582

2759 Idem Liber, Græcé, ——— *ib. ib.*1582·

2760 Polybii, Diodori Siculi, Dionyf. Halicarnaffei, Appiani, &c. Excerpta, Gr. Lat. cum Notis Valefii, *chart. max.* 1634

2761 Pontoppidani Gefta & Veftigia Danorum extra Daniam, *chart. max.* 3 vol. ——— *Lipf.* 1740

2762 Porphyrii in Ariftotelis Categorias, Græcé, *Par. ap. Bogard.*1543

2763 ——— Homeri Quæftiones, Græcé, EDITIO PRINCEPS, *Rom.* 1517

2764 ——— de Abftinentia, Bern. Feliciano interprete, *Venet. ap. Joban. Grypb.*1547

2765 ——— Ifagoge, Græcé, *Par. ap. Wecbel.*1538

2766 ——— in Ariftotelis Libros, Græcé, *Lovan ap. Martinum,* 1523

2767 Porta (Bapt.) de furtivis Literarum Notis. vulgo de Ziferis, *cum Effigie elegant. Alvari Nonii, a Wierex,* *Neapol.* 1663

2768 Portii (Sim.) Dictionarium Latinum, Græco-barbarum & Litterale, ——— *Lut. Par.*1635

2769 Porti (Fran.) Commentarium in Pindarum, *Laufan.* 1583

2770 Precum diverfarum Liber, Græcé, ——— 1622

2771 Procli (Diadochi) Sphæra, Gr. & Lat. *Par. ap. Tiletan.* 1543

2772 ——— (Sancti) Analecta, Gr. & Lat. a Riccardo, *Rom.*1630

2773 Idem Liber, Gr. Lat. *ib.*1630

2774 Procopii Gazæi in Libros Regum & Paralipomenon Scholia, Gr. & Lat. cum Notis Joan. Meurfii, *Lug. Bat.*1620

2775 ——— Cæfarienfis Hiftoria Arcana, a Nic. Alemanno, cum Notis Joan. Eichelii, ——— *Helmftad.* 1654

2776 Prolegomena ad Novi Teftamenti Græci Wetftenii Editionem, ——— *Amft.*1730

2777 Propertii Opera, cum Commentariis Joan. Pafferatii, Broukhufii, & Anton. Vulpii, 2 vol. *Patav.*1755

2779 Pfalterium, Græcé, *compact. in corio turcico,* *Venet.*1480

2780 Ptolomæi (Claudii) Tractatus de Judicandi Facultate, Gr. & Lat. cum Notis Ifmaelis Bullialdi, *Par.*1663

2781 ——— Harmonica, Gr. Lat. a Wallifio, *Oxon.* 1683

2782 ——— Geographia, Græcé, *Baf. ap. Froben.*1533

2783 ——— de Judiciis Aftrologicis, Gr. Lat. a Joach. Camerario, *Norimb.* 1535

2784 ——— Liber de Analemmate, a Commendino, *Rom* 1562 Ejufdem Planifphærium, ——— *Ven. ap. Ald.* 1558

2785 Puteani (Claudii) Tumulus, ——— *Par.*1607

2786 Putichii Grammaticæ Latinæ Authores Antiqui, *Hanov.*1605

2787 Put-

2. 4.— 2787 Putfchii Grammaticæ Latinæ Authores Antiqui, *exemplar pul-*
cherrimum, ac nitid. compact. ——— Hanov.1605 2. 4. 0

3.— 2788 Pythagoræ, Phocylidis, Theognidis, &c. Carmina, Gr. Lat.
a Neandro, ——— Baf.1559 0- 3. 0

6. 6 2789 Quintiliani Inftitutiones Oratoriæ & Declamationes, *exemplar*
elegant. cum foliis deaurat. ——— Par. ap. Colin.1541 0- 6- 6

11.— 2790 ——— Inftitutiones Oratoriæ, a Gefnero, Gotting.1738 0-11. 0

2. 1.— 2791 ——— Opera, a Burmanno, *chart. max. compact. in corio*
turcico, 2 vol. ——— Lug. Bat.1720 2. 10. 0

1. 6 2792 Ramazzini Opera omnia, ——— Lond.1717 0-1. 6

3.— 2793 Rendu-Ragufæ Siciliæ Bibliotheca vetus, Rom 1700 0- 3. 0

18.—2794 Reuclini (Joan.) Oratio ad Alex. Sextum, *Ven. ap. Ald.* 1498 0-18. 0

4.- 2795 Rhodomani Palæftina, Gr. & Lat. Francf. ap. Wecbel.1589 0- 4. 0

3. 3 2796 Rhetores Latini Antiqui, a Fran. Pithæo, Par.1599 0- 3- 3

17.- 2797 Robbigii Lexicon de Rebus criticis, LIBER RARISSIMUS,
Rintel. Nov. Acad. Erneft.1622 0-17. 0

5.- 2798 Roberti (Gaudentii) Mifcellanea Italica Erudita, 4 vol.
Parmæ, 1691 0-5. 0

3.— 2799 Rufus Ephefius, Gr. & Lat. a Clinch, Lond.1726 0- 3. 0

2. 6 2800 Rutgerfii (Jani) variæ Lectiones, Lug. Bat.1618 0- 2. 6

1. 2.- 2801 Salluftii Opera, ab Havercampo, 2 vol. Amft 1742 1. 2. 0

1.— 2802 Salmafii (Claudii) Epiftolæ, ac Vita, L. Bat.1656 0- 1. 0

1. 6 2803 ——— duarum Infcriptionum Veterum Explicatio, Par.1619 0- 1. 6

8.— 2804 Sanctorum Vitæ, *Græco-Modern.* ——— Venet.1621 0- 8. 0

2. 6 2805 Sarpedonius de vera Atticorum Pronunciatione, Rom 1750 0- 2. 6

1.— 2806 Saligeri (Jof.) Opufcula varia, ——— Par.1610 0-1. 0

1. 1.- 2807 Scheuchzeri Itinera Alpina, 2 vol. Lug. Bat.1723 1. 1. 0

F O L I O.

1. 4.— 2808 Plinii Hiftoria Naturalis, *compact. in corio turcico, cum foliis*
deauratis, ——— Par. ap. Parvum, 1532 1. 4. 0

1. 2.— 2809 ——— Hiftoria Naturalis, CUM LITERIS INIT'ALIBUS, ELE-
GANT. ILLUMINAT. Parmæ, ap. Andr. Portilium, 1481 1. 2. 0

3. 3.— 2810 ——— Hiftoria Naturalis, *compact. in corio ruffico,* Parma, ap.
Steph. Corallum, 1476 3- 3. 0

23.— 2811 ——— Hiftoria Naturalis, CUM ELEGANTISSIMIS ILLUMINA-
TIONIBUS, *exemplar pulcherrimum, compact. in corio ruffico, cum*
foliis deauratis, ——— Venet. ap. Nic. Jenfon, 1472 23. 0. 0

43.— 2812 ——— Hiftoria Naturalis, EDITIO PRINCEPS, CUM ILLUMI-
NATIB:S ELEGANTISSIMIS, *compact. in corio ruffico,* Venet. 43. 0. 0
written in ap. Spiram, 1469

42.— 2813 ——— Hiftoria Naturalis, cum Notis Harduini, IMPRESSUS IN 42. 0. 0
MEMBRANIS, *compact. in corio turcico, cum foliis deauratis.*
3 vol. Par.1723

2814 Plot-

15.6 2814 Plotini Opera omnia, Gr. & Lat. cum Commentariis Marfilii
    Ficini, *exemplar pulcherrimum, campact. in corio turcico, cum*
    foliis deauratis, ——— *Baf.*1580 *15.6*
10.6 2815 Plutarchi Opera, Gr. & Lat. 2 vol. ——— *ib.*1533 *10.6*
16. 2816 ——— Vitæ, Græcé, ——— *Venet. ap. Ald.*1511 *16*
18. 2817 ——— Vitæ, Græcé, ——— *Florent. ap. Junt.*1517 *13*
1. 7. 2818 ——— Opera, Græcé, *exemplar pulcherrimum,* 2 vol. *Venet.*
          ap. Ald. 1509 *1.27.—*
1.1. 2819 ——— Opera, Gr. Lat. a Xylandro, 2 vol. *Francf.*1620 *1. 1.—*
13.13. 2820 ——— Opera, Gr. & Lat. a Rualdo, CHART. MAX.
    compact. in corio turcico, cum foliis deauratis, 2 vol.
          Par. 1624 *13.13.—*
13. 2821 Pococke (Rich.) Inscriptiones Antiquæ Græcæ & Latinæ,
          1752 *13*
3.6 2822 Poggii Florentini Opera omnia, ——— *Argent.*1513 *3.6*
3. 0. 2823 Poliphili Hypnerotomachia, ——— *Ven. ap. Ald.*1499 *3. 0.—*
5.12.6 2824 Politiani (Angeli) Opera, CUM LITERIS INITIALIBUS COLO-
    RAT. *exemplar pulcherrimum, compact. in corio turcico.* *Venet.*
          ap. Ald. 1498 *5.12.6*
6. 2825 Pollucis (Julii) Vocabularium, Græcé, ——— *ib. ib.* 1520 *—— 6.—*
4. 2826 ——— Vocabularium, Græcé, *ib. ib.* 1502 *—— 4.—*
2.5. 2827 ——— Onomasticum, Gr. & Lat. cum Notis Gothof.
    Jungermanni, &c. *chart. max.* 2 vol. ——— *Amst.*1706 *2. 5.—*
4.6 2828 Polybii Historia, Gr. & Lat. per Nic. Perottum, *Baf.* 1549 *4.6*
1.2. 2829 Porphyrius de Abstinentia, Græcé, *Florent. ap. Junt.*1548 *1. 2.—*
4. 2830 Prisciani Opera omnia, ——— *Baf. ap. Cervicornum,* 1528 *4.—*
6.0.0 2831 ——— Opera omnia, *exemplar pulcherrimum, compact. in*
    corio turcico, cum foliis deauratis, *Venet. ap. Marcum de Co-*
    *mitibus & Girard. Alexandrinum,*1476 *6.*
7.6 2832 Proclus in Platonis Theologiam, Gr. & Lat. ab Æmil. Porto,
          *Francf.*1618 *7.6*
16.16.0 2833 Psalterium Davidis, Græcé, cum Latina Recognitione Joannis
    Crestoni Placentini, EDITIO PRINCEPS, *exemplar pulcherri-*
    mum, ac foliis deauratis, *Mediolan.*1481 *16. 16.*
7. 2834 Ptolomæi Almagisti Epitome, *Ven. ap. Joan. de Montger.*1496 *7.*
19. 2835 ——— (Claudii) magna Constructio, Græcé, cum Commen-
    tariis Theonis, ——— *Baf.* 1538 *19.*
1. 2836 ——— Geographia, Latiné, ——— *ib.*1552 *1*
16.5.6 Mich. 2837 Ptolomæi (Claudii) Cosmographiæ Libri VIII. *compact. in*
    corio turcico, cum foliis deauratis, *Bonon. Impreff. per Domi-* *16. 5. 6*
          nicum de Lapis, 1462
    De Hoc Libro rarissimo, perfecté Descript. Vide de Bure,
          No. 4192.
3.10. 2838 ——— Geographia, Gr. & Lat. per Petrum Ber-
    tium, *exemplar elegant. & pulcherrimum, compact. in corio tur-*
    cico, cum foliis deaurat. ——— *Amst.*1618 *3. 10.—*
14. 2839 Quintiliani Institutiones Oratoriæ, a Capperonerio, *Par.*1725 *14.—*
          2840 Quin-

1-16 — 2840 Quintiliani Opera, cum Annotationibus Petri Mosellani & Joach. Camerarii, *exemplar pulcherrimum, compact. in corio turcico, foliis deauratis, cum lineis rubris,* Par. ap. *1-16-0* Vascosan. 1538

11 2841 —— Institutiones Oratoriæ, *exemplar pulcherrimum,* *0-11-6* Venet. ap. Jenson, 1471

✦✦✦✦✦✦✦✦✦✦:✦✦✦✦✦✦✦

Seventeenth Day's Sale, *Friday, March* 3.

O C T A V O & *Infra.*

LOT

1 — 2842 Psellus (Mich.) de Operatione Dæmonum, Gr. & Lat. cum Notis Gilb. Gaulmini, —— Par.1615 *0-1-0*

1 — 2843 Psellus (Mich.) de Lapidum Virtutibus, Gr. & Lat. cum Notis Maussaci & Bernardi, —— L. Bat.1745 *0-5-0*

4-3 2844 Ptolomæi Mathematicæ Constructionis Liber primus, Gr. & Lat. cum Explicationibus Erasmi Reinholt, Witteb. 1549 *0-4-3*

1 — 2845 Pythagoræ & Phocylidis Poemata, cum duplici Interpretatione Viti Amberbachii, —— Argent.1545 *0-1-0*

7 3 2846 Idem Liber, Gr. & Lat. —— Lugdun. ap. Tornæs.1556 *0-3-3*

1 — 2847 Pythagoræ Poemata, Gr. & Lat. cum Notis Theod. Marcilli, Lutet. ap. Nivell. 1585 *0-1-0*

1-9 2848 Quintiliani Declamationes; Calpurnii Flacci Declamationes; De Oratoribus Dialogus, nunc primum editæ; ex Bibliotheca Pithæi, —— Lutet. ap. Patisson,1580 *0-4-9*

2-9 2849 —— Institutiones Oratoriæ, Venet. ap. Ald.1514 *0-2-9*

1 2850 Ramazzinus de Morbis Artificum, ac Dissertatio de Sacrarum Virginum Valetudine tuenda, —— Patav.1713 *0-1-0*

14-6 2851 Raphaelii Annotationes in Sacram Scripturam, ex Xenophonte, Polybio, Herodoto, &c. 2 vol. —— Lug. Bat. 1747 *0-14-6*

4 — 2852 Reimarus (Sam.) de Vita & Scriptis Alb. Fabricii, Hamb. *0-4-0* 1727

6 — 2853 Reiske (Jac.) Animadversiones ad Sophoclem, Lips. 1753 *0-6-0*

6 — 2854. —— —— in Euripidem & Aristophanem, ib. 1754 *0-6-0*

4 — 2855 —— —— in Polybium, ib. 1755 *0-4-0*

12-7 2856 —— —— in Auctores Græcos, 2 vol. —— ib. 1757 *0-12-0*

3-6 2857 Reizii (Othonis) Belga Græcissans, —— Rotterd.1730 *0-3-6*

1-8 2858 Relationes de Libris Novis, 12 vol. Gotting. 165:. &c. *1-8-0*

3-6 2859 Remacli Illustrium Medicorum Vitæ, —— Par.1542 *0-3-6*

2860 Rhe-

2860 Rhetores Selecti, a Thoma Gale, *chart. max. cum foliis deauratis,* ᵟ-β. ————— *Oxon.* 1676

2861 Rhoer (Jac.) Feriæ Daventrienſes, *Traj. Rhen.* 1758

2862 Richteri Specimen Obſervationum Criticarum, *Jenæ,* 1713

2863 Ridley de Aſthmate, ————— *Lond.* 1703

2864 Rituale, in Ruſſica Lingua,

2865 Riverius Reformatus, a Fran. Calmette, 2 vol. *Genev.* 1718

2866 Robortellus (Fran.) de Hiſtorica facultate; Ejuſdem Laconici; de Nominibus Romanorum; de Rhetorica; his acceſſerunt ejuſdem Annotationes in varia tam Græcorum, quam Latinorum Loca, ——— *Florent. ap. Torrent.* 1548

2867 Idem Liber, *exemplar nitid.* ————— *ib. ib.* 1548

2868 Robortelli (Fran.) Scholia in Æſchyli Tragœdias omnes ex vetuſtiſſimis Libris Manuſcriptis Collecta, *Venet. ap. Valgriſi,* 1552

2869 Rudimenta Fidei Chriſtianæ, Græcé, *ap. Hen. Steph.*

2870 ————— Fidei Chriſtianæ, Gr. & Lat. *compact. in corio turcico, cum foliis deauratis,* ————— *ib. ib.* 1575

2871 Ruhnkenii (Dav.) Epiſtolæ Criticæ iñ Homerum, Heſiodum, Callimachum & Apollonium Rhodium, *Lug. Bat.* 1749 & 51

2872 Ruſſell (Ric.) de Uſu Aquæ Marinæ in Morbis Glandularum, *compact. in corio turcico, cum foliis deauratis,* *Oxon.* 1750

2873 Ruſticæ Rei Scriptores, *Ven. ap. Ald.* 1514

2874 ————— Scriptores, *compact. in corio turcico, cum foliis deauratis,* 2 vol. ————— *Par. ap. Rob. Stephan.* 1543

2875 Rutilii (Claudii) Itinerarium, ab Almeloveen, *Amſt.* 1687

2876 Saavedræ (Did.) Symbola Politica, ————— *ib.* 1651

2877 Salluſtii Hiſtoria, ————— *Edinb.* 1739

2878 ————— Hiſtoria, *exemplar nitid. cum foliis deauratis,* *Venet. ap. Ald.* 1521

2879 ————— Hiſtoria, *compact. in corio turcico, cum foliis deauratis,* *ib. ib.* 1521

2880 ————— Hiſtoria, ————— *ib. ib.* 1509

2881 ————— Hiſtoria, ————— *ib. ib.* 1509

2882 ————— Hiſtoria, ————— *ib. ib.* 1509

2883 ————— Hiſtoria, ————— *ib. ib.* 1504

2884 Salluſtius Philoſophus de Diis & Mundo, Gr. & Lat. a Leone Allatio, *Romæ,* 1638

2885 Sanctii (Fran.) Minerva, ſeu de Cauſis Linguæ Latinæ Comment. cum Notis, ————— *Amſt.* 1714

2886 Sanctorius de Statica Medicina, a Liſtero, *L. Bat.* 1713

2887 Sanxay Lexicon Ariſtophanicum, Gr. & Angl. *Lond.* 1754

2888 Sapientia Sirachi, ſive Eccleſiaſticus, Gr. & Lat. cum variis Lectionibus Dav. Hoeſchelii, ——— *Aug. Vind.* 1655

2889 Satyræ Elegantiores Præſtantium Virorum, 2 vol. *L. Bat.* 1645

2890 Sca-

_6 2890 Scaligeri (Jof.) Satiræ duæ Hercules tuam fidem five Mun-
sterus Hypobolimæus; & Virgula divina, *Lug. Bat.*1617 0- 0.. 6

_6 2891 Idem Liber, ——————— ib 1608 0.. 0. 6

1. 9 2892 Scaligeri (Jof.) Opufcula diverfa Græca & Latina, cum Notis
in aliquot veteres Scriptores, ——— *Par.* 1605 0.. 1-9

2- 6 2893 Idem Liber, ——————— ib. 1605 0.. 2.6

1- 6 2894 Idem Liber, & Poemata Latina verfo e Græco, ex Mufæo
Petri Scriverii, ————— *ex Officina Plant.* 1615 0.. 1.. 6

1- 6 2895 Scaligeri (Jof.) Epiftolæ, ——— *Lug. Bat.* 1627 0.. 1.. 6

2896 Schefferi (Joh.) Mifcellanea, ———— *Amft.* 1698 0.. 1.. 3

1. 3 2897 Schenckelii (Lamb.) Gazophylacium Artis Memoriæ, & alii
Authores de Arte Memoriæ. ——— *Argent.*1610 0- 0. 6

1 — 2898 Scioppi (Cafp.) Sufpectæ Lectiones, ——— *Amft.* 1664 0.. 1. 0

_6 2899 ——————— Grammatica Latina; Ejufdem de Scholarum
& Studiorum Rationc Confultationes, *Amft.* 1664 0.. 0.6

1. 6 2900 ——————— Sufpectæ Lectiones; Ejufdem Symbola critica
in Apuleii Opera, ——————— ib.1664 0.. 1.. 6

1 — 2901 ——————— de Arte Critica; Ejufdem Verifimilium Libri;
Ejufdem Priapeia, ——— ib. 1662 0.. 1.. 0

8.6 2902 Scriverii (Petri) Collectanea Veterum Tragicorum, aliorumque Fragmenta, *compact. in corio turcico,* *Lug. Bat.*1620 0.. 8.6

14 — 2903 Sectani (Q.) Satyræ, 2 vol. Willet ——— *Amft.*1700 0.. 14.0

7.6 2904 ——————— (L.) de tota Græculorum hujus Ætatis Litteratura
Sermones, ——————— *Hag. Vulp.*1738 0.. 7.6

6.6 2905 Seiz (Joan. Chrift.) Annus tertius Sæcularis Inventæ Artis
Typographicæ Enarratio, ——— *Haerlem.*1742 0.. 6.6

2 — 2906 Selecta ex Poetis Græcis, ——— *Eton,*1755 0.. 2. 0

2 — 2907 Sellii (Theod.) Specimen Obfervationum Mifcellanearum,
Lug. Bat. 1718 0.. 2. 0

4.6 2908 Senecæ Naturales Quæftiones, & Matthæi Fortunati in Eofdem
Annotationes, ——— *Venet. ap. Ald.*1522 0..4.6

_6 2909 ——————— Epiftolæ, a Lipfio & Gronovio, *Amft.* 1658 0..0..6

1.6 2910 ——————— Opera omnia, Lipfii, *foliis deaurat.* ib.1633 0..1..6

1.1 — 2911 ——————— Tragœdiæ, *compact. in corio turcico, cum lineis rubris,*
Crackerode. *Antv. ap. Plantin.*1588 1-1..0

2-2 2912 ——————— Tragœdiæ, *exemplar elegant.* CUM LITERIS INITIA-
LIBUS DEPICT. L. Libume. *Venet. ap. Ald.*1517 2-2 0

5 — 2913 Sententiæ fingulis verfibus contentæ, juxta Ordinem Literarum ex diverfis Poetis, Gr. & Lat. *Par. ap. Rob.*
Steph. 1540 0- 5. 0

4 — 2914 Idem Liber, ——————— ib. ib. 1540 0.. 4.. 0

2-6 2915 Sententiæ Comicorum Græcorum, Latinis Verfibus ab Henr.
Stephano redditæ, ——— *ap. Hen Stephan.*1569 0- 2.6

1. 2 — 2916 Sententiæ ex veterum Comicorum Fabulis, Gr. & Lat.
compact. in corio turcico, cum foliis deauratis, *Par. ap.* 1. 2. 0
L. Libume. *Morell.* 1553

17 — 2917 Septuaginta Græca, & novum Teft. Gr. a Studio Loniceri,
4 vol. *Argent. ap. Vuolp. Cephaleum,*1526 -- 24 0-17.0

N. B.

N. B. In hoc Libro hæc Nota eſt.—*Hanc Editionem procu-*
ravit Lonicerus Lutheri Sectater. In pleriſque Aldinam
ſequitur ordinem tamen Prophetiarum Joumiæ, ut He-
braicis reſponderent, immutavit. Libros Hebraic Auc-
toritate carentes a cæteris divulſos ad finem primus re-
jecit, & Joſephi ibrum de Martyrio ſeptem Fratrum
tertio Maccabæorum Libro Attexuit. Morini Exercit. Bib-
licæ.

— 3 — 2918 Serrani Pſalmorum Davidis, aliquot Metaphraſis Græca,
cum Paraphraſi Latina Buchanani, *ap. Hen. Steph.* 1575

— 3 — 2919 Sethus (Simeon) de Alimentorum Facultatibus, Gr. & Lat. a
Martino Bogdano, ——— *Lut. Par.* 1658

— 1.6 2920 Idem Liber, ——— *ib. ib* 1658

— 6 2921 Sibbaldi (Rob.) in Hippocratis Legem, & in ejus Epiſtolam ad Theſſalum Filium Commentarii, *Edinb.* 1706

1 1 — 2922 Sibyllina Oracula, Gr. & Lat. a Sebaſt. Caſtalione, cum Annotationibus Betuleii, & Caſtalionis, *compact. in corio turcico,*
foliis deauratis, cum lineis rubris, ——— *Baſil.* 1555

— 1 — 2923 Sifani (Laurent.) de Laudibus Linguæ Græcæ & Iſocratis,
& in Commendationem Hiſtoriæ, ——— *Colon.* 1564

— 1 — 2924 Sigonius (Car.) de Republica Athenienſium, *Venet.* 1565

— 1 — 2925 ——— Fragmenta Ciceronis Variis Locis diſperſæ, cum
Scholiis, ——— *Venet. ap Ziletti,* 1559

— 1. 6 2926 Silius Italicus, *cum foliis deauratis,* *ap. Seb. Gryph.* 1527

— 3 — 2927 ——— Italicus, ——— *Par. ap. Colin.* 1531

— 7. 6 2928 ——— Italicus, *cum foliis deauratis,* *Ven. ap. Ald.* 1523

— 8. 6 2929 ——— Italicus, ——— *Florent. ap. Junt.* 1515

— 3. 6 2930 Simonis (Joh.) Introductio in Linguam Græcam, *Hal.*
Mag. 1752

— 1. 6 2931 Smithi Septem Aſiæ Eccleſiarum & Conſtantinopoleos Notitia, ——— *Traj. Rhen.* 1694

QUARTO.

— 2. 7 2932 Schotti (And.) Obſervationes Humanæ, — *Antv.* 1615

— 10. 6 2933 ———.——— Proverbia Græcorum, Gr. Lat. *Antv. ap.*
Plant. 1612

— 2. 3 2934 Scylaeis Caryandenſis Periplus, Gr. Lat. Voſſii, *Amſt.* 1634

— 18. 6 2935 Seberi Index Homericus, ——— *ap. Commelin.* 1604

2. 2 — 29.6 Senecæ Epiſtolæ, *exemplar pulcherrimum,* Willet *Par.* 1475

— 10. 6 2937 ——— de quatuor Virtutibus Liber, *compact. in corio turcico,*
Hæc Verba, *Ap. Joannem Fuſt. Mogunt.* 1463—*Manu quadam*
recentiori exaratum eſt.

1. 1 —2938 ——— Tragœdiæ, cum Notis Variorum, & Schroderi, *com-*
pact. in corio turcico, cum foliis deauratis, *Delph.* 1728

2939 Sen-

2939 Sententiæ Poetarum vetustissimorum, Gr. & Lat. *exemplar pulcherrimum,* Woodhull ——— *Par. ap. Morel.*1553

2940 Septuaginta Græca, & novum Testamentum Græcum, *compact. in corio turcico, cum foliis deauratis, & chart. max.* 2 vol. *Lond. ap. Daniel,*1553

2941 Septuaginta Græca, a Lamb. Bos, ——— *Franeq.*1709

2942 Sepulchralia Carmina ex Anthologia Græcorum Epigrammatum delecta, Gr. Lat. accedunt ad Græcas Muratorii Inscriptiones, *Lips.*1745

2943 Serenii (Jac.) Dictionarium Anglo-Suethico Latinum, 2 vol. *Hamb.* 1734

2944 Serenus Sammonicus de Re Medica, cum Commentariis Gabr. Hamelbergii ——— *Tigur.*1640

2945 Servitoris Liber de Preparatione Medicinalium simplicium, EDITIO PRINCEPS, *Venet. ap. Jenson,* 1471

2946 Silius Italicus, cum Notis Drakenborchii, *Traj. Rhen.*1717

2947 Simleri Vita Conradi Gesneri, *Tigur.*1566

2948 Sinocattæ (Teoph.) Historia Mauricii Tiberii Imp. Gr. & Lat. Item Georg. Phranzæ Chronicon, *Ingolstad.*1604

2949 Simonis Disquisitiones Criticæ de variis Bibliorum Editionibus, ——— *Lond.*1 84

2950 Simplicii Commentarius in Enchiridion Epicteti, Gr. Lat. a Wolfio & Salmasio, *Lug. Bat.*1640

2951 Simplicius in Epictetum, Græcé, *Venet. ap. Sabios,*1528

2952 Smithi (Thom.) Vitæ illustrium Virorum, *Lond.*1707

2953 Socratis Antisthenis, & aliorum Socraticorum Epistolæ, Gr. & Lat. a Leone Allatio, *Par. ap. Cramisy,*1637

2954 Solini Memorabilia, *compact. in corio turcico, sine Loci & Anni Indicis,*

2955 Sophoclis Electra, Gr. Lat. & Ital ——— *Rom.* 1754

2956 ——— Ajax, Electra, Antigone, & Oedipus, Græcé, 4 vol. *Par. ap. Morel. & Lambert.* 1620, &c.

2957 ——— Philoctetes, Gr. & Lat. *Lut. ap. Morel.*1586

2958 ——— Ajax Lorarius, Græcé, & Carmine translatus, per Jos. Scaligerum, *compact. in corio turcico, cum foliis deaurat. Par. ap. Benenat.*1573

2959 Sophoclis Tragœdiæ septem, Græcé, *Glasg.* 1745

2960 ——— Tragœdiæ septem, Græcé, cum Scholia Græca, *Francf.* 1544

2961 ——— Tragœdiæ septem, Gr. Lat. cum Græcis Scholiis, cum Notis Henr. Stephani & Camerarii, *ap. Paul. Steph.* 1603

2962 ——— Tragœdiæ septem, Græcé, *Par. ap. Turneb.*1553

2963 ——— Tragœdiæ septem, Græcé, cum Interpretationibus vetustis, *Francf.*1555

2964 ——— Tragœdiæ septem, Græcé, cum Interpretationibus vetustis, *compact. in corio turcico, cum foliis deauratis, Francf.*1544

Q   2965 So-

2.2.0 2965 Sophoclis Tragœdiæ feptem, Græcé, cum Interpretationibus vetuftis, *compact. in corio turcico, cum foliis deauratis,* Florent. ap. Junt. 1522 2.2-

1.4.02966 ———— Tragœdiæ feptem, Græcé, *compact. in corio turcico, cum foliis deauratis,* Par. ap. Turneb. 1552 1.4.

2.2.2567 ———— Tragœdiæ feptem, Græcé, cum Græcis Scholiis, cum Latinis Con.ment. Camerarii & Stephani, *compact. in corio turcico, cum foliis deauratis,* ap. Henr. Stephan. 1568 2.2

.12. 2968 Sophoclem (Scholia Græca in) ———— Rom. 1518 12

2969 Spanhemius de ufu Numifmatum Antiquorum, ib. 1664 16

2970 Specimen de Brixiana Literatura renatarum Literarum Ætare, Brix. 1739

1. 2971 Spry (Edv.) Orationes de Adfcenfis Vaporum Cauffis, & de Variolis ac Morbillis, ———— Lug. Bat. 1758 1

1.6 2972 Statii Sylvæ, cum Notis Marklandi, Lond. 1728 16.6

7. 2973 ———— Opera omnia, a Cafp Barthio, 2 vol. Cygneæ, 1664 7—

3.6 2974 Stephanus (Henr.) de bene inftituendis Græcæ Linguæ Studiis, ap. Henr. Stephan. 1587 3.6

1. 2975 Stephanus Byzantius de Dodone, Gr. & Lat. cum Notis Jac. Gronovii, ———— Lug. Bat. 1681 1—

10.6 2976 Stobæi Dicta Poetarum, Gr. Lat. a Grotio. Par. 1623 10.6

1.6 2977 ———— Collectiones Sententiarum, Græcé, Ven. ap. Zanetti, 1536 1.6

9. 2978 ———— Collectiones Sententiarum, Græcé, ib. ib. 1536 9—

9. 2979 Stolii Introductio in Hiftoriam Literariam, Jenæ, 1728 9—

2980 Stromateus Proverbiorum Græcorum verfibus conceptorum, Jof. Scaliger collegit, Lug. Bat. 1600 2—

2. 2981 Stroza (Kyriacus) de Republica, Gr. & Lat. Florent. ap. Junt. 1562 2—

F O L I O.

10. 2992 Radzivili (Principis) Jerofolymatana Peregrinatio, a Thom. Tretero, ———— Antv. ap. Plantin. 1614 10—

2.3 2983 Reading (Guil.) Catalogus Bibliothecæ Cleri Londinenfis in Collegio Sionenfi, Lond. 1724 2.3

1. 2984 Reconciliationis Tomus, *Græco-Modern.* Wallach. 1692 1—

1.12.0 298; Rhetores Græci, Græcé, 2 vol. ap. Aldum, 1508-9 1.12

2.6 2986 Rhodigini (Cœlii) Lectiones Antiquæ, 3 vol. Baf. ap. Froben 1542 2.6

1. 2987 Riolani (Joan) Opera Anatomica, ———— Par. 1649 1—

2.6 2988 Robortellus de Convenientia Supputationis Liviani & Dionyfii Halicarnaffei cum Supputatione Marmorum Rom; Item de Ratione corrigendi veteres Authores; Ejufdem Emendationes, ———— Patav. 1557 2.6

2989 Rubis

11 — 2989 Rubeis (Jac. de) Infignium Romæ Templorum Profpectu,
Willet   Romæ, 1684   *0 — 11 - 0*

19 — 2990 Rudbeckii (Olai) Atlantica ; *Tabulæ fcorfim compactæ in Volu-*
mine Majori, quæ conficiunt quartum Volumen, compact. in corio   *19 - 0 - 0*
turcico, cum foliis deauratis, 4 vol. *T. P.* —— Upfal. 1675

16 — 7 — 2991 Rufticæ Rei Scriptores, —— *Par. ap. Parvum,* 1533   *0 - 7 - 0*

2992 ——— Scriptores, EDITIO PRINCEPS, CUM LITERIS CA-
PITALIBUS, ELEGANT. ILLUMINAT. *exemplar pulcherrimum,*   *16 - 0 - 0*
compact. in corio turcico, cum foliis deauratis, Venet. ap.
D. B.   Jenfon, 1472

21 2993 Rymeri Fœdera, *edit. opt. & compact. in corio ruffico,* 20 vol. *21 - 0 - 0*
Newnham.   Lond. 1727

2 - 2 2994 Sabellici (Ant.) Hiftoria Rerum Venetarum, *compact. in corio*
ruffico, *Willet*   Ven. ap. Andr. de Torefanis, 1487   *2 - 2 - 0*

1 · 5 2995 Sallengre (Henr.) novus Thefaurus Antiquitatum Romanarum, *1 - 5 - 0*
3 vol.   ——   Hag. Com. 1715

4 { 2996 Salmafii (Claudii) Defenfio Reg a, ——   1649 }
{ 2997 ——— ———— Plinianæ Exercitationes in Solini Polyhiftor, } *0 - 4 - 0*
2 vol.   —— ——   Par. 1639

14 · 3 · 6 2998 Salluftii Opera, EDITIO PRINCEPS, *compact. in corio turcico, &*
exemplar pulcherrimum, *Leigh*   Venet. ap. Spiram, 1470   *14 - 3 - 6*

17 · 17 2999 Sandrart (Joach.) Opera, *exemplar pulcherrimum, uniformiter &*
nitidè compact. 9 vol. *T. P.*   Norimb. 1675, &c.   *17 - 17 - 0*

6 · 6 3000 Scapulæ Lexicon, Gr. & Lat. ——   Lugdun. 1663   *0 - 6 - 6*

2 - 2 3001 ——— Lexicon, Gr. & Lat. *exemplar pulcherrimum, com-*
pact. in corio turcico, cum foliis deauratis, Lug. Bat. op. *2 - 2 - 0*
Elz. 1652

4 · 14 · 6 3002 Senecæ Tragœdiæ, *fine Loci & Anni Indicio—* Pomp. Fefti
Collectanea Prifcorum Verborum, —— *fine Loco,* 1477   *4 - 14 - 6*

4 - 4 3003 Senecæ Philofophi Opera, cum Notis Lipfii, *exemplar elegan-*
tiffimum, compact. in corio turcico, cum foliis deauratis, & chart.
max.   Antv. ap. Plantin. 1652   *4 - 4 - 0*

— 2 · 6 3004 Septalii (Ludov.) Commentaria in Ariftotelis Problemata, Gr.
Lat.   —— ——   Lugdun. 1632   *0 - 2 - 6*

19 3005 Septuaginta Græca, per Ern. Grabe, —— Oxon. 1707   *0 - 19 - 0*

8 - 10 3006 ——— Græca, *exemplar pulcherrimum, compact. in corio tur-*
cico, cum foliis deauratis, *Florence*   Ven. ap. Ald. 1518   *8 - 10 - 0*

Muir 15 3007 ——— Græca, *exemplar pulcherrimum, compact. in corio tur-*
cico, cum foliis deauratis, —— Rom. ap. Zanetti, 1587   *6 - 15 - 0*

7 · 7 3008 Servius (Honorat.) in Virgilium, *compact. in corio ruffico, foliis*
deauratis, CUM LITERIS CAPITALIBUS ELEGANT. ILLU- *7 - 7 - 0*
MINAT. EDITIO PRINCEPS, ——   1471

2 — 3009 Sexti Empirici Opera, Gr. Lat. —— Genev. 1621   *0 - 2 - 0*

repd. 13 3010 Idem Liber, Gr. & Lat. ab Alb. Fabricio, *B. B*   Lipf. 1718   *0 - 13 - 0*

16 · 16 — 3011 Silii Italici Opera, *compact. in corio ruffico, exemplar pulcherri-*
mum,   1481   *16 - 16 - 0*

                   3012 Silii

May
13—Feb

3012 Silii Italici Opera, EDITIO PRINCEPS, CUM LITERIS CA-
PITALIBUS ILLUMINAT. *exemplar pulcherrimum, compact. in
corio ruffico,*   *Rom. ap. Conrad. Suuenynheim,* 1471

1 14   3013 Simplicii Commentaria in Ariftotelis Categorias, Græcé,
Juftus Velefius, ———   *Bafil,* 1551

— 18—   3014 ——— Commentaria in Ariftotelis Libros de Anima,
Græce, ——— ———   *Ven. ap. Ald.* 1527

1. 2—   3015 ——— Commentaria in Ariftotelis Libros de Cœlo,
Græcé, ———   *Ven. ap. Ald.* 1526

1. 13—   3016 ——— Commentaria in Ariftotelis Libros Phyficæ, Græcé,
  Venet. ap. Ald. 1526

2-17— *3016 ——— Commentaria in Ariftotelis Categorias, Græcé,
Z. K.   *Venet. ap. H. Blaſt,* 1499

❀❀❀ ❀❀❀❀❀ ❀ ❀ ❀ ❀❀❀❀❀❀❀❀

Eighteenth Day's Sale, *Saturday, March* 4.

O C T A V O *&* Infra.

LOT

— 3.6   3017 SOphoclis Tragœdiæ, Græcé, —   *Francf.* 1555

— 10.6   3018 S——— Tragœdiæ, Græcé,   *Par. ap. Colin.* 1528

— 1.9   3019 ——— Tragœdiæ, Græcé, a Cantero, *Antv. ap. Plantin.* 1579

— 2.6   3020 ——— Tragœdiæ, Græcé, a Cantero,   *ib. ib.* 1593

— 7—   3021 ——— Tragœdiæ, Græcé, cum Commentario, ab Eobano Heffo, ———   *Haganoæ,* 1534

1.11.6   3022 *Lifbourne* ——— Tragœdiæ, Græce, *exemplar pulcherrimum, Venet.*
ap. Aldum, 1502

— 10 —3023 ——— Tragœdiæ, Gr. & Lat. *compact. in corio turcico,
cum foliis deauratis,* 2 vol.   *Lond.* 1722

— 19 — 3024 ——— Tragœdiæ, Gr. Lat. a Johnfono, 3 vol.
Lond. 1746

—— 6   3025 ——— Œdypus Tyrannus, Græcé,   *Argent.* 1567

— 5 — 3026 ——— Tragœdiæ Carmine Latino redditæ a Georgio
Ratallero,   *Antv.* 1576 ——— Sophoclis Tragœdiæ, Græcé,
Francf. 1567

— 6.6   3027 ——— Tragœdiæ, Græcé *Par. ap. Colin.*———Sophoclis Tragœdiæ Latino Carmine redditæ cum Annotationibus, per Thom. Naogeorgum,   *Bafil. ap. Oporin.*

— 1.3   3028 Sponii Aphorifmi ex Hippocratis Operibus,   *Lugdun.* 1684

1. 1—   3029 Starkii (Gottofredi) Specimen Sapientiæ Indorum Veterum,
Gr. & Lat.   *Berolin,* 1697

Elmerley   3030 Statii

8.6 3030 Statii Opera, cum Notis Variorum & Veenhufeni, *L. Bat.* 0-8.6
1671

3.8 3031 —— Opera, —— *Par. ap. Colin.* 1530 0-3.6

5.7 3032 —— Opera, —— *Venet. ap. Ald.* 1519 0-5-0

8.7 3033 —— Opera, cum Orthographia & Flexus Dictionum Græcorum omnium apud Statium, *compact. in corio turcico, Venet.* 0-8-0
ap. Ald. 1502

3.9 3034 Stentzelius de Somno, Gr. & Lat. —— *Lipf.* 1725 0-3.9

1-3 3035 Stephanus Byzantinus de Urbibus & Populis, Gr. Lat. a Berkelio, —— —— *L. Bat.* 1674 0-1.3

2.9 3036 Stephanus (Rob.) de Re Hortenfi, *Lutet. ap. Rob. Steph.* 1545 0-2.9

6-- 3037 Stephani (Henr.) Homeri & Hefiodi Certamen, & Parodiæ ex Homero, &c. Gr. & Lat. *ap. Hen. Steph.* 1573 0-6.0

3.3 3038 —— —— Pfeudo-Cicero, *cum lineis rubris, ibid.* 1577 0-3-3

2-- 3039 —— —— Epiftolia ; Dialogi breves; Oratiunculæ;
Poemata, Gr. Lat. *ibid.* 1577 0-2.0

4.6 3040 —— —— Principum Monitrix Mufa; Ejufdem Poemata; Ejufdem Libellus de Ariftotelicæ Ethices differentia 0-4-6
ab Hiftorica & Poetica, *Bafil.* 1590

1-- 3041 —— —— Hypomnefes de Gallica Lingua, *ap. H.* 0-1.0
Steph. 1582

3.9 3042 —— —— Nizolididafcalus, *cum lineis rubris.* ib. 1578 0-3.9

4-- 3043 —— —— ad Senecæ Lectionem Proödopeia, *ib.* 1586 0-4.0

5-- 3044 —— —— Parodiæ Morales, Gr. & Lat. *ib.* 1575 0-5-0

18-- 3045 Stockii Clavis Linguæ Sanctæ, 2 vol. —— *Lipf.* 1753 0-18-0

2.3 3046 Stratonis aliorumque veterum Poetarum Græcorum Epigrammata, nunc primum ab Adolph. Klotzio Edita, *Altenb.* 1764 2.6

2-- 3047 Strozzii Poetæ Pater & Filius, *ap. Aldum,* 2-0

2.6 3048 Suetonii Duodecim Cæfares, *Par. ap. Colin.* 1543 0-2.6

3.6 3049 —— Duodecim Cæfares, *Par. e Typog. Reg.* 1644 0-3.6

2.6 3050 Sydenhami Opera Univerfa, *Lug. Bat.* 1741 0-2.6

8-- 3051 Sylloge Scriptorum qui de Linguæ Græciæ vera Pronunciatione Commentarios reliquerunt, ab Havercampo, 2 vol. 0-8.0
L. Bat. 1736—40

3.3 3052 Sylburgii (Frid.) Saracenica five Moamethica, Gr. & Lat. 0-3.0
ap. Comelin. 1597

--6 3053 Synefii Hymni & Gregorii Nazianzeni Odæ, Gr. & Lat. 0-0.6
ap. Hen Stephan. 1568

1.3 3054 Idem Liber, Gr. & Lat. —— *Par. ap. Morell* 1618 0-1.3

1-- 3055 Idem Liber, Gr. & Lat. *compact. in corio turcico, foliis deaurat.*
cum lineis rubris, —— *ap. Hen. Stephan.* 1568 0-1.0

--.6 3056 Idem Liber. Gr & Lat. *Par. ap. Beuenat.* 1570 0.0.6

5-- 3057 Synefii Hymni, Gr. & Lat. *compact. in corio turcico; cum foliis deauratis.* —— *Par. ap. Benenat.* 1570 0-5.0

5-- 3058 —— Hymni, Græcé, *compact. in corio turcico, cum foliis deauratis,* *Roftoch. ap. Steph. Myliandrum,* 1584 0-5.0

6-- 3059 —— de Infomniis, Gr. & Lat. *Par. ap. Morell,* 1586 0-6.0

3060 Synefius

— 2. 6 3060 Synefius de Febribus, Gr. & Lat. cum Notis Steph. Bernardi, ——————— ——————— *Amſt.* 1749

— 7. 6 3061 Taciti (Corn.) Annales, — *ap. Seb. Gryph.* 1551

3062 ——————— Annales, *foliis deauratis, Florent. ap. Junt.* 1527

— 3. 6 3063 Tatiani Oratio ad Græcos, Gr & Lat. a Worth, *Oxon.* 1700

— 3. 3 3064 Taubmannus (Frid.) de Lingua Latina, *Viteb.* 1606

— 3. — 3065 Terentii Comœdiæ, — *Par. ap. Colin.* 1541

— 7. — 3066 ——————— Comœdiæ, *compaƈ. in corio turcico, cum foliis deauratis, Cantab.* 1701

— 1. 6 3067 ——————— Comœdiæ, ex vetutiſſimis Libris & verſuum Ratione a Gabr. Faerno emehdatæ, *Florent. ap. Junt.* 1565

— 3. 6 3068 Terentii Comœdiæ, — *Venet. ap. Ald.* 1541

1. 2 — 3069 ——————— Comœdiæ, ab Antonio Mureto, *exemplar elegantiſſimum, compaƈ. in corio turcico, cum foliis deauratis, Venet. ap. Ald.* 1575

4. 4 — 3070 ——————— Comœdiæ, ex vetuſtiſſimis Libris ex verſuum Ratione a Gabr. Faerno emendatæ, *exemplar elegantiſſimum, compaƈ. in corio turcico, cum foliis deauratis,* 2 vol. *Florent. ap.* Snelling *Junt.* 1565

3. 3 - 3071 ——————— Comœdiæ. Viƈ. Fauſtus de Comœdia; & Benediƈ. Philologus de Terentii Comœdiis, *exemplar elegantiſſimum, compaƈ. par Padeloup, in corio turcico, cum foliis deauratis,* Museum *Venet.* 1511 Jermin S. Baker Bibliopol. Lond. celeberrimi

Ad finem hic occurrit Colophon.

3072 Haſce Terentii Fabulas Cenſura cujuſdam ſane eruditi Viri, ſumtibuſque aſſiduis imprimendas Laçarus Soardus curavit, *Venet.* 1511 — Humanæ Salutis Anno Menſe Auguſti Auguſtum Initium Auſpicatus.

N. B. *Liber inter rariſſimos annumerandus cujus alterum exemplar in ullo alio Catalogo, vel Bibiiotheca haud conſpeximus.*

— 3 — 3073 Tertullianus de Pallio, cum Notis Salmaſii, *L Bat.* 1656

— 1. — 3074 Teſtamentum novum Græcum, *compaƈ. in corio turcico, cum foliis deauratis,* ——————— *Sedan.* 1628

— 3. 6 3075 ——————— novum Græcum ad exemplar complutenſe, *Antv. ap. Plantin.* 1574

— 3. — 3076 ——————— novum Græcum, *Antv. ap. Plantin.* 1601

— 8. — 3077 ——————— novum Græcum, 2 vol. *Lond. Reg. Typog.* 1592

— 6 3078 ——————— novum Græcum, *ap. Plantin.* 1612

— 7. 6 3079 ——————— novum Græcum, *compaƈ. in corio turcico, foliis deauratis, cum lineis rubris,* Wadhull *Amſt. ap. Elz.* 1670

1. 6 — 3080 ——————— novum Græcum, *compaƈ. in corio turcico, & chart. max.* Cracherode *Lug. Bat. ap. Elz.* 1641

— 7. 6 3081 ——————— novum Græcum, *ap. Crispin.* 1553

1. 6 — 3082 ——————— novum Græcum, *elegant. compaƈ. in corio turcico, cum foliis deauratis,* 2 vol. *ap. Rob. Stephan.* 1546

2. 12. 6 3083 ——————— novum Græcum, cum Interpretatione Eraſmi, & Vet. interpret. *compaƈ. in corio turcico, cum foliis deauratis,* 2 vol. Bp of Hereford *ap. Rob. Stephan.* 1551

3084 Teſta-

1.3	3084	Testamentum novum Græco-Modernum, 2 vol. 1710	1- 3 0
1.2	3085	—— - — novum, Gr. & Lat. ab Erasmo, *Lit. A* Par.1543	1- 2- 0
16.6	3086	———— novum Græcum, 2 vol. *Lond. ap. Bowyer,* 1763	0-10-6
1.6	3087	———— novum Græcum, cum Notis Rob. Stephani, Jos. Scaligeri, & Isaaci Casauboni, *foliis deaurat.* Lond. 1622	0-1-6
8 -	3088	———— novum Græcum, *foliis deaurat.* ap.Colin.1534	0- 8. 0
8 -	3089	———— novum Græcum, *compact. in corio turcico, cum foliis deaurat.* Amst. ap. Janson, 1539	0- 8. 0
2 -	3090	———— Novum. Gr. & Lat. a Montano, ap. Plant. 1613	0- 2. 0
1.18	3091	———— novum Græcum, *exemplar pulcherrimum, compact. in corio turcico,* —— Cantab. ap. Buck, 1632	1-18-0
6	3092	Themistii Euphradæ Orationes, Gr. Lat. cum Notis Petri Pantini, —— Lug. Bat. 1614	0- 0-6
1	3093	———— Orationes, Græcé, ap. Hen. Stephan.1562	0-1- 0
6	3094	———— Orationes, Gr. Lat. a Pantino, L. Bat.1614	0- 0. 6
6	3095	Themistoclis Epistolæ Græco-Latinæ e Bibliotheca Ehingeriana, —— Francf. 1629	0- 0. 6
2 -	3096	Theocriti Opera, Græcé, cum Scholiis, *Marby* Oxon.1699	0- 2. 0
2 -	3097	———— Opera, Gr. Lat. ab Heinsio, ap. Comelin. 1603	0- 2. 0
1.6	3098	———— Opera, Gr. & Lat. ab Eobano Hesso, cum Scholia Joach. Camerarii, —— 1545	0-1-6
1.6	3099	———— Opera, Græcé, cum Scholia Zach. Calliergi, & Joan. Pedasini, —— Francf. 1558	0-1-6
13 -	3100	———— Opera, Græcé, *exemplar elegant.* Florent. ap. Junctam, 1540	0-13-0
10.6	3101	———— Opera, Gr. & Lat ab Eobano Hesso, cum Scholia Joach. Camerarii, *exemplar pulcherrimum,* Francf. 1553	0-10-6
1.5 -	3102	———— Opera, Græcé, ~~Editio princeps,~~ *exemplar elegant. compact. in corio turcico, cum foliis deauratis,* Romæ, 1516	1- 5- 0
13 -	3103	———— Opera, Græcé, cum Veteribus Commentariis Græcis, 2 vol. Venet. ap. Salamandram,1539	0-13-0
7 -	3104	———— Moschi & Bionis Idyllia, Gr. & Lat. cum Notis Thom. Martini, *chart. max.* —— Lond. 1760	0- 7- 0
10.6	3105	Theodori Cyri Prodromi Epigrammata Græca, *exemplar pulcherrimum,* Bas. ap Bebelium, 1536	0-10-6
13 -	3106	———— — de Rhodanthes & Dosiclis Amoribus, Gr. & Lat. a Guil. Gaulmanno, —— Par. 1625	0-13-0
6 -	3107	Theodori Grammatices ; Ejusdem de Mensibus Liber ; Jecapenus de Constructione Verborum ; ~~Moschopulus ; & Hephæstion, &c.~~ Græcé, Florent. ap. Junct.1526	0- 6. 0
1. 6	3108	Idem Liber, *exemplar elegant. compact. in corio turcico, cum foliis deauratis,* —— —— ib. ib.1526	1- 6- 0

QUARTO.

QUARTO.

2·2 3109 Suetonii Opera, *compaE. in corio turcico, cum foliis deauratis,*
Edit. per antiqua ―――― *fine Anni & Loci Indicio.*

— 8— 3110 ―――― Opera, a Grævio, ―――― *Traj. Rhen.* 1691

1 — 3111 — ―― Opera; a Pitifco, 2 vol. *Leovard.* 1714

1·18—3112 ―――― Opera, a Burmanno, *compaE. in corio turcico, cum foliis*
deauratis, 2 vol. *Fltirefle* ―――― *Amft.* 1736

— 6·0 3113 Suiceri Lexicon, Gr. Lat. & Lat. Gr. 2 vol. *Tigur.* 1633

1·12 3114 Sulpicius Verulanus de Verfuum Scanfione ; de Syllabarum
quantitate ; de heroici Carminis Decoro & Vitiis ; de Pedibus ; de diverfis generibus Carminum Precepta, *compaE.*
in corio turcico, cum foliis deauratis, Edit. antiqua, fine Anni
Woodhull & Loci Indicio.

— 1— 3115 Swartii (Euftathi) AnaleEa, ―――― *Lug. Bat.* 1616

— 6— 3116 Sydenhami Opera omnia, 2 vol. *Genev.* 1736

— 3 3117 Synefii Epiftolæ, & Pythagoræ Carmina, Græcé, *Andegav.*
ap. Ant. Hernault,

— 5— 3118 Syngelius (Mich.) de Laudibus Dionyfii, Græcé, *Par. ap.*
Rob. Steph. 1547

— 1— 3119 Syftema Bibliothecæ Collegii Parifienfis Societatis Jefu, *Par.*
ap. Cramoify, 1678

r 7— 3120 Taciti (Corn.) Opera, a Gronovio, *x* vol. *Traj. Bat.* 1721

— 3·6 3121 Taylori (Rob.) Mifcellanea Medica, *chart. max.* *Lond.* 1761

— 1— 3122 Teifferii (Ant.) Catalogus AuEorum, & Phil. Labbæi Bibliotheca Nummaria, ―――― *Genev.* 1686

— 2·6 3123 Terentii Comœdiæ, ab Hare, ―――― *Lond.* 1724

2·2— 3124 ―――― Comœdiæ, a Wefterhovio, *compaE. in corio ruffico, cum*
foliis deauratis, 2 vol. *Hag. Com.* 1726

— 5— 3125 ―――― Comœdiæ, ―――― *Cantab.* 1701

— 11·6 3126 ―――― Comœdiæ, & Phœdri Fabulæ, a Rich. Bentleio, *cba.*
fkafto·max. compaE. in corio ruffico, cum foliis deauratis, *Cant.* 1726

— 9 3127 Teftamentum novum, *Copticum & Latinum,* a Wilkins;
Oxon. 1716

1·1— 3128 ―――― novum, *Heb. Gr. & Lat.* a Guid. Fabr. Bode-
riano, ―――― *Par. ap. Benenat.* 1548

1·2— 3129 ―――― novum, Græco barbarum, 2 vol. *Genev.*

1·11·6 3130 ―――― novum, Græcé, *Hagenoæ ap. Thom. Anf. Ba-*
Dampier denfim, 1521
N. B. In hoc Libro hæc nota eft. — *Editio omnium aliarum*
longe rariffima.

— 1— 3131 Themiftoclis Epiftolæ, Gr. Lat. a Caryophilo, *Rom.* 1626

— 10·6 3132 Theocriti Idyllia aliquot, Græcé, *Lut. ap. Morel.* 1585

— 7·6 3133 ―――― Opera, Græcé, ― *Par. ap. Wechel,* 1543

3134 Theocriti

10 — 3134 Theocriti Opera, cum Græcis Scholiis, ab Heinsio, *ap.*
Commelin. 1604 0-10-0

1-1 3135 ———— Opera, Græcé, *Grachersde Par. ap Morel,* 1561 /-1-0

5-1 3136 ———— Opera, Græcé, *Lovan. ap Martin.* 1520 0-5-6

3 — 3137 ———— Opera, Græcé, ———— *Par. ap. Wechel.* 1543 0-3-0

1-1 3138 ———— Opera, Gr. & Lat. cum Scholiis Græcis, & Commentariis Jof. Scaligeri & Cafauboni, a Jac. Reiske, 2 vol. /-1-0
Lipf. 1765

2 — 3139 Theodoretus (Sanctus) in Sacram Scripturam, Græcé, *Par.* 1558 0-2-0

5 3140 Theodori Prodromi Epigrammata, Gr. & Lat. a Guidone de Souvigny, ———— ———— *Juliomag.* 1632 0-5-0

1 3141 ———— Grammatici, Grammatica Græca, *Lovan,* 1516 0-1-0

5 3142 Theodosii Sphæra, Gr. & Lat. per Joan. Penam, *Par. ap.* *Wechel.* 1558 0-5-0

6-7 3143 Theognidis Sententiæ Elegiacæ, Gr. Lat. cum Scholiis per *loso* Eliam Vinetum Santonem, *Par. ap. Tiletan,* 1543

1-6 3144 Theonis Smyrnæi Mathematica, Gr. & Lat. cum Notis Ism. Bullialdi, ———— *Lut. Par.* 1644 0-1-6

4-6 3145 Theophrastus de Igne, Gr. & Lat. *Par. ap. Turneb.* 1552 0-4-6

3-9 3146 ———— de Notis Morum, Gr. & Lat. *Lut. ap. Morel,* 1583 0-3-9

4 — 3147 ———— ———— de Odoribus, Gr. & Lat. ab Adriano Turnebo, cum Scholiis, ———— *Lutet. ap. Vafcofan,* 1556 0-4-0

1 — 3148 Theophylacti (Arch. Bulgariæ) Institutio Regia, Gr. Lat. a Petro Poffino, *Par. e typog. Reg.* 1651 0-1-0

1 — 3149 ———— ———— ———— Epistolæ, Græce, a Meurfio, *L. Bat.* 1617 0-1-0

2 — 3150 Theotocion Homericum, Gr. & Lat. *Lutet. ap. Morel,* 1612 0-2-0

14 — 3151 Thucydidis Hift. Lib. 1. & 2. Græcé, *Par. ap. Wechel,* 1535 0-14-

17 — 3152 ———— Hift. Libri quatuor, Græcé, a Vito Winfemio, *Viteb.* 1562 0-17-0

7-6 3153 Tibulli Opera, cum Notis Vulpii, ———— *Patav.* 1749 0-7-6

4-4 3154 ———— & Propertii Opera, EDITIO PRINCEPS, & *exemplar pulcherrimum, Muaeum* 1472 4-4-0

1-6 3155 Tollii (Jac.) Infignia Itinerarii Italici, *Traj. Rhen.* 1696 0-1-6

1 — 3156 Tomafini (Phil.) Bibliothecæ Patavinæ Manufcriptæ publicæ & Privatæ, ———— *Utin.* 1639

3157 Torrentini (Herm.) in Alexandri Theopagitæ Grammatices primam partem, *Antv.* 1524 — Secunda Commentariorum Kemponis Thepulienfis in fecundam Doctrinalis Alexandri partem, *Antv.* 1522 /-0-0

5-6 3158 Trallianus (Alex.) de Lumbricis Epiftola, Gr. & Lat. *Venet.* *ap. Meietos Fratres,* 1570 0-5-6

R

F O L I O.

F O L I O.

_ 8.6 3159 Smith (Thom.) Catalogus Librorum Manuſcriptorum Bibliothecæ Cottonianæ, & Rob. Cottoni Vita,   *Oxon.* 1696

— 6— 3160 Smithei (Rich.) Flores Hiſtoriæ Eccleſiaſticæ Gentis Anglo-
rum, *chart. max. cum foliis deauratis,* —   *Par.* 1654

—7— 3161 Solinii (Julii) Polyhiſtor. & Pomp. Mela de Situ Orbis, *cum
foliis deauratis,* —————————   *Baſ.* 1538

7·15—362 —————————— Polyhiſtor. EDITIO PRINCEPS, *exemplar
pulcherrimum, compact. in corio turcico, Venet. per Nic.
Jenſon,* 1473

— 11— 3163 Spachii (Iſraelis) Gynecia, ſive de Mulierum Affectibus &
Morbis, ——————————   *Argent.* 1597

—14—3164 Sponii (Jac.) Miſcellanea Eruditæ Antiquitatis, *Lugdun,* 1685

1· 3—3165 Stephanus (Byzantinus) de Urbibus, Gr. & Lat. cum Notis
Berkelii, Gronovii, & Holſtenii, 2 vol.   *Lug. Bat.* 1694

— 14—3166 —————————— de Urbibus, Gr. & Lat. cum Notis
Gronovii, *chart. max.* Ø.B. ——————,   *Amſt.* 1678

— 11—3167 ————————— de Urbibus, Græcé,   *Florent. ap.
Junt.* 1521

2·2 3168 ————————— de Urbibus, Græcé, EDITIO PRINCEPS, *Ven. ap.
Ald.* 1502

12 — 3169 Stephani (Rob.) Theſaurus Linguæ Latinæ, *chart. max. compact. in corio ruſſico,* 5 vol.   —   *Lond.* 1735
*Hujuſce Libri exemplaria tantum decem in chart. max. impreſſa
erant.*

6.8·6 3170 Stephani (Henr.) Theſaurus Linguæ Græcæ, cum Appen-
dice Dan. Scotti, 7 vol. *Par. Hen. Stephan.* 1573, &
Lond. 1746

— 2·6 3171 Stobæi Eclogæ; Gemiſtius Pletho de Rebus Peloponeſiacis,
& de Virtutibus, Gr. & Lat. a Gal. Cantero, *Antv. ap.
Plant.* 1575

— 19—3172 ————— Opera, Gr. & Lat. *edit. opt.*   *Aur. Allob.* 1609

— 17—3173 Strabonis Geographia, Gr. Lat. a Xylandro,   *Baſ.* 1571

—8·6 3174 ————— Geographia, Gr. Lat. a Caſaubono, *ap. Vignon,* 1587

2·2—3175 ————— Geographia, cum Notis Caſauboni & aliorum, Gr.
Lat. *compact. in corio turcico,* 2 vol.   —   *Amſt.* 1707

5·16 3176 ————— Geographia, Latiné, EDITIO PRINCEPS, *compact. in
corio ruſſico, & exemplar pulcherrimum,*   *Venet.* 1472

— 4—3177 Suetonii Opera, ab Iſaaco Caſaubono,   *Par.* 1610

1·13 3178 ————— Opera, cum Comment. Sabellici,   *Venet.* 1490

12 — 3179 ————— Opera, *exemplar pulcherrimum, cum foliis deauratis,*
Venet. ap. Nic. Jenſon. 1471

20 — 3180 ————— Opera, EDITIO PRINCEPS, *exemplar pulcherrimum,
compact. in corio turcico, cum foliis deauratis,*   *Rom.* 1470

3184 Suiceri

ς 3184 Suiceri (Caſp.) Theſaurus Eccleſiaſticus e Patribus Græcis
Ordine Alphabetico exhibens, 2 vol.   *Amſt.* 1682 0 - 5 - 0
8 3185 Suidæ Lexicon, Gr. Lat. ab Æmyl. Porto, 2 vol. *Ge-*
nev. 1630 0 - 8 - 0
6 3186 ———— Lexicon, Græcé,   *Baſ. ap. Froben,* 1543 0 - 6 - 0
7.6 3187 ———— Lexicon, Græcé,   *Ven. ap. Ald.* 1514 0 - 7 - 6
8. 8 3188 ———— Lexicon, Græcé, EDITIO PRINCEPS, compaꝶ. in
corio turcico, cum foliis deauratis, & exemplar pulcherrimum, 8 - 8 - 0
2 vol. Muſeum——————   *Mediolan.* 1499
18 3189 Sylburgii Etymologicon Magnum, Græcé, *ap. Comme-*
lin, 1594 0 - 18 - 0
3 3190 Sylvii (Æneæ) Opera, compaꝶ. in corio ruſſico, *Mediolan.* 1483 3 - 0 - 0
1 3191 Symeonis Epiſcopi Theſalonicenſis contra Hæreſes, & de
unica vera fide, initiis Myſteriiſque Eccleſiæ, Græce, *Giaſ.* 0 - 1 - 0
Moldav. 1683
5.6 3192 Syneſii, (Epiſcopi Cyrenſis,) Opera varia, Græcé, *Par. ap.* 0 - 5 - 6
Turneb. 1553
1.12 3193 Taciti (Corn.) Opera, & Vel. Paterculi Hiſtoria, a Juſto
Lipſio, chart. max. compaꝶ. in corio turcico, cum foliis deau- 1 - 12 - 0
ratis, & edit. opt.   ——   *Antv. ap. Plantin,* 1668
1 - 7 3194 Tanneri (Thom. Epiſcop. Aſaph.) Bibliotheca Britannico-
Hibernica,   *Lond.* 1748 1 - 7 - 0
3 3195 Terentii Comœdiæ,   *Par. e Typog. Reg.* 1642 0 - 3 - 0
1 - 2 3196 ———— Comœdiæ, compaꝶ. in corio turcico, cum foliis deauratis, & lineis rubris,   —   *Par. ap. Rob. Stephan.* 1536 1 - 2 - 0
4. 6 3197 ———— Comœdiæ, exemplar pulcherrimum, *ſine Loco,* 1474 4 - 6 - 0
OB.

Nineteenth Day's Sale, *Monday,* March 6.

O C T A V O & *Infra.*

LOT
1.6 3199 THeodoreti (Epiſc. Cyri) Sermones decem de Providentia, Gr. & Lat.   ——   *Tigur.* 1546 0 - 1 - 6
6 3200 Idem Liber, Græcé,   *Romæ,* 1545 0 - 0 - 6
1 — 3201 Idem Liber, Græcé, compaꝶ. in corio turcico, cum foliis deauratis,   *ib.* 1545 0 - 1 - 0
1.6 3202 Theodoreti (Epiſcop. Cyri) Dialogi contra Hæreſes, Gr. &
Lat.   *Lipſ.* 1568 0 - 1 - 6
4.6 3203 Theodoſii Sphærica, Gr. & Lat. ab Hunt, *Oxon.* 1707 0 - 4 - 6
R 2   3204 Theog-

4 3 4 3204 Theognidis, Phocylidis, & Pythagoræ Carmina, *Gr. Lat.* *& Ital.* a Bandinio, ———— *Florent.* 1766   3

4 10.6 3205 ———— Phocylidis, Pythagoræ, Solonis, aliorumque veterum Poematum Gnomica, Gr. Lat. *liber rariff.* *Par.* *ap. Libert.* 1627   10.1

4 4. 3206 ———— Pythagoræ, Phocylidæ, Solonis, Tyrtæi, Callimachi, Carmina, Gr. Lat. a Camerario, *Baf. ap. Oporin.* 1550   4.6

4 2 4 3207 ———— & diverforum Sententiæ, Gr. & Lat. per Jac. Hortelium, ———— *Lutet.* 1543   2—

4 2.9 3208 ———— Phocylidis, Pythagoræ, Solonis & alia Poemata Gnomica, Gr. Lat. a Sylburgio, —— *Ultraject.* 1659   2.9

4 1 4 3209 ———— Sententiæ, Gr. & Lat. cum Indice duplici, præter Græca Joach. Camerarii Scholia, a Sebero, *Lipf.* 1620   1—

4 2 4 3210 ———— Sententiæ, Gr. Lat. cum Indice ac Notis ab Ant. Blackwall, ———— *Lond.* 1706   2—

4 9.6 3211 ———— Sententiæ Elegiacæ, Pythagori, & Phocylidæ Poemata, *exemplar elegant. compact. in corio turcico, cum foliis deauratis,* *Antv. ap. Plantin.* 1582   9.6

4 1 4 3212 Theonis Sophiftæ Progymnafmata, Gr. & Lat. a Dan. Heinfio, *Lug. Bat. ap. Elz* 1626   1—

4 4 6 3213 Theophili Corydalii Epiftolæ, Græcé, *Lond.* 1625   1.6

4 1 4 3214 Theophilus Archiep. Antiochenus ad Autolycum, Gr. Lat. a Chrift. Wolfio, ———— *Hamb.* 1724   +

4 1 4 3215 Theophilus Medicus de Urinis, Gr. Lat a Thom. Guidotio, *L. Bat.* 1728   1

4 2 4 3216 ———— de Urinis, Gr. Lat. a Morello, *Lutet. ap. Morell.* 1608   2

4 5.6 3217 ———— de Hominis Fabrica, Græcé, & Paulo Craffo, interprete, ———— *Par. ap. Morell.* 1556   5.6

4 1.6 3218 ———— de Sudoribus, & de Vertigine, Gr. Lat. per Bonavent. Grangerium, *Par.* 1576   1.6

4 1.6 3219 Idem Liber, Gr. Lat. ———— *ib.* 1576   1.6

4 4 6 3220 Theophrafti Characteres, Gr. Lat. cum Notis & Monitis Angeli Werdenhagen, —— ———— *Lug. Bat.* 1653   —6

4 1 4 3221 ———— Characteres, Gr. cum Verfione Latina Ifaaci Cafauboni, *Lugdun,* 1617   1—

4 1.9 3222 ———— Characteres, Græcé, cum Verfione Ifaaci Cafauboni & Notis Corn. de Pauw, *Traject. Rhen.* 1737   1.9

4 2.6 3223 ———— Characteres, Græcé, cum Interpretatione Latina If. Cafauboni, & Indice Græco omnium Verborum, *Upfal.* 1708   2.6

4 5 4 3224 ———— Libellus, continens Notas atque Defcriptiones Morum quorundam Vitiorum, *Græcé,* converfus in Linguam Latinam & Annotationibus illuftratus a Leonharto Lvcio, *compact. in corio turcico, cum foliis deauratis, Lipf. ap.* *Joh. Rhamba,* 1561   5—

*3222 *Bibliotheca Thomasina* 3V. 1765 3225 Thu-   4.6

*3223 *Sturnieri Carmina* *Novb* 1773   1 7

*3224 *Proclus, Aratus &c.* *1534*   3.6

1.11.6 3225 Thucydidis Hiſtoria, Gr. Lat. ex Editione Waſſii & Dukeri, 8 vol. ——— ——— ——— *Glaſg.* 1759 /- 11. 6

5 3226 Timæus Locrus de Anima Mundi, & Natura, Græcé, *Par. ap. Morell.* 1555 0 - 5. 0

4.9 3227 Timæi Sophiſtæ Lexicon Vocum Platonicarum, cum Animadverſionibus Dav. Ruhnkenii, *Lug. Bat.* 1754 0 - 4. 9

1.1.— 3228 T'oup (Jo.) Emendationes in Suidam, 3 vol. *Lond.* 1760 /.. 1 - 0

11.— 3229 Tragœdiæ Selectæ Æſchyli, Sophoclis, Euripidis, Gr. & Lat. *ap. Henr. Stephan.* 1567 0 - 11. 0

1.6. 3230 Tragœdiæ Selectæ, Græcé, *caret titulo* 0 - 1. 6

2.12.6 3231 Tragædiarum Græcarum Delectus, Græcé, *chart. max. compact. in corio turcico, cum foliis deauratis,* Holden *Oxon.* 1758 2 -12. 6

7.6 3232 Tralliani (Alex.) Opera, Gr. & Lat. a Joan. Guinterio, *compact. in corio turcico, cum foliis aeauratis,* Baſ. per 0 - 7. 6 Hen. Petrum, 1556

3.— 3233 Tribbechovii Græcæ Vulgaris Elementa, *Jenæ,* 1705 0 - 3. 0

1.— 3234 Trillerus (Wilh.) de Pleuritide, *Francf. ap. Mæn.* 1740 0 - 1. 0

2.— 3235 ——— Obſervationes Criticæ in varios Græcos & Latinos, *ib.* 1742 0 - 2. 0

6.— 3236 Tryphiodori Ægypti Excidium Troiæ, Gr. Lat. & Ital. a Salvinio, cum Notis Bandinii, *Florent.* 1765 0 - 6. 0

9 3237 ——— Iſii Expugnatio, Græcé, &. Fed. Jamotio Latinitate donata, *compact. in corio turcico, cum foliis deauratis,* 0 - 9. 0 *Par. ap. Morell.* 1557

1.6 3238 Tulpii (Nic.) Obſervationes Medicæ, ——— *Amſt.* 1652 0 - 0. 6

1.— 3239 Tunſtalli Epiſtola ad Conyers Middleton, de Ciceronis Epiſtolis ad Atticum, ——— *Cantab.* 1741

6.6 3240 Tyrtæi Opera, Gr. Edid. Adolph. Klotzius, *Altemb.* 1767

3.3 3241 Tzetzæ (Joan.) Carmina Iliaca, Græcé, Edid. Bened. Schirach, *Halæ,* 1770 0 - 3. 3

1.— 3242 Valerii Flacci Argonautica, a Philippo Engentino emendat. & ad vetuſtiſſima Exemplaria recognita, *Par.* 0 - 1. 0 *Colin.* 1532

3.6 3243 ——— Flacci Argonautica, *compact. in corio turcico, cum foliis deauratis,* *ib. ib.* 1532 0 - 3. 6

11.— 3244 ——— Flacci Argonautica, & Orphei Argonautica, interprete, ——— *Venet. ap. Ald.* 1523 0 - 11. 0

1.6 3245 Valerius Maximus, cum Stephani Pighii Annotationibus, & Notis Lipſii, *Lug. Bat. ap. Plantin.* 1585 0 - 1. 6

4.— 3246 ——— Maximus, ——— *Venet ap. Ald.* 1514 0 - 4. 0

1.7 3247 ——— Maximus, *ib. ib.* 1534 0 - 1. 0

10.6 3248 · ——— Maximus, *compact. in corio turcico, cum foliis deauratis, & lineis rubris,* *L. Bat. ap. Plant.* 1593 0 - 10. 6 *N. B.* In hoc Libro hæc nota eſt ; *Liber olim Henricii Principis Walliæ, Jacobi primi filii Natu Maximi.* Jackſon

4.9 3249 Valerius Maximus, *compact. in corio turcico, cum foliis deauratis,* 0 - 4. 9 *Venet. ap. Ald.* 1502

1.— 3250 Varennius (Joan.) de Dialectis Græcis, *Par.* 1544 0 - 1. 0 3251 Ve-

3.3 3248 *Various Edition of Sophocles*
1.6 3249 *Aristotelis Ethica Sturmii*
2.6 3250 *Hippocratis opuscula Basil 1748*

" " 6	3251	Vechneri (Dan.) Hellenolexias, ——— *Argent.* 1630	6
" 1 "	3252	Vergara (Fran.) de omnibus Græcæ Linguæ Grammaticæ Partibus, *Colon.* 1552	1 —
" 2 "	3253	————— de Græcæ Linguæ Grammatica, cum Scholia, ——— *Par. ap. Morell.* 1557	2 —
" 2.6	3254	Vida de Arte Poetica, Bucolica, &c. a Triftram, *Oxon.* 1722	2 - 6
" 6.6	3257	Vigerius de præcipuis Græcæ Dictionis Idiotifmis, ab Henr. Hoogeveen, ——— *Lug. Bat.* 1743	6. 6
" 7 -	3258	Virgilii Opera, a Theod. Pulmanno, *compact. in corio turcico, cum foliis deauratis,* ——— *Antv. ap. Plantin,* 1564	7 —
" 1 "	3259	——— Opera, *Amft. ap. Elz.* 1676	1 —
" 4.6	3260	——— Opera, *corio turcico, foliis deaurati,* Cantab. 1702	4. 6
" 2.6	3261	——— Opera, *Florent. ap. Junt.* 1520	4. 6
" 3.9	3262	——— Opera, ——— *Par. ap. Rob. Steph.* 1540	2 - 6
" 4.6	3263	——— Opera, cum Scholiis & Indice Nic. Erythræi, 2 vol. *Venet.* 1556	3. 9 / 4. 6
" 10 -	3264	——— Opera, *Ven. ap. Ald. fine Anno,*	13 —
" 7.6	3265	——— Opera, *ap. Ald.* 1545	7. 6
" 3 -	3266	——— Opera, a Jo. A. Meyen, *elegant. compact. in corio turcico, cum foliis deauratis,* *ib. ib.* 1580	3 —
3. 12.6	3267	——— Opera, *compact. in corio turcico, cum foliis deauratis,* CHART. MAX. *Holder* ——— *Venet. op. Ald.* 1514	3. 12. 6
3.1.0	3268	——— Opera, ex antiquis Monumentis illuftrata, cura, Studio & fumtibus Henr. Juftice, 5 vol. *Parke*	3. 1 —
" 6.0	3269	Virgilius Collatione Scriptorum Græcorum illuftratus, a Fulvio Urfino, & Valckenari, *interfoliat.* *Leoward.* 1747	6 —
" 1 "	3270	Vitali (Hieron.) Lexicon Mathematicum, *Par.* 1668	1 —
" 4 "	3271	Vogt (Johan.) Catalogus Hiftorico criticus Librorum rariorum, *Hamb.* 1753	4 —
" 4 "	3272	Vonck (Val.) Specimen criticum in varios Auctores, accedunt Obfervationes Mifcellaneæ, *Traj. Rhen.* 1744	4 —
" 2 -	3273	————— Lectiones Latinæ, *Traj. Vilt.* 1745	2 —
" 3.6	3274	Urfatus (Sertorius) Explanatio Notarum & Litterarum, quæ frequentius in antiquis Lapidibus, Marmoribus, & Auctoribus occurrunt, *Par.* 1723	3. 6
" 3 -	3275	Urfini (Henr.) Grammatica Græca, ——— *Norimb.* 1714	3 —
" 1.6	3276	Waddelii (Georgii) Animadverfiones criticæ in Loca quædam Virgilii, Horatii, Ovidii & Lucani, *Traj. Rhen.* 1738	1. 6
" 4.6	3277	Wallifii (Joan.) Grammatica Linguæ Anglicanæ, *compact. in corio turcico, cum foliis deauratis,* *Lond.* 1765	4. 6
" 5 "	3278	Waltheri (Georgii) Animadverfiones Hiftoricæ & Criticæ, *Weiffenfels,* 1748	5 —
" 7 -	3279	Waltheri (Theod.) Obfervationes Grammaticæ quibus Linguæ tamulicæ Idioma vulgare in ufum Malabares, *Tranfgamb.* 1739	7 —
" " 6	3280	Wepferus (Jac.) de Apoplexia, *Amft.* 1681	6
" 6.6	3281	Weffelingii (Petri) Differtatio Herodotea, *Traj. Rhen.* 1758	6. 6
" 6 "	3282	————— Obfervationes variæ, *Amft.* 1727	6 —
		3283 Wef-	

Carmina ethica Gr. Bar. 1557 — Ejusdem
Elegia Argent 15—9 1. 6

2-7 5283 Weſſelingii (Petri) Probabilium Liber,   *Ultraj.* 1731 0- 2. 0
6 6 3284 ——————— Epiſtolæ de Aquilæ in Scriptis Philonis
        Judæi Fragmentis, & Platonis Epiſtola,   *Traj. Rhen.* 1748 0- b. b
2 —3285 Wetſtenius (Rodolf) de Græca & genuina Linguæ Græcæ
        Pronunciatione,   ———————   *Baſ.* 1686 0- 2- 0
14; 3286 Wolfii (Chriſt.) Anecdota Græca, 4 vol.   *Hamb.* 1722 0- 14-0
9-0 3287 —— ———— Monumenta Typographica, 2 vol.   *ib.* 1740 0- 9. b
3-9 3288 Wollii (Chriſt.) Collectio quatuor de Verbis Græcorum
        Mediis Diſſertationum, *Lipſ.* 1733 —— Ejuſdem Exa- 0- 3. 9
        men Regularum Hermeneuticarum, ab Aug. Calmeto,
                                          Lipſ. 1733
1-6 3289 Wophens Lectiones Tullianæ,   ———————   *Amſt.* 1730 0- 1. b
1 —3290 Xenocrates de Alimentio ex Aquatilibus Animantium Li-
        bellus, Græcé & Latiné, a Bapt. Rafario, accedunt Conradi 0- 1. 0
        Geſneri Scholia,   ———————   *Tigur.* 1559
1-6 3291 Xenophonti Oeconomica. Gr. Lat. a Wells,   *Oxon.* 1703 0- 1. b
1 —3292 ——————— de Ageſilao Rege Oratio, cum Interpretatione
        Latina, & Grammatica difficiliorum Vocum Explanatione, 0- 1. 0
                  Lutet. Par. ap Cramoiſy, 1639
3-6 3293 ———— ——— Selecta quædam, Græcé,   *Romæ,* 1588 0- 3- 6
3-6 3294 ———— ——— de Cyri Inſtitutione, Græcé,   *Oxon.* 0- 3. 6
1 —3295 ———— ——- Opera, Tom. 1. Græcé,   *Hal. Suev.* 1540 0- 1- 0
4 -3296 ———— ——— Opera, *foliis deauratis,* 3 vol.   *ib. ib.* 1540 1- 4- 0
2-9 3297 ———— ——— Opera, Græce. 2 vol.   ———   *Baſil.* 1540 0- 2 -9
——3298 ———— ——— Opera, Gr. Lat. a Wells, 5 vol.   *Oxon.* 1703 3. 0. 0
2-6 3299 Zeibichii Athleta ΠΑΡΑΔΟΞΟΣ, e Monimentis Græciæ veteris
        Conſpectus expoſitus,   *Vitemb.* 1748 0- 2. b
7-6 3300 Zoroaſtri Oracula Magica cum Scholiis Plethonis & Pſelli,
        nunc primum editi, ab Opſopæo, Gr. & Lat.   *Par.* 1607 0- 7. b
4 —3301 Zofimi Hiſtoria, Gr. Lat. cum Notis, *6 13*   *Oxon* 1679 0- 4- 0
3—3302 ——————— Hiſtoria ex recenſione Frid. Sylburgii, cum La-
        tina Interpretatione Leunclavii, accurante a Cellario, 0- 3- 0
                                Jenæ, 1728
1-9 3303 Zuingeri (Rodolph.) Speculum Hippocraticum,   *Baſil.* 1747 0- 1- 9

Q U A R T O.

1 — 3304 Tuſſinus (Fran.) & Proſp. Taſſinus ΕΥ ΠΡΑΤΤΕΙΝ, *Ro-*
                                    tomag. 1754 0- 1- 0
2-6 3305 Valla (Laurentius) Elegantiarum Libri,   *Ven. ap. Ald.* 1536 0- 2. 6
5-6 3306 ——————— ——— Elegantiarum Compendium, *compact. in*
    corio turcico,   ———————   *Edit. Vetuſta,* 0- 5. 6
14-6 3307 Valerius Maximus, cum Notis Variorum & Abrah. Torrenii, 0- 14- 6
    2 vol.   *Leidæ,* 1726
15- 3308 Valerii Flacci Argonauticon, a Burmanno,   *ib.* 1724 0- 15- 0
3 3309 Vander Linden de Scriptis Medicis,   *Norimb.* 1686 0- 3- 0
3   *Segnum av. 3 darley arley* 3310 Van
                                        1687

— *16.6* 3310 Van Swieten Commentaria in Boerhaave Aphorifmos, 3 vol.
  1742, &c.

✝ — ✗— 3311 Velferi Fragmenta Tabulæ antiquæ, in quis aliquot per
  Rom. Provincias Itinera, *cum duobus Schematibus,* *Ven.*
  *ap. Ald.*1591

— ✗ 3312 ——— Infcriptiones Antiquæ Auguftæ Vindelicorum, *Ven.*
  *apud Ald.*1590—Ejufdem Tabulæ Antiquæ, *ib. ib.*1591

2. 2 3313 Venaticæ Rei (Scriptores varii) cum Notis Variorum, &
  Ger. Kempheri, *chart. max. compact. in corio turcico,* *L.*
  Bat. 1728

— *12*—3314 Venuti Duodenorum Numifmatum antehac ineditorum Expofitio quæ felegit ex Gazyphylacio Ant. le Froy & Lord.
  Willoughhy de Parham, ——— *Rom.*

— *6*— 3315 ——— de Deo Libertate, ——— *ib.*1762

— *17* 3316 Verderius (Claud.) in Auctores antiquos, *Lugdun.*1586

— *7.6* 3317 Vetus Orbis Defcriptio Græci Scriptoris fub Conftanto Imp.
  Gr. & Lat. a Gothofredo, ——— *Genev.*1628

1. 1 — 3318 Uhlii (Ludov.) Thefauri Epiftolici Lacroziani, 3 tom.
  Lipf. 1742

— *2* 7 3319 Victorii Variarum Lectionum Libri xxv. *Lugdun.*1554

— *2.6* 3320 Virgilii Opera, a Taubmanno, 1518

— *10* - 3321 ——— Opera, *Par. ap. Fran. Gryph.*1542

1. — 3322 ——— Opera, Codex Antiq. ex Bibliotheca Mediceo-Lau-
  rentiana, adfervatur Typis defcriptus, *chart. max. Flo-*
  Burnell *rent.* 1741

5. 5 3323 ——— Opera, a Burmanno, *elegant. compact. in corio ruffico,*
  cum foliis deauratis, 4 vol. *Musæum* *Amft.*1746

4. 4 3324 ——— Opera, *compact. in corio ruffico, cum foliis deauratis, ac*
  edit. prima, *Molini* *Birmingh. ap. Bafkerville,* 1757

— — *6* 3325 Voffii (Ifaaci) variæ Obfervationes, ——— *Lond.*1685

3. 5 3326 Urbani Inftitutiones Græcæ Grammaticæ, *compact. in corio*
  turcico, *Worthul* *Ven. ap. Ald.*1597

1. 3 3327 Urfini (Fulvii) Illuftrium Imagines ex antiquis Marmo-
  ribus, *compact. in corio turcico, cum foliis deauratis,* *Ant.*
  *ap. Gallæum,*1598

— *12*—3328 Wafus (Chrift.) de Licentia veterum Poetarum, *Oxon.*1687

— *11*— 3329 Weitenaveri Modus Addifcendi intra Breviffimum tempus
  Linguas *Gall. Ital. Hifpan. Græcam, Hebraicam & Chal-*
  daicam, ——— *Francf.*1756

—*12*—3330 Xenophontis Cyropediæ Liber primus, Græcé, *Lutet.*
  ap. Benenat. 1579 ——— Ejufdem Memorabilia Socratis,
  Gr. & Lat. per Card. Beffarionem, *Par. ap. Bogard.*
  1542——Ejufdem Cyropediæ Lib. primus, Græcé, *Par.*
  Wynne *ap. Morel.*1607

— *1* - 3331 ——— Hieron, Græcé, *Par. ap. Wechel.*1547

— *2* - 3332 ——— de Cyri Inftitutione, Græcé, *Eton,*1613

3333 Xe-

13-2-6 3333 Xenophon de Cyri Expeditione & Inftitutione, ab Hutchin-
fono, CHART. MAX. *compact. in corio turcico, cum foliis deau-* 13-2-6
ratis, 4 vol. ————— Oxon. 1727

10.6 3334 Xenophontis Ephefii Libri de Amoribus Anthiæ & Abro-
cómæ, Gr. Lat. ab Ant. Cocchio, ma/on Lond.1726 0-10.6

2.6 3335 Xiphilini Epitome Dionis Nicæi Rerum Romanarum, *Lut.*
ap. Rob. Stephan. 1551 0.2.6

6.6 3336 Zenobii Proverbia Græca, LIBER RARISSIMUS, *compact.*
in corio turcico, cum foliis deauratis, Florent. impenfis Phi- 6-6.0
lippi Junt. 1497

F O L I O.

2-12 3337 Terentianus Maurus de Litteris, Syllabis & Metris Horatii,
EDITIO PRINCEPS, *& exemplar pulcherrimum,* Mediolan, 12-12.0
per Ulder. Scinzenler, 1497
In this Book is this Note.——— *This is judged to be the*
only Copy of this Edition in England, if not in the whole
World. — If fo, it is worth any Money——Dr. Afkew
could find no Copy in his Travels over Europe, tho' he
made it his earneft and particular Search in every Li-
brary which he had an Opportunity of confulting. ——JOHN
TAYLOR, *Cantabrig.*

1.15 3338 Teftamentum Novum Græcum, cum Lectionibus Millii &
Kufteri, *chart. max. compact. in corio turcico, cum foliis deau-* 1.15.0
ratis, ————— *Lipf.* 1710

13 3339 ————— Novum Græcum, per Joan. Millium, Oxon. 0-13.0
1707

1.17 3340 ————— Novum Græcum, *compact. in corio turcico, cum*
foliis deauratis, —— ————— *Par. e Typog. Reg.* 1642 1.17.0

3.9 3341 ————— Novum Græcum, *Par. ap. Wechel.* 1601 0.3.9

8.6 3342 ————— Novum Græcum, Gr. & Lat. a Beza, 2 vol.
Genev. 1582 0.8.6

2-7- 3343 ————— Novum Græcum, *cum foliis deauratis, lineis ru-*
bris, & exemplar pulcherrimum, Par. ap. Rob. Stephan.1550 2.7.0

2-4 3344 ————— Novum Græcum & Latinum, per Erafmum, 2.4.0
edit. opt. —— ————— Baf. ap. Froben. 1516

.1 — 3345 TEWRDEANCKH-, (Illuftria facta clariffimi Herois & Equitis)
Poema Germanica Lingua confcriptum a *Melchior Pfintzing* 21
Decano Norimbergenfi, *cum 118 pulcherrimit tabulis ligno*
incifis ornatum, IMPRESS. IN MEMBRANA, *compact. in corio*
ruffico, ———— ———— Norimb.1517

10.6 3346 Themiftii Orationes, Gr. & Lat. a Dionyf. Petavio, *cum foliis* 0.10.6
deauratis, ———— *Par. e Typog. Reg.* 1684

1.1 3347 ———— Opera omnia, Græcé, & Alexandri Aphrodienfis Libri de Anima, & de Fato, Græcé, *Ven. ap.* 1-1-0
Ald. 1534

3348 Theo-

§

2.5 — 3248 Theocriti, Hefiodi, Theognidis Opera; Pythagoræ & 2.5
     Phocylidis Carmina; Gnomæ; Carmina Sibyllæ Eŕy-
     thræa; Sententiæ Sapientum feptem; Catonis Monita,
     &c. Græcé, EDITIO PRINCEPS, & exemplar pulcherrimum,
     museum   Ven. ap. Ald. 1495

5 6 3349 Idem Liber, Damas   ib. ib. 1495 5.6

4.6 5350 Idem Liber, exemplar pulcherrimum, & H.   ib. ib. 1495 4.6

2.6 3351 Theodoreti (Cyrenfis Epifcopi) Græcarum Affectionum Cu-
     ratio, Gr. & Lat. a Frid. Sylburgio,   ap. Comelin. 1592 2.6

7.15 3352 ———— Opera, cum Auctario, Gr. & Lat. a Jac. Sir-
     mondo, 5 vol. Payne   Lutet. Par. 1642 7.15 —

5.10 3353 Theodori Grammatici Introductiones Grammaticæ; Ejufdem
     de Menfibus Opufculum; Apollonius Grammaticus de
     Conftructione; Herodianus de Numeris, Græcé, EDITIO
     PRINCEPS, Mason   Ven. ap. Ald. 1495 5.10

2.6 3354 Theophili Inftitutiones Juris civilis,   Baf. 1539 2.6

2.6 3355 Theophylacti (Archiep. Bulgariæ) in Pauli Epiftolas Com-
     mentarii, Gr. & Lat. ab Aug. Lindfello Epifcop. Here-
     fordienfis,   Lond. 1636 2.6

2 3356 ———— in Evangelia, Græcé,   Rom. 1542 2

2.6 3357 Theophrafti Opera, Græcé,   Bafil. fine Anno, 2.0

.8 3358 Theophrafti Opera omnia, Gr. Lat. ab Heinfio, L.
                  Bat. 1613 8.6

13 3359 ———————— Hiftoria Plantarum, Gr. & Lat. cum Notis Joan.
     Bodæi & Cæf. Scaligeri,   Amft. 1644 13 —

10.6 3360 Thefaurus Cornucopiæ, & Horti Adonidis, Græcé, Venet.
                 ap. Ald. 1496 16.6

8.18.6 3361 Thuani Hiftoria Sui Temporis, chart. max. 7 vol. Lond.
     Way   ap. Buckley, 1733 8.18.6

7 3362 Thucydidis Hiftoria, Gr. & Lat. ap. Henr. Stephan, 1564 7

6 3363 ———————— Hiftoria, Græcé, cum Scholiis, Baf. 1540 6

10.6 3364 ———————— Hiftoria, Græcé, cum Commentariis Antiquis,
               Florent. ap. Junt. 1556 15.6

2.3 3365 ———————— Hiftoria, Græcé, EDITIO PRINCEPS, Venet. ap.
     museum   Ald. 1502 2.3

5.15.6 3366 ———————— Hiftoria, Gr. & Lat. a Waffe & Dukero, chart.
     max. 2 vol. B. B.   Amft. 1731 5.15.6

9.9 3367 Tortelli (Joan.) Commentarii Grammatici, EDITIO PRIN-
     CEPS, chart. max. compact. in corio ruffico, Rom. per Ulr.
     Deul   Gallum, 1471 9.9

5.6 3368 Triodium, Græco-Modern.   Venet. 1622 5.6

1.9 3369 Trithemii (Joan.) Polygraphia, ap. Joan. Hefelberg de Aia, 1518 1.9

2.6 3370 Turnebi (Adriani) Opera,   Argent. 1600 2.6

3 3371 Tufani (Jac.) Lexicon Græco-Latinum, compact. in corio
     ruffico,   Par. 1552 3

4.6 3372 Typicon, Græco-Modern.   Venet. 1615 4.6

2.6 03373 Valerius Maximus, EDITIO PRINCEPS, ET ROD. SANTI
     EPISTOLA LUGUBRIS, exemplar pulcherrimum, compact.
     Deul   26 —
                               in

in corio turcico, cum foliis deauratis, *Mogunt. ap. Petr.*
Schoyffer, 1471

In this Book is this Note —— Concerning this *Epiſtola Lugubris* of Rodericus Santius, ſee *Fabr. Bibl. Mediæ & Inſimæ Latinitatis,* pag. 113 and 114. *Edit. Venet.* Vol. 6.—*Fabricius* knows nothing of this being printed, but gives you an Account of a MS. of it in the Vatican under this title *Relatio de Negropontis Expugnatione,* and refers you to page 141 of Montfaucon's Bibliotheca Bibliothecarum. — It was certainly printed before the Death of Santius who died in the year 1470 —— He publiſhed in his Life time at Rome *Speculum Vitæ humanæ, &c.* which *Sweynheim* and *Pannartz* printed in the year 1468, and his *Hiſtoria Hiſpana* in 1470—Probably this Epiſtle was ſent to *Schoeffer at Mentz* between 1466 and 67 to be printed, as then they had no printing Houſe in Italy — It is the very ſame Type with the *Valerius Maximus* of Mentz, 1471, and probably the firſt Eſſay of that Type, as it has neither Printers Name, Place or Date.

8·6	3374	Vallæ (Laur.) Elegantiæ de Lingua Latina, *compact. in corio turcico,* *Venet. ap. Chriſt. de Penſis,* 1496	0 - 8· 6
9 - 9 -	3375	—— (Laur.) Elegantiæ de Lingua Latina, EDITIO PRINCEPS, *exemplar pulcherrimum, & compact. in corio turcico, Venet. ap. Niç. Jenſon,* 1471	9· 9· 0
7· 7	3376	Valla (Georgius) de expetendis & fugiendis Rebus, *chart. max. compact. in corio ruſſico,* 2 vol. *Ven. ap. Ald.* 1501	7· 7· 0
3 - 5	3377	Varro (Terentius) de Lingua Latina; Pomp. Feſtus de Priſcis Verbis, *compact. in corio ruſſico, & exemplar pulcherrimum,* *Brixiæ per Bonon. de Boninis,* 1483	3 - 5 - 0
7	3378	Victorii (Petri) Commentarii in Demetrium Phalereum, Gr. & Lat. *Florenti ap. Junt.* 1562	0· 7· 0
1· 16	3379	—— Commentarii in primum Librum Ariſtotelis de Arte Poetarum, Gr. & Lat. —— *ib. ib.* 1560	1 - 16· 0
6	3380	Vergilii (Polyd.) Hiſtoria Angliæ, —— *Baſ.* 1570	0· 6· 0
1· 16	3381	Virgiliano (Iconicæ Figuræ quæ in vetuſtiſſimo Codice) ex Bibliotheca Vaticano, *compact. in corio turcico,*	1· 16· 0
2· 6	3382	Virgilii Fragmenta & Picturæ ex Bibliotheca Vaticana ad priſcas Imaginum formas a Petro Bartholi, *compact. in corio turcico, cum foliis deauratis,* —— *Romæ,* 1741	2· 6· 0
4· 18	3383	—— Opera, *Lat. & Ital.* ab Ant. Ambrogi, cum Picturis Codicis Vaticani, *compact. in corio turcico,* 3 vol. *Romæ,* 1763	4· 18· 0
18	3384	Vitruvii Architectura, *cum figuris,* —— *Venet.* 1511	0· 18· 0
4· 6	3385	—— Architectura, —— *ſine Anno & Loco*	0· 4· 6
19	3386	—— Architectura, a De Laet, *Amſt. ap. Elz.* 1649	0· 19· 0
2 6	3387	Ulpiani Commentarioli in Orationes, &c. Demoſthenis; &	0· 2· 6

Arpo-

Arpocrationis Dictionarium decem Rhetorum, Græcé, *cum foliis deauratis,* ———— *Venet. ap. Ald.* 1527

3388 Urſini (Fulvii) Imagines & Elogia Virorum Illuſtrium & Eruditorum éx Antiquis Lapidibus & Numiſmatibus Expreſſa, *compact. in corio turcico, cum foliis deauratis,* *Romæ,* 1570

3389 Walliſii (Joh.) Operum Mathematicorum, &c. Volumen ter-tium, Gr. & Lat. ———— *Oxon.* 1649

3390 Wiſe (Fran.) Nummorum Antiquorum Scriniis Bodleianis Re-conditorum Catalogus, *chart. max.* ———— *ib.* 1750

3391 Xenophontis Opera, Gr. Lat. a Leunclavio, 2 vol. *Par.* 1625

3392 ———— Opera, Gr. Lat. a Leunclavio, *Francf. Wech.* 1596

3393 ———— Opera, Gr. & Lat. a Brodæo, *Baſ.* 1555

3394 ———— Opera, Græcé, *corio ruſſico,* *Florent. ap. Junt.* 1527

3395 ———— Opera, Græcé, ———— *Ven. ap. Ald.* 1525

3396 ———— Opera, Græce, *Florent. ap. Junt.* 1516

3397 ———— Opera, Græcé, *ib. ib.* 1516

3398 ———— Omiſſa; Geo. Gemiſtii ex Diodori Siculi & Plutarchi Hiſtoriis; Herodiani Hiſtoria, &c. Græcé, *Ven. ap. Ald.* 1503

3399 ———— Opera, Latiné, ~~EDITIO PRINCEPS, Mediolan. 1467~~

3400 Zacchiæ Quæſtiones Medico-Legales, *Lugdun.* 1661

Twentieth Day's Sale, *Tueſday, March* 7.

VARIOUS TRACTS, BOUND TOGETHER.

OCTAVO & *Infra.*

LOT

3401 SMITH on the Nature and Circulation of the Blood, 1761 ————Smith Medicamentorum Formulæ, *Lond.* 1760

3402 Hancocke's common Water the beſt Cure for Fevers, 1723 ———— Curioſities of common Water, 1724 ———— Phyſical Uſe of common Water, 1726 ———— Berkeley (Bp.) on Tar Water, 1744 ———— Diſſertation on the Virtues and Uſes of cold and hot Mineral Springs, 1735 ———— Hiſtory of Road Water in Wiltſhire, 1731 ———— Surpriſing Effects of Almond Water and Black Cherry Water, and other Tracts

3403 The ill State of Phyſick in Great Britain, 1727 ———— Me-dicina Vindicata, 1738 ———— Howard's Narrative of the Delivery of Rabbits, 1727 ———— Braithwaite's Remarks on Howard's Narrative, 1726 ———— Manningham's Diary of Mary Tofts, 1726 ———— Douglaſs's Remarks on Manning-ham

ham, 1727 —Examination of the Conduct of Mr. St. Andre, 1717 —— Depositions relating to the Rabbit Woman, 1727——Rabbit Woman's Confession, 1727

2.6 3404 Dr. Taylor on the Distemper of the horned Cattle, 1747 —— His Partiality and false Reasoning of Bp. Berkeley on *0- 2.6* Tar Water, 1747 —— His Animadversions into the legal Constitution of the College of Physicians, — 1754

2.1 3405 Life and Writings of Mr. Hearne, 1736 —— Stackhouse's Life of Bp. Atterbury, 1732 — Life of Sir Thom. Pen-*0- 2.6* gelly, 1733—Life of Maximilian Mahomet, Gent. 1727 ——Tryal of Will. Whiston, —— 1740

1 — 3406 Mr. Hearne's Life, and Vindication of the Oath of Allegiance, 1731 —— Sir John Hawles's Englishman's Right, *0- 1.0* 1732 —— Three Letters to Dr. Mead on Buckley's Thuanus, —— 1728

1 — 3407 Amhurst's Poems, 1720—Merton Walks, a Poem, *Oxf.*1717 ——Strephon's Revenge in Answer to it, 1718 — Ox-*0.. 1- 0* ford Criticks, &c. —— 1718

3 — 3408 Taylor's (Dr. John) Music Speech, and Ode, 1730 —— Quæstiones, cum Carminibus in Magnis Comitiis Can-*0- 3. 0* tabrigiæ, —— —— *Cantab.* 1730

7 3409 Bentley's State of Trinity College —— True State of Trinity College —— Considerations on Bentley's State —— Mil-*0- 7.0* ler's Remarks on Bentley's State——Rights of the Scholars of Trinity College —— Blomer's View of Bentley's Letter —Copy of Articles against Bentley—Account of the Differences between Trinity College and Bentley

Varii Authores simul compacti. O C T A V O & *Infra.*

2.6 3410 Pindari Opera, Gr. & Lat. *ap. Hen. Stephan.* 1585 — Car-*0- 2.6* minum Poetarum novem, Gr. & Lat. *ap. Hen. Stephan.*1586

1 — 3411 Cunæi (Petri) Satyra Menippæa incastrata, item Juliani Imp. *0. 1. 0* Satyræ, *Lug. Bat.* 1672 —— Bodecheri (Jani) Satyricon, *Lug. Bat.* 1631

2 — 3412 Euripidis Phœnissæ, Hippolitus & Andromacha. Latiné, per Geo. Ratallerum, *Antv. ap. Plant.* 1581 — Remi (Fran.) *0- 2.0* Poemata, *Antv. ap. Plantin.* 1578

3 — 3413 Hesiodus, Gr. & Lat. *ap. Crispin* —Theocritus, Gr. & Lat. *ap. Crispin* — Theognidis, Phocylidis, Pythagoræ, &c. Car-*0.. 3. 0* mina, Gr. Lat. —— *ap. Crispin.*

3.6 3414 Callimachus, Moschus & Bion, Gr. & Lat. a Bonavent. Vulcanio, *Antv. ap. Plantin,*1584——Epicteti Enchiridion, *0. 3.6* & Cebetis Tabula, Gr. & Lat. *L. Bat. ap. Plantin.*1585

1 — 3515 Calendarium ad Usum Romanum, *Antv. ap. Plantin,* 1566 *0.. 1.0* —— Buchanani Paraphrasis Psalmorum, *Antv. ap. Plant.* 1567

1567——Boetius de Confolatione Philofophiæ, *Antv. ap. Plant.* 1562

— 5 — 3416 Vidæ (Hieron) Opera, *ap. Seb. Gryph.* 1548 —— Sanna-
zarii Opera omnia, *cum lineis rubris,* *ap. Seb. Gryph.* 1549

— 4 — 3417 Horatius, a Pulmanno, *Antv. ap. Plant.* 1564 —— Juvenalis & Perfii Satyræ, a Pulmanno, *Antv. ap. Plant.* 1566

— 1 —{ 3418 Varamundus de Furoribus Gallicis, *Lond.* 1573 —— Dil-
linghamus de Limbo Patrum —— Mocket Deus & Rex
Lond. 1615 —— Watfoni Compendium Memoriæ Localis
—Johnfoni (Jac.) Schediafmata Poetica, &c. &c. *Lond.*1615

—{ 3419 Largus (Scribonius) de Compofitione Medicamentorum ; Ant.
Benivenius de abditis ac mirandis Morborum Caufis, &
Polybus de Victus Ratione, *ap. And. Cratandram,* 1529
—— Carmina de Urinarum Judiciis a Magiftro Egidio,
Bafil. 1529

— 12 — 3420 Caffii Medici de Animalibus Quæftiones, Græcé, *Par.* 1541
—— Alex. Aphrodifiei Problemata, Gr. Lat. a Joan. Da-
vioni, *Par.* 1541 —Adamantii Sophiftæ Phyfiognomonica,
Græcé, *Par.* 1540

— 2 6 3421 Rodolph. Gualtherus de Syllabarum & Carminum Ratione,
Tigur. 1575 —— Ejufdem Nabal Comœdia Sacra, *fine Anno
& Loco*——Chrifti Vinea Drama Sacrum, ab Hieron. Zieg-
lero, *Baf.* 1551

{ 3422 Brazii (Joan.) Grammatica Græca in ufum Collegii Sedanenfis, *Sedan.* 1658——Compendium Grammaticæ Græcæ
in ufum Scholæ Sedanenfis, —— *Sedan.* 1647

— 1 —{ 3423 Demophili Similitudines, feu Vitæ Curatio ex Pythagoreis ;
Ejufdem Sententiæ Pythagoricæ, cum Verfione & Scholiis
Holftenii, *Stockholm.*1682—Herculis cum Voluptate & Vir-
tute Colloquium, ex fecundo Memorabilium Xenophonti-,
Latina a Joan. Cafelio. Carmine vero elegiaco, a Joan. Sti-
gelio, *Roftoch.* 1591 —— Xenophontis Hercules Carmine
Græco Heroico expofitus, Gr. Lat. a Borichio, *Lug. Bat.*
1595

— 1 — 3424 Hippocrates de Alimento, a Steph. Gormeleno e Greco in
Latinum converfus, *Par.* 1572 — Bapt. Confalonerius de
Vini Natura, *Venet.* 1535

— 3 — 3425 Gazæ (Theod.) Inftitutiones Grammaticæ, Gr. Lat. *Par.
ap. Wechel.* 1543——Ang. Caninii Hellenifmi Alphabetum,
&c. *Lond.* 1624

{ 3426 De Quæfitis per Epiftolam Aldi Manutii, *Venet.* 1576——
Flavii Jofephi Vita, — *Par. ap. Fezeudat.* 1548

— 2 —{ *3426 Francii (Petri) Sæculum Argenteum, Æneum, &c. *Amft.*
1689——Fabula Pyrami & Thisbes, *ib.* 1689 —— Odæ
ex Horatio, *Amft.* 1693 —— Odæ Horatianæ in aliud
genus Carminis, *ib.* 1596 —— Paraphrafes Horatianæ, &c.
&c. *Amft.* 1693

3427 Vir-

6. 6 3427 Virgilii Æneidos Liber fecundus, Græcis verfibus redditus per Geo. Ethrigeum, *Lond.* 1553——Theocriti, Mofchi & Bionis Opera, Gr. & Lat. —— Alexandri Aphrodifienfis de Fato Liber, cui acceffit Ammonii Hermiæ Comment. in *0- 6. 6* Sectionem Ariftotelis, Gr. Lat. —— *Lond.* 1658

16 — 3428 Pindari Olympia & Pythia, Græcé, *Par. ap. Wechel.* 1535—— Geographica Marciani Heracleotæ, Scylacis Caryandenfis, Artemidori Ephefii, Dicearchi, &c. Græcé, ab Hoefchelio, *0.. 16. 6* *Aug. Vind.* 1600 —— Janfonius ab Almeloveen Bibliotheca promiffa & Latens, —— *Gaudæ,* 1592

3429 Chryfoftomi (Joan.) comparatio regii potentatus & divitiarum, Gr. Lat. a Polydoro Vergilio, *Bafil.* 1533——Ejuf-dem de Providentia Dei, ac Fato; Joan. Checo interprete, *Lond.* 1545—Bafilii Magni Concio ad Adolefcentes, Græcé, *Lovan.* 1550——Ejufdem de Liberalibus Studiis & Ingenuis *0.. 1 0* Moribus Opufculum Latiné, —— *Par.* 1543

3430 Luciani Dialogi, Græcé——Joan. Chryfoftomus de Orando Deum, Græcé, —— *Antv. ap. Plantin.* 1579

9 3431 Raza de Pefte, in Latinum Sermonem verfus, per Nic. Mac-chellum, *Venet.* 1555 —— *Il Configlio di Marfilio Ficino contro la Peftilentia,* *Firenz. ap. Giunti,* 1522 —— De Ori- *0- 9. 0* gine & Caufa Peftis Patavinæ 1555, per Baffianum Landum, *Venet.* 1555 —— *Configlio fopra la Peftilentia in Padoua,* 1555 *di Fran. Frigimelega,* *Padoua,* 1555——De Caufis Peftilentiæ Urbem Venetam 1555 di Fran. Roccalino, *Venet. ap. Jolit.* 1556 —— Decem Problemata de Pefte per Victorem de Bonagentibus, — *Ven ap. Valgrif.* 1556

3432 Joan. Varenius de Dialectis Græcis, *Par. ap. Wechel.* 1555 *0 -1. 0* —— Clenardi Meditationes. in Artem Grammaticam, *ib. ib.* 1534 —— Synonyma quædam Poetica, per Joan. Ravifium, 1528— Conrad. Neobarii de Inveniendi Argumenti Libellus, —— *Par. ap. Wechel.* 1536

5. 6 3433 Bufbequii Itinera Conftantinopolitanum & Amafianum, *Antv. ap. Plant.* 1581—— Georgii Doufæ de Itinere fuo Conftan- *0- 5.. 6* tinopolitano Epiftolæ, *ap. Plantin.* 1591 —— Hugeiani Grotii Batavi Pontifex Romanus, Rex Galliarum, Rex Hif-paniarum, &c. &c. —— *ib. ib.* 1592

3 — 3434 Orphei Hymni, Græcé, *Col. Agr.* 1602 —— Hen. Stephani *0 -3. 0* Poefis Philofophica, — *ap. Hen. Stephan.* 1573

5 — 3435 Argonautica. Thebaica. Troica. Ilias Parva; Poematia Græca Auctoris Anonymi, per Mich. Neandrum, *Lipf.* 1588 ——Hiftoria Ecclefiæ, Gr. & Lat. per Laur. Rhodomanum, *0 -5 -0* *ap. And. Wechel.* 1581——Ilfelda Hercyniana, Gr. & Lat. a Laur. Rhodomano, *ib. ib.* 1581

3. 9 3436 Lhuyd Commentarioli Britannicæ Defcriptionis Fragmentum, *Col. Agr.* 1572 —— Ofci, & Volfci Dialogus, Ludis Ro- *0- 3-9* manis Actus, 1531—Gefnerus (Conrad.) de differentiis

Lin-

Linguarum, *Tigur.* 1555 —— Antonii Torquati Progno-
ſticon de Everſione Europæ, *Antv.* 1552——Jac. Brocardi
Partitiones Oratoriæ, *Venet.* 1558 —— Timæus Locrus de
Mundi Animâ & Natura, Gr. & Lat. a Lodov. Nogarola,
Venet. 1555——Rabotti Salenii Oratio de Gente & Lingua
Francica, *Witeb.* 1572 ——Claudius Seſellius de Repub-
lica Galliæ & Regum Officiis, Joan Sleidano interprete,
Argent. 1562

— *1 9* 3437 Bellum Grammaticale, *Par.*—Corippus Africanus de Laudibus Juſtini Augulti Minoris in Heroico carmine, *Antv.*
Plantin. 1531 —— Chriſt. Helvicus de Carminibus atque
Dialectis Græcorum, *Norimb.* 1623——Bald. Ronſſei Venatio Medica, cito, tuto & Jocunde, *Lug. Bat.* 1589 ——
Ubertus Folieta de Cauſſis Magnitudinis Imperii Turcici, &
Virtutis ac felicitatis Turcarum in Bellis perpetuæ, *Roſtoch.*
1594 —— Hen. Stephani Orationes adverſus Ubertum Fo-
lietam, —————— — *Francf.* 1594

— *1 9* 3438 Symeon Sethus de Cibariorum facultate, Gr. & Lat. a Greg.
Gyraldo, *Baſil.* 1538 —— Lud. Nonnus de Piſcium Eſu,
Antv. 1616——Æmyl. Portus de priſca Græcorum Compo-
tatione, *Typis Voegelin.* 1604

— *4* — 3439 Epigrammata Græca veterum elegantiſſima, Gr. & Lat. per
Joan. Soterem, *Colon.* 1528—— Hartman. Schopperus de
omnibus Liberalibus ſive Mechanicis Artibus in Verſibus
deſcript. *cum Imaginibus ſingularum, Francf. ad Mœn.* 1574

— *2* — 3440 Joan. Brodæi Miſcellanea, *Baſil. per Oporin.* 1555—— Hieroclis Philoſophi Facetiæ, Gr. Lat. cum Notis, *Labdun.*1605

— *1 6* 3441 Joan. Ottonis Introitus ad veram & inauditam Phyſicam,
Amſt. 1680 —— Petr. Talpæ Dialogus contra Empiricos, &
Elegia Satyrica, *Antv.* 1563——Phyſionomia Mich Scoti,
ſine Anno & Loco — Siſmus (Paulus) in Diæta, *Hag. Com.*
1604——Hermes Triſmegiſtus de Infirmorum decubitu, Gr.
a Dan. Hoeſchelio, —————— *Aug. Vind.* 1597

— *2 3* 3442 Gothof. Cyrilli Poemata Græca & Latina, ab Auguſt. Her-
richea collecta. Præfationem præmiſſit Alb. Fabricius,
Hamb. 1717 —— Cyrilli Lucaris Confeſſio Chriſtianæ fidei,
Gr. & Lat. 1645

— *8* — 3443 Æſopi Fabulæ, Gr. & Lat. & Homeri Batrachomyomachia,
cum figuris, Amſt. 1672 ——Joach. Camerarii Converſa ex
Thucydidis Hiſtoria quædam, *Witteb.* 1565 —— Baſilius
Magnus de Liberalibus Studiis, &c. *Par.* 1543——Laur.
Sifanus de Laudibus Linguæ Græcæ & Iſocratis ; & in
commendationem Hiſtoriæ, *Colon.* 1564——Mycilli (Jac.)
Ratio examinandorum Verſuum, *Francf.* —— Geo. Valla
de Scribenda Hiſtoria, &c. *Colon.* 1533 —— Joan. Butini
ad Syllabarum quantitatem nec non Inſigniores aliquot fi-
guras Iſagoge, —————— *Par. ap. Colin.* 1532

3444 Maximi

10 — 3444 Maximi Margunii Epifcop. Cytherenfis Poemata Græca ab
Hoefchelio, *Lug. Bat.* 1592 ——Greg. Cyprii Encomium
Maris, Græcé, a Vulcanio, *Lug. Bat. ap. Plant.* 1591 ——
Paulus Silentiarius in Thermas Pythias, a Vulcanio, *L. Bat.*
1593 —— Gregorii Naziauzeni Poemata Græca, ab Hoef-
chelio, *L. Bat.* 1591 —— Ejufdem Definitiones Rerum
Simplices, ab Hoefchelio, Gr. & Lat. *ap. SanSland.* 1591
—— Ifocratis Exhortatio ad Demonicum, Græcé, *L.*
Bat. 1593 —— Agapetus Diaconus, Græcé, *Venet.* 1509 *θ - 10. 0*
—— Agapeti Scheda Regia, Gr. Lat. *compaß. in corio tur-*
cico, cum foliis deauratis, *Herb. Naff. ap. Corvinum,* 1605

2 — 3445 Joan. Varenius de Dialeêtis Græcis, per Hadrianum Ame-
rottum, *Par. ap. W.chel.* 1542 —— Guinterii Syntaxis *0 - 2. 0*
Græca, ———— *Lutet. ap. Ægid. Gomont.* 1527

3 — 3446 Hefiodi Opufcula, Gr. & Lat. cum Scholiis Ulpii Franek.
Frifii, addita eft antiqua Nic. Vallæ tranflatio; Item ac-
ceffit Ang. Politiani Rufticus, *Baf. ap. Mich. Ifing.* 1539 *0 - 3. 0*
Poemata Pythagoræ & Phocylidis Græca, cum duplici In-
terpretatione Viti Amberbachii, *Argent.* 1539 — Deleêtæ
quædam Græcæ Epiftolæ, Gr. & Lat. a Joach. Camerario,
Tubing. 1540 —— Procli Sphæra, Gr. & Lat. a Thoma
Linacro, *Argent.* 1539

1 — 3447 Claudius Mufambertius in Laurentii Ramirefii ad Martialem
hypomnena, 1607 —— Petri Fabri in Libros Academicos *0 - 1. 0*
Ciceronis Commentarius, *Par. ap. Morell,* 1611 —— Na-
talis Comitum de horis Liber; Ejufdem de Anno Libri;
Myrmicomyamachiæ Libri; Amatoriarum Elegiarum Libri; Ejufdem Elegiæ Sex, ———— *Venet.* 1550

2 - 6 3448 Nervæ & Trajani atque Adriani Vitæ ex Dione, Geo. Merula
Interprete; Ælius Spartianus; Julius Capitolinus; Lampri-
dius, &c. a Bapt. Egnatio, *Venet. ap. Ald.* 1519

3 3449 Thom. Magiftri Atticæ dialeêti, a Blancardo, *Franeq.* 1690
—— Rudd Syntaxis, Latiné & Anglicé. *Cantab.* 1700— *0. 2.6*
Labbe eruditæ Pronunciationis Catholici Indices, *Lond.*
1701 —— Rob. Stephani Alphabetum Græcam, *ap. Rob.*
Stephan. 1568 ——Paradigmata declinationum Græcaram,
Lond. 1632 —— Copping (Rob.) Doêtrina Accentuum,
Lond. 1636

7 — 3450 Gregorii Nyffeni ad Euftathiam, Ambrofiam & Bafiliffam E-
piftola, Gr. & Lat. ab Ifaaco Cafaubono, *Lutet. ap. Rob.*
Stephan. 1606——Gregorii Nazianzeni Definitiones Rerum *0 - 7. 0*
Simplices, Gr. & Lat. ad Hoefchelio, *compaß. ia corio tur-*
cico, cum folits deauratis, *ex Officina Mich. Mangeri,* 1599

1 3451 Theod. Gaza de Menfibus Atticis, Gr. Lat. a Joan. Perrel
interprete; Ejufdem interpretis de ratione Lunæ fecundum *0 - 1. 0*
Gazam; acceffit præterea Idem Theodori Libellus, *Bafil.*
1536 —— Jac. Ufferius de Macedonum & Afianorum Anno
folari, &c. ———— *Lond.* 1641

T

3452 Gre-

— ƒ— 3452 Gregorii Nazianzeni Tragœdia Chriftus Patiens, Græcé, *Rom.* 1542 —— Euripidis Electra, Gr. Lat. a Petro Victorio, 1546——De Sacris diebus Carmelitæ opus aureum, *Mediolan. ap. Calvum,* 1540

— ƒ— 3453 Pœtæ tres egregii ; Gratius de Venatione ; Ovidii Halieutica ; Olymp. Nemefiani Cynegeticon, &c. &c. *Ven. ap Ald.* 1534

— / — 3454 Ex Platonis Timæo particula, Ciceronis de Univerfitate Libro refpondens, *Baf.* —— Arati Phœnomena, Gr. & Lat. cum Ciceronis Interpretatione, & Perionii Obfervationes, *Bafil.*

3455 Alex. Bodii Epiftolæ Heroides, & Hymni ; Ejufdem Literarum primæ Curia. *Antv.* 1592——Gregorii Nazianzeni Arcana, cum Paraphrafi Græca ; Ejufdem Carmen contra Apolinarium, & quædam alia, a Dav. Hoefchelio, *L. Bat.* 1591

3456 ΑΡΙΘΜΟΛΟΓΙΑ ΗΟΙΚΥ cum Verfione Latina, a Joach. Camerario, *Lipf.* 1552 —— De Græcis Latinifque Numerorum Notis, &c. a Joach. Camerario. *Norimb.* 1557 —— Verfus Senarii de Analogiis ; Divifio puerilis Inftitutionis ; Graphica, & ipfa fenariis verfibus expofita, Gr. & Lat. a Joach. Camerario, *Lipf.* 1554—— Capita Pietatis & Religionis Chriftianæ verfibus Græcis comprehenfa, Gr. Lat. a Camerario, *Lipf.* 1555——Oratio Lycurgi contra Leocratem defertorium patriæ, Græcé, cum Præfatione Philo. Melanchonis *Witteb.* 1545

— / — 3457 Ariftæneti Epiftolæ, Gr. & Lat. *Par. ap. Marc. Orry,* 1594 ——Juliani Imp. Orationes Panegyricæ, Gr. & Lat. a Dion. Petavio, *Flexiæ,* 1614

— /. 6 3458 Nonnus in Johannem, Græcé, 1541 — Luciani Somnium, five Vita. Ejufdem Hercules Gallicus, Græcé, *ap. Joh. Tiletan,* 1536

— ƒ — 3459 Gregorii Nazianzeni Tragœdia Chriftus Patiens, Græcé, *Rom.* 1542——Nonnus in Johannem, Græcé, *Haganoæ,* 1527— Apolinarii Interpretatio Pfalmorum, verfibus Heroicis, Græcé, *ap. Joan. Benenatum,* 1590

— ƒ. 6 3460 Terentianus Maurus de Litteris, Syllabis, Pedibus & Metris ; Item, ejufdem Argumenti Marii Victorini de Orthographia, & Ratione Carminum, *ex Officina Sanctandreana,* 1576 —— Verepæi Præceptiones de Figuris feu de Tropis & Schematibus, *Colon.* 1590——Verepæi Præceptiones de Verborum & Rerum Copia, —— *Colon.* 1593

— ƒ— 3461 Alcinoi Philofophi ad Platonis Dogmata Introductio, Græcé, *Ven. ap. Aldum,* 1521 —— Apuleii Metamorphofes, five Lufus Afini ; Afclepii Trifmegifti Dialogus ; Ejufdem Apulei Liber de Dogmatis Platonicis ; Ejufdem Liber de Mundo, &c. &c. —— *Ven. ap. Ald. fine Anno,*

3462 Con-

4.9 3462 Conradus Gefnerus de differentiis Linguarum, *Tigur.* 1555 0-4-9
—Had. Junius de Anno & Menfibus, *Bafil.* 1553

1.6 3463 Terentius Varro de Lingua Latina, *ap. Seb. Gryph.* 1535—
Hadriani Junii Poëmata, *Lugdun.* 1598—Euripidis Hecuba 0-1.6
& Iphigenia, Latine, ab Erafmo, *Antv.* 1546 —— Euri-
pidis Electra nunc primum Latinitate donata, *fine Anno*
& Loco.

5-6 3464 Ariftotelis Oeconomica, Latiné, a Bern. Donato, *Par.* 1541
—— Lud. Vives, Erafmus, &c. de confcribendis Epiftolis, 0-5.6
ap. Seb. Gryph. 1542——Aulularia Plauti, cum Obfervatio-
nibus Gifb. Longolii & Erafmi, *Par.* 1537 — Veteratoris
Fabula in Latinum tranflata per Alex. Conibertum, *Par.*
ap. Colin. 1543—Probæ Falconiæ Opufculum e Virgilii carminibus, *Par. ap. Fran. Stephan.* 1543 —— Virgilii Ti-
tyrus Ecloga, Allegorica Interpretatione illuftrata, per Joan.
Bellofilium, *Par. ap. Colin.* 1543 —Julii Solini Polyhiftor.
Par. ap. Colin. 1533

12 3465 Virgilii Opera, *Venet. ap. Aldum,* 1527—Diverforum veterum
Poetarum in Priapum Lufus, *Venet. ap. Ald.* 1534 0-12-0

1-3 3466 Hefiodi Opera, Græcé, *Florent. ap. Junt.* 1515 —Theocriti
Opera omnia, Græcé, —— *Florent. ap. Junt.* 1515 1-3-0

6 6 3467 Plochiri Michaelis Poematium Dramaticum, Gr. & Lat. a
Fed. Morello, *Lutet. ap. Morell,* 1598 — Pauli Silentiarii
in Thermas Pythias & Aquarum Miracula, Carmen, Gr. & 0-6.6
Lat. a Fed. Morello, *Lutet. ap. Morell,* 1598 ——Tibulli
Elegia de Bello & Pace, a Fed Morello, Græc. Carm. reddita, item Poetarum veterum Græcorum Pacis Encomia, ab
eodem Morello, —— *Lutet ap. Morell,* 1598

1.9 3468 Gregorii Nazianzeni Epiftolæ felectæ, Gr. Lat. & Epigram- 0-1-9
mata ex Anthologia Græcorum, *Ingolftad.* 1599 —— Jo.
Climacus ad Paftorem, Gr. & Lat. a Math. Radero, *Aug.*
Vind. 1606

1-3— 3469 Mufæi Opufculum de Herone & Leandro, Græcé, *Par. ap.*
Wechel. 1548——Nicandri Alexipharmaca, Gr. & Lat. a Jo. 1-3-0
Gorræo, *compact. in corio turcico, cum foliis deauratis,* *Par.*
ap. Vafcofan, 1549

12 3470 Aretæus de Morborum caufis & Signis, & Curatione, Græcé,
Par. ap. Turneb. 1554—Ruffus Ephefius, Græcé, *compact. in* 0-12-0
corio turcico, cum foliis deauratis, *Par. ap. Turneb.* 1554

1 3471 Gratii Falifci Cynegeticon, cum Notis Thom. Johnfoni,
Lond. 1699 ——Thom. Johnfoni Græcorum Epigrammatum
Delectus, cum Notis, —— *Lond.* 1699 0-1-0

1 3472 Arnobius adverfus Gentes, *Baf. ap Froben.* 1546—Lactantii
Inftitutiones divinæ, a Studio Mich. Thomafii, *Antv. ap.* 0-1-0
Plant. 1570

1 3473 Epiftolæ Hippocratis, Democriti, Heracliti. Diogenis, Cra-
tetis, &c. *ex Officina Commelin.* 1601 —— Vavafloris de Li- 0-1-0
bello Suppcfitio, —— *Par.* 1653

3474 Fe-

3474 Feneftella de Magiftratibus Romanorum, *Par.* 1547 — De Re Veftiaria Libellus, ex Bayfio, *Par. ap. Rob. Steph.* 1541 ——Bayfius de Vafculis, *Par. ap. Rob. Steph.* 1536

— 2.6

3475 Dan. Heinfii Emendationes & Notæ in Theocritum, *ap. Commelin,* 1597 — Theocriti Europa, *and Cupid crucify'd, Gr. and Engl. with Notes,*

— / — 3476 Chryfoftomi (Sancti) Enarratio in Pfalmum centiffimum, & Homilia, Græcé, *Par. ap. Guillard.* 1555 —— Nectarii Archiep. Conftant. Oratio, & Chryfoftomi Orationes Sex, *Par.* — Divina Liturgia Evang. Marci, Gr. Lat. *compact. in corio turcico, cum foliis deauratis,* *Par.* 1583

— 4 3477 Sophoclis Tragædiæ, carmine Latino redditæ a Geo. Ratallero, *Antv.* 1570 — Hen. Stephani Annotationes in Sophoclem & Euripidem, ——— *ap. Hen. Steph.* 1568

— /. 3 3478 Excerptæ Hiftoriæ ex Ctefia, Agatharchide, Memnone; Appiani Iberica. Item de geftis Annibalis, Græcé, *ap. Hen. Stephan.* 1557 — Appiani Alexandrini Hifpanica & Annibalica, Latiné, · - ——— *ap. Hen. Stephan.* 1560

— 4 — 3480 Traité de la Conformité du Langage Francois avec le Grec, par Hen. Eftienne, *par. ap. Rob. Eftienne,* 1569 — De Verbis Anomalis Commentarius, —— *Par. ap. Morel.* 1558

— 3 — 3481 Profopeia Virtutum & Vitiorum, Græcis Iambicis fenariis ab Autore Incerto, Gr. Lat. a Fed. Morell, *Lutet. ap. Morel,* 1611 — Catonis difticha, Laberii, Syri, & aliorum veterum Sententiæ, Iambicis verfibus fingulis comprehenfæ, *Lutet. ap Rob. Stephan.* 1577

— / —. 3482 Gregorii Nyffæni de Euntibus Epiftola, Gr. Lat. Item de Peregrinationibus, & de Altaribus & Sacrificiis, cum Notis Molinæi, *Hanov.* 1607——Adricomii Defcriptio Hierofolymæ prout fuit tempore Chrifti, *Col. Agr.* 1597

— 2.3 3483 Lyfiæ Orationes, Gr. & Lat. a Joh. Vanderheido, *Marb. Catt.* 1683 — Joan. Schefferi Lectiones Academicæ, *Hamb.* 1675——Huetius de Interpretatione, *Stadæ,* 1670

— 8 6 3484 Nemefius de Natura Hominis, Græcé, *Antv. ap. Plantin.* 1565 — Actuarius de Actionibus & Affectibus Spiritus Animalis, Græcé, a Jac. Goupylo, *Par. ap. Mart. Juven.* 1557 —Oppianus de Pifcibus, Græcé, *Florent. ap. Junt.* 1515

— 7 — 3485 Liturgia Græca, *Lond.* 1638 — Novum Teftamentum Græcum, cum Notis Stephani, Scaligeri & Cafauboni, *compact. in corio turcico, cum foliis deaurat. & lineis rubris, Lond. ap. Whitak.* 1633

/. 4 — 3486 Hierocles de Providentia & Fato nunc primum Edit. ex Cod. Bibl. Medicea, per Fed. Morell, Gr. Lat. *Lut. ap. Morel,* 1597 —— Gregorii Cyprii Maris Laudatio, Gr. & Lat. *ap. Morel!,* 1597 —— Libanii Declamatio de Uxoris Loquacitate, Gr. & Lat. per Fed. Morellum, *Lutet. ap. Morell,* 1597

— Pro-

——Proverbiales Græcorum Verſus, Gr. & Lat. a Joſ. Scaligero, *ap. Morell*, 1594——Marcelli Sidetæ de Remediis ex
Piſcibus, Gr. Lat. a Fed. Morello, *ap. Morell*, 1591 — Jo.
Geometræ Hortus Epigrammatum Græc. Moralium, *ap.*
Morell, 1595—Jo. Geometræ Paradiſus & Hymni, Gr. Lat.
ap. Morell, 1597—Clementis Alex. Hymni, Gr. Lat. a Fed.
Morello, *Lutet. ap. Morell*, 1598 —— Pauli Silentarii Car-
men in Thermas Pythias, Gr. Lat. a-Fed. Morell, *Lutet.*
ap. Morell, 1598—— Ezekielis Tragœdia, Gr. & Lat. *Par.*
ap. Prevoſt, 1590 —— Theodorus Prodromus de Sapientia,
Gr. Lat. a Fed. Morello, *Lutet. ap. Morell, ſine Anno* ——
Theophili Alexand. Diſſertatio pia, Gr. Lat. a Fed. Morello
Lutet. ap. Morell, 1608

3487 Anonymi Gr. Oratio Funebris in Imp. Conſtantini Jun. Gr.
& Lat. *Lutet. ap. Morel.* 1616 — De Numerorum Hiſtoria,
Gr. Lat. a Fed. Morello, *ap. Morel*, 1609— Nic. Smyrnæi
Numerorum Notationis per Geſtum digitorum, Gr. Lat. a
Lellio Ruini, & Beda de Indigitatione, *Par. ap. Morel.* 1614
——Carmen Gr. Iamographi in divam barbaram Virginem
& Martyrem, Gr. Lat. a Fed. Morello, *Par. ap. Morel,* 1614
—— Menandri & Philiſtionis Sententiæ comparatæ, a Nic.
Morello, *Lut. ap. Morel*, 1614——Joan. Tzetzæ Allegoriæ
Morales, Gr. Lat. a Fed. Morello, *Lut. ap. Morel*, 16.6—
Severi Alexandrini Morales Fictiones Heroum, Gr. Lat. a
Fed. Morello, *compact. in corio turcico, cum foliis deauratis,*
Lutet. ap. Morel, 1616

3488 Sententiæ & Regulæ Vitæ ex Greg. Nazianzeni Scriptis; E-
juſdem Iambi aliquot, Græcè, *Antv. ap. Plantin.* 1567 —
S. Greg. Nazianzeni Arcana, Græcè, *Lug. Bat. ap. Plant.*
1591 —— Nili Epiſcopi Præceptiones Sententioſæ, Græcè,
compact. in corio turcico, foliis deauratis, cum lineis rubris,
Lug. Bat. ap. Plant. 1590

3490 Hadr. Junii Emblemata, *cum figuris, Antv. ap. Plantin,* 1565
——Varennii Syntaxis Linguæ Græcæ, *Lugdun.* 1558——
Sententiæ ſingulis verſibus contentæ ex diverſis Poeſis, *Par.*
ap. Rob. Steph. 1566——Galeni Exhortatio ad bonas Artes,
Par. 1526 —— Traicté de la bonne & mauvaiſe Langue,
par Jeam. de Marconville, *Par.* 1573—— Les Plaiſirs de
la Vie Ruſtique, par le S. de Pyla, &c. &c. *Par. ap.*
Morell. 1574

3491 Philonis Judæi Opuſcula tria, Græcè, ab Dav. Hoeſchelio,
Francf. ap. Wechel. 1587 — Sancti Hilarii ex Opere hiſtorico
Fragmenta, ex Bibl. Petri Pythæi, Ejuſdem Pithæi Vita,
Par. ex Officina Plant. 1598

3492 Chryſoloræ Græcæ Grammaticæ Inſtitutiones, *Par. ap Wechel.*
1539 —— Alphabetum Græcum, cum Bezæ Scholia, *ap.*
Rob. Steph. 1554—Rudimenta Joan. Deſpauterii, *Par. ap.*
Rob. Steph. 1583

3493 Græco-

2 — 3493 Græcorum veterum Selectæ Epistolæ, Gr. Lat. *Par. ap. Morel* 1562——De Formulis Colloquiorum Libellus, Græcé, *Par. ap. Guil. Morel,* 1561 — Epiſtre du Livre des Finitions de Medicine, —————— —————— 1564

3.6 3494 Anthologia five Epigrammatum Græcorum ex MS. Bodleiana, aliiſque Autoribus Delectus, Græcé, *Oxon.* 1724—— Poetarum Græcorum Minorum Delectus, Græcé, *ib.*1725 ——Tres Tragœdiæ Græcæ, *Oxon.* 1725

5 — 3495 Pindari Opera, Gr. & Lat. ab Æmylio Porto, *ap. Commelin.* 1598 — Sophoclis Tragœdiæ, Gr. Lat. a Vito Winſemio, cum Notis Gul. Canteri *Heidelb. ap. Commelin.* 1597

1 — 3496 Muſcipula, *Lond.* 1709—Hoglandiæ Deſcriptio, *Lond.* 1709 — Rob. South. Muſica Incantans, *cum multis aliis,*

2-3 3497 Pomp. Mela ; Solini Polyhiſtor ; Procli Sphæra ; Cleomedes de Mundo, Arati Phœnomena, &c. &c. Gr. Lat. 2 vol. *Baſ.* 1595

4 — 3498 Sibyllina Oracula, Græcé, *Baſil. ap. Oporin.* 1545——Aſtrologiæ Encomia, *exemplar elegant. cum foliis deaurat. Par. ap. Wechel,* 1549

1 — 3499 Herculis Franciſci Dandini Oratio & Carmina, *Padoua,* 1732 ——*Poeſe Toſcane, comp. in corio turcico, ib.* 1732

1.9 3500 Sim. Portius de Coloribus, *Florent. ap. Torrent.* 1548 —Ejuſdem de Mente humana Diſputatio, *ib. ib.* 1551——Theophraſtus de Odoribus, Latiné, ab Adr. Turnebo, *chart. max.* *Lutet. ap. Vaſcoſan,* 1556

Cont 3501 Jac. Zeigler Landavus de Solidæ Sphæræ Conſtructione —— Proclus de Sphæra —— Hemicyclium Beroſi —Aratus de Siderum Natura & Motu, cum Comment. Theonis Planiſphærium Ptolomæi & Jordani, Gr. & Lat. a Valdero, —————— —————— 1536

12.6 3502 Heſiodi Opera, Gr. & Lat. *Par. ap. Libert,* 1628 —Theocriti, Simmiæ, Moſchi & Bionis Idyllia, Gr. & Lat. *liber rariſſ. Par. ap. Libert,* 1627

1 — 3503 Joan. Aurati Monodia Tragica Martialis Campani Medici é Latronum Manibus divinitus Liberata, *Par. ap. Benenat.*1576

6 3504 Athenagoræ Opera, *Oxon.* 1682 —— Neophytus de Conſeſſione, *Græco-Modern. Oxon.* 1630 —— In eodem Ductio peccatorum tranſlata Græce, *Rom.*1628

5 — 3505 Theophylacti Simocatti Quæſtiones Phyſicæ & Epiſtolæ, & Caſſii Quæſtiones Medicæ, & Propoſitiones de Animalibus, Græcé, *compact. in corio turcico, cum foliis deauratis, Lug. Bat.* 1596

1. 2 — 3506 Apollonius Alexandrinus de Conſtructione, Græcé, *Dionyſiæ, ap. Hieron. Gormont.* 1535—Plutarchi Apophthegmata Laconica, *compact. in corio turcico, ac foliis deauratis, Par.* 1530

QUARTO.

Various Tracts, bound together. Q U A R T O.

3507 Wife's further Observations upon the White Horse and other Antiquities in Berkshire, 1742——Wife's Letter to Dr. Mead on some Antiquities in Berkshire, *Oxf.*1737— Answer to a Libel entitled the Impertinence of Modern Antiquaries display'd, —————— 1741

3508 Orders for the better Government of St. Bartholomew's Hospital, 1652 — Discourse of the Laudable Customs of London, 1652 — Rules and Orders of the Company of Stationers, 1678—Letters relating to the College of Physicians, and Account of its Foundation, 1688 ——— Charters granted to the Apothecaries, 1695 ——— Proceedings of the College of Physicians, 1697——— The Examination and Arraignment of the late Witches, 1645 — Account of the Rise and Growth of the West-India Colonies, 1690——Gul. Drummondi Carmen Macaronicum, accedit Jacobi Regis Scotorum Cantilena Rustica vulgo inscripta *Christ's Kirk on the Green*, and other Tracts, *Oxon.* 1691

3509 Akenside's Pleasures of Imagination, 1744—Antonii Alsopi Odæ, —————— *Lond.* 1752

3510 Randolph's Present State of the Morea, 1686 ——— Relation of the taking of the City of Babylon by the Turke, —————— 1639

Authores Varii simul compact. Q U A R T O.

3511 Eisenbach Ipigenes de Poesi Orphica, *Norib.* ——— Bircherodii Platonis Timæus, *Altd. Nor.*1683———Kirchmajeri Dissert. de Argonautarum Expeditione, *Witteb.* 1685

3512 Richardi Sampsonis Oratio. *Lond. ap. Berthelet*— Stephani (Winton Episcopi) de vera Obedientia Oratio, *ib.*1535 —Ejusdem ad Mart. Bucerum Epistola, *Lovan.* 1546 — Chrysostomi Homiliæ, Gr. & Lat. *Lond.* 1543 — Joan. Redmanus Anglus de Justificatione, *Antv.* 1555 — Joan. White Diacosio-Martyrion, *Lond. ap. Rob. Caluai,* 1553 ———Joan. Checi Epistolæ de Obitu Martini Buceri, Item Epigrammata *Lond.* 1551——— Humfredi Oratio ad Reg. Elizabetham in Aula Woodstochiensi, Sept. 11, 1575, *Lond.* 1575——— Overtoni (Guil.) Lichfieldiensis Episcop. Oratio, *Oxon.*1601

3513 Vocabula, & Parvulorum Institutio Magistri Stanbrigi, *emprynted by Rich. Pynson,* & Miscellanea Grammatica, ca, a Whittyntono, &c. *printed by Pynson, and Wind. de Worde,*

3514 Muſarum Cantab. Luctus & Gratulatio in Funere Oliveri Protectoris & de Succeſſione Ricardi, *Cantab.*1638—Preſp. Martingenii Poemata Græca & Latina, *Rom.*1582—Ejuſdem Theotocodia, *Rom.* 1583—Hadr. Amerotii Compendium Græcæ Grammatices, ———— *Lovan.*1532

3515 Aleandri (Hieron.) Grammatica Græca, *Colon.* 1519 — Richardi Croci Britanni Introductio in Rudimenta Græca, *Colon.* 1520

3516 Procli Sphæra, &c. Gr. Lat. a Bainbridge, *Lond.*1620— Angelus (Chriſt.) de Inſtitutis Græcorum, Gr. Lat. *Cantab.* 1619—Stafforde's Geographical and Anthological Deſcription of the World, ———— *Lond.* 1618

3517 Sam. Biſpa de Pleuritide, *L. Bat.*1623 — Schenckii Lithogeneſia, *Francf.* 1608 — Paul. Lentulus de Puella Bernenfi, de Puella Spirenſi, &c. *Bern. Helv.*1604 —Codronchius de Morbis Vulgaribus, *Bonon.* 1603—Edw. Greaves Oratio Harveiana, *Lond.* 1667

3518 Nic. Cabaſilæ Oratio contra Fænexatores, Græcé, ab Dav. Hoeſchelio, *Aug. Vind.*1595—Appiani Illyrica, Græcé, ab Hoeſchelio, ———— *ib.*1599

3519 Heliodori Optica, Gr. Lat. a Lindenbrogo, 1610 — Ariſtarchus de Magnitudinibus & Diſtantiis Solis & Lunæ, Latine, a Commandino, *Piſaur.*157z

3520 Feneſtella de Romanorum Magiſtratibus, EDITIO PRINCEPS, *Florent.*1478— Plinius Junior de Roma, EDIT. PRINCEPS, *compact. in corio turcice,* *Rom.*1475

3521 Procli Sphæra & Ptolomæi Hypotheſes, Gr. Lat. a Bainbridge, *Lond.*1620—Joannes (Archiepiſc. Cantuarenſis) Perſpectiva Communis, ———— *Colon.*159z

3523 Cleomedis Meteora, Græcé, *Par.* 1539 —— Henr. Glareani Geographia, ———— 1549

3524 Plutarchi Apopthegmata, Græcé, *Lovan.*1621—Ariſtophanis Equites, Græcé, *Oxon.* 1593

3525 Demoſthenis Orationes contra Philippum, Græcé, *Lutet.* 1531 —— Æſchinis & Demoſthenis Orationes adverſariæ, Græcé, *Par. ap. Wechel.* 1531 —— Sophoclis Oedipus, Græcé, *Lovan.* 1550 — Heſiodi Opera & Dies, Græcé, *Lovan.* 1551 — Chryſoſtomus de Orando Deum, Græcé, *Lovan.*1531——Ghiſtelii (Corn.) Carmen de Immolatione Iphigeniæ, ———— *Aniv.*1559

3526 Chryſoſtomus (Sanctus) de divina Miſſa, Græcé, *Rom.* 1526 —— Nonni Evangelia S. Joannis, Græcé, *Romæ,* 1526

3527 Iſocratis duæ Orationes, de Pace, altera Archidamus, a Johan. Poſſelio, *Roſtoch.* 1582 —— Prodici Hercules ex Xenophonte, acceſſerunt Nazianzeni & Nili Epiſcopi Poemata

mata pauca, Gr. & Lat *Brunſv.*1614——Homeri Ilias
Lib. 1. Græcé, ————— *Roſtoch.*1586.

3528 Gabr. Harveii Gratulationum Valdinenſium Libri, ad Reg.
Elizabetham, &c. *Lond.*1578 ——— *The Joyfull Receyving
of the Queen's Majeſtie into her Highneſs Citie of Nor-
wich : The Things done in the Time of hir Abode there :
And the Dolor of the Citie at hir Departure*, by Sir Rob.
Wood, Maior of the ſame Citie, *Lond. printed by Bin-
neman,* 1578

3529 Ovidii Epiſtolæ nec non Sabini Vetuſti Poetæ Reſponſiones,
*Par.*1509——Bapt Mantuani Bucolica, *Par.*1556

3530 Computus Græcorum de Solemnitate Paſchatis celebrand. ab
Iſ. Argyro, *Heidelb.*1611—Theod. Skuminowicz (Epiſcop.)
Epiſtola Paſchalis, ————— *Dantiſc.* 1659

3531 Anacreon, Gr. Lat. *Lutet. ap. Henr. Stephan.* 1554 ——
Heſiodi Opera, Gr. & Lat *Par. ap. Bogard.* 1544 ——
Jani Laſcari Rhyndaceni Epigrammata, Gr. Lat. *Par.
ap. Bogard.* 1544—Epicteti Enchiridion, Gr. Lat. *exemplaria
elegant. ac foliis deauratis,* *Par. ap. Juven.* 1552

3532 Apolloni Dyſcoli Alexandrini Hiſtoriæ Commentitiæ Liber,
Gr. & Lat. a Meurſio, *L. Bat. Elz.* 1620 ——— Phlegon
Trallianus de Rebus Mirabilibus, Gr. Lat. a Meurſio,
*L Bat.*1620— Antigonii Caryſtii Hiſtoriarum Mirabilium,
Collect. a Meurſio, *L. Bat.*1619—Procopius Gaza in Libros
Regum, &c. ———— ———— *L. Bat.*1620

3533 Geographica Antiqua, Gr. Lat. a Gronovio, *Lug. Bat.*1697
——— Philippi Cyprii Chronicon Eccleſiæ Græcæ, acce-
dit Chriſt. Angelus de Statu Hodiernorum Græcorum,
*Franeq.*1679

3534 Laſcaris Erotemata, Gr. & Lat. *Venet. ap. Ald.*1594
De· Literis Græcis & Diphthongis, &c. *Hagenoæ,* ———
Cicero de Fato, *Lutet. ap. Vaſcoſan.* 1554 — Turnebi
Diſputatio ad Lib. Ciceronis de Fato, *Lutet. ap. Vaſcoſan.* 1556 ——— Leodegarii a Quercu Reſponſio ad Au-
domari Talæ Admonitionem, *ib. ib.* 1556 ——— Gal-
landii contra novam Academiam Petri Rami Oratio,
ib. ib. 1651

3535 Gregorii Nazianzeni Opuſcula, Gr. Lat. *Ven. ap. Ald.*1504
—Nonni Evangelium S. Johannis, *Græcé, compact. in corio
turcico, cum foliis deauratis,* ————— *ib. ib.*1504

3536 Schrogelii (Georgii) Elegia in Antverpiam, Græcé, *Antv.
ap. Plantin.* 1565 — Dan. Rogeri de Laudibus Antverpiæ
Oda, *compact. in corio turcico, cum lineis rubris,* *Antv.
ap. Plant.* 1565

3537 Batrachomiomachia Homeri Philymno Interprete, Gr. &
Lat. *liber rariſſima, ſive Accentibus impreſſus,* 1513——

U   Didacus

Didacus de Benavides in Laudem Phil. de Guzman —
Virg. Cæfarini Elegia, *Rom.* 1623 —— Aquæ Felices a
Guil. Blanco, & novem alii Tractatus Poetici, ab Italicis
Poetis, &c. &c.

— 1. 6 3538 Procli Hypotypofis Aftronomicarum pofitionum, Græcé,
Baf. 1540—Orphei Argonautica, Gr. Lat. *Baf.* 1523—Gre-
gorii Nazianzeni in Julianum Imp. Invectiva prior, Græcé,
Par. ap. Wechel. 1531

— 2 — 3539 Nicolai Cabafilæ Oratio contra fænatores, Græcé, Dav.
Hoefchelio edit. *Aug. Vind.* 1595 —— Phrynici Ecloga
Dictionum Atticarum, Gr. & Lat. cum Notis Hoefchelii,
Aug. Vind. 1601

— 1 — 3540 Galeni Paraphrafis in Menodoti Exhortationem ad Artes, Gr.
& Lat. cum Jamotii Annotat. *Lutet. ap. Morel,* 1583—Hippocrates de curandis Luxatis, Græcé, *ib. ib.* 1678

— 1. 9 3541 Nic. Rigaltii Gloffarium tacticum Græco-Barbarum, *Lutet.*
ap. Morel. 1601 —— Biberii Funus Parafiticum, a Rigaltio, *ib. ib.* 1601 —— Libanii Parafitus, Gr. & Lat.
ib. ib. 1601

1. 16 — 3542 Prudentii Opera, EDITIO PRINCEPS, *Venet. ap. Ald.* 1501—
grH. Joan. Damafceni Opera varia, &c. &c. *compact. in corio*
turcico, cum foliis deauratis,

— 1 — 3543 Mead (Sam.) Oratio pro Populo Anglicano, *Traj. Rhen.*
1689 —— Thomafii Oratio funebris in Mariam Regi-
nam, *ib. ib.* 1695 — Charletoni Oratio Harveiana. &c. &c.
Lond. 1704

— 4 — 3544 De Nihilo Hecatodia, *Par.* 1562 — Leonis Allatii Hellas
in Natales Delphini, *Rom.* 1642 — Jac. Bracellii Lucubrationes, *Par.* 1520 —— Minucius Fælix, ab Heraldo,
Par. 1613—Aphthonii Sophiftæ Præludia, Græcé, *Par. ap.*
Wechel. 1559 — Petronii Arbitri Epigrammata, a Bineto,
Pictav. 1579——Cragius de Republica Lacedæmoniorum,
ap. Santandrum, 1593

— 10. 6 3545 Virgilii Pollio, Gr. & Lat. ab Eufebio Pamphilo, *Lut.*
ab. Morel, 1583 —— Empedoclis Sphæra, Gr. & Lat.
ib. ib. 1586 —— Valerii Catulli Carmen Nuptiale, *ib.*
ib. 1587

— 10. 6 3546 Hefiodus, Græcé, *Lutet. ap. Benenat.* 1567— Euripidis Hecuba, Gr. & Lat. ab Erafmo, —— *Par. ap. Morel,* 1560

— 3. 6 3547 Demofthenis Dicta Sapientum, Græcé, *Par. ap. Bogard.*
1540 —— Hefiodi Opera & Dies, Gr. Lat. *Par. ap.*
Morel, 1556

— 5. 6 3548 Epigrammata in Imagines Imperatorum. Gr. Lat. a Morello, & Infcriptio Græca in Via Appia - Effoffa, quæ
Dedicationem fundi continet, ab Herode Rege factum,
a Fed. Morello, *ap. Morel.* 1607 —— Zoroaftris Oracula Heroica, Gr. & Lat. a Morello, *ib. ib.* 1597
——Pauli Silentiarii Carmen in Thermas Pythias & a qua-
rum

rum Miracula, Gr. Lat. a Fed. Morello, *Lutet. ap.*
Morel, 1598

3549 Frid. Chriſtius de Phædro Ejuſque Fabulis, *Lipſ.* 1746 —
Waltherus de primis Aſiæ Monarchiis, *Torgav.* —— *Pa-*
ciaudi Oſſervazioni ſopra alcune Singolari e ſtrane Medaglie,
Napol. 1748

3550 Hippocrates de Genitura, & de Natura Pueri, Gr. & Lat.
a Jo. Gorræo, *Par. ap. Vaſcoſan,* 1545 —— Galenus de
Oſſibus, Græcé, ——— *Par. ap. Vaſcoſan,* 1543

3551 Æliani Spartiani Severus, *Par. ap. Prevoſteau,* 1605 ——
Catonis Suaſio & Diſſuaſio, *Par. ap. Pautonnier,* 1604.
—— Narratio de Accuſatione & Morte Bareæ Sorani &
Pæti Thraſeæ, ex Tacito, *Par. ap. Prevoſteau,* 1605 —
Sphæra paucis & elegantibus Verſibus comprehenſa ex
Manilio, *ib. ib.* 1604 —— Juvenalis Satyra, xvɪ. Vir-
gilii Æneidos, Lib. ɪ. *Par. ap. David.* 1548 —— Ejuſdem
Bucólica, cum Scholiis Melanſthonis, *Par. ap. Richard.*
1561 — Martialis Epigrammatum, Lib. 8. *Par. ap. Da-*
vid, 1548 —— Ovidii Faſtorum, Lib. ɪ. *Par. ap. Da-*
vid, 1549

3552 Kyriacus Stroza de Republica, Græcé, *Florent ap. Junt.*
1562— Fabri Pibrachii Tetraſticha Græcis & Latinis verſibus expreſſa, Authore Florente Chriſtiano, *ap. Morel,* 1584.
——Ejuſdem Præcepta Moralia, Gr. & Lat. a Prevotio,
Lutet. ap Morel, 1584

3553 Sophoclis Tragedia Philoſtetes, Gr. Lat. *Lut. ap. Morel,*
1586 —— Minoei Commentarius in Auſonii Gryphum
ternarii numeri, *Par.* 1574— Auſonii Griphus Numeri
Ternarii, Ejuſdem Paraphraſis Græcis Verſibus expreſſa, a
Fed. Morello, *Lut. ap. Morel,* 1603—Metaphraſtæ Gr. Doc-
torum de Salutis noſtræ Myſterio, &c. Gr. Lat. *ib. ib.* 1600
—Hymne d'Alexandre le Grand, *Gr. & Fran.* par Duchat,
Par. ap. Libert. 1524—Yvonis Duchatii Carmen & Hymnus,
Gr. & Lat.

3554 Ex Herodiani Hiſtoriis Conciones, Græcé, *Par. ap. Pre-*
voſteau, 1604 —— Thucydidis Olorii Filii Scriptionis Hiſto-
ricæ Accuratioris Præmium, Græcé, *ib. ib.* 1601 ——
Ex ſecundo Thucydidis Libro, Periclis funebris Laudatio eorum qui in bello Occubuerant, Græcé, *ib. ib.* 1605
——Plutarchus de Cupiditate Divitiarum, Græcé, *Par.*
ap. Prevoſteau, 1605

3555 Mortimer (Cromwell) de Ingreſſu Humorum in Corpus Hu-
manum, *Lug. Bat.* 1724—Le Mecaniſme du Fluteur Au-
tomate, par Vaucanſon, ——— *Par.* 1738

3556 Hoadley on Reſpiration—Nicholls Compendium Anatomico-
Oeconomicum, *Lond.* 1738 —— Warren de Uſu & Abu-
ſu Corticis, *Cantab.* 1729 —— Novem Orationes Harveia-
næ, &c. &c.

3557 Æſchi-

— 8. 6 3557 Æschinis & Demosthenis contrariæ Orationes in Ctesiphontem, & pro Corona, Joach. Perionio interprete, *Lutet. ap. Vascosan*, 1554 —— Plutarchus de Oraculorum Defectu, ab Andr. Turnebo Latinitate donatus, *Lut. ap. Vasco-san*, 1556

— .13 — 3558 Sapphus Fragmenta & Elogia, Gr. Lat. a Wolfio, *Hamb.* 1733 —— Poetriarum Octo, Gr. & Lat. a Wolfio, *ib.* 1738

— 17 — 3559 Homeri Ranarum & Murium Pugna, Græcé, *Lutet. ap. Morel*, 1580 —— Anthologia varia Epigrammatum, *ap. Morel*, 1551

— 2. 6 3560 Demosthenis Olynthiacæ Orationes tres, Græcé, *ap. Joan. Lertout*, 1581 —— Epictetus, Græcé, *Par. ap. Brumennium*, 1566 —— Porphyrii Isagoge, Græcé, ' *Par. ap. Wechel.* 1547

— 14 — 3561 Homeri Iliados Libri quidam, Græcé——Nonnus in Sanctum Joannem, *Par. ap. Prevosteau*, 1605 —— Excerpta ex Anthologia Martiale & Theocrito quædam, *ib. ib.* 1606

— 11 — 3562 Gregorii Palamæ Orationes, Gr. Lat. *Par. ap. Turneb.* 1553 —— Plutarchus de Virtute & Malo, Græcé, —— Plato de Legibus —— Pselli Arithmetices Compendium, Græcé, *Par. ap. Wechel.* 1538 — Lucianus de Calumnia, Græcé, *ib. ib.* 1558

Varii Authores simul compact. **F O L I O.**

— 5 — 3563 Corn. Celsus de Re Medica, *Par. ap. Wechel.* 1529 —— Scribonius Largus de Compositione Medicamentorum, *Par.* 1528 —— Galenus de Plenitudine, Joan. Andernaco interprete; Apuleius de Herbarum Virtutibus; Ant. Benivenius de abditis Morborum Causis, *Par. ap. Wechel.* 1528

— 2. 6 3564 Hipparchi Bithyni in Arati & Eudoxi Phænomena, Græcé, *Florent. ap. Junt.* 1569 —— Munsteri (Seb.) Rudimenta Mathematica, *Bas.* 1551 —— Fed. Delphinus de Fluxu & Refluxu Aquæ Maris, & de Motu Sphæræ, *Venet.* 1559

— 3. 6 3565 Viccars (Joan.) Decapla in Psalmos ex decem Linguis, antiquis Patribus, Rabbinicis Historicis & Poetis, *Lond.* 1639—Rodolph, Baynus in Proverbia Salomonis, *compact. in corio,* russico, *Par. ap. Vascosan,*1555

L I B R I

LIBRI OMISSI.

5 – 3566 Arithmetica. Juſſu Magni Petri Imperatoris Ruſſiæ; Auctore Leontio Makniĉto, *liber rariſſ.* Folio, *Moſkuæ*, 1703

3..6 3567 *Liber in Linguam Armenicam.* Quarto.

2 3 – 3568 *Preces, Liber Perſicé & Arabicé*, Duodecimo.

1. 8 3569 A large Folio Book, *bound in turkey leather, with vellum leaves,*

a..2 3570 A ditto, *bound in Morocco, with vellum leaves, and ſilver claſps and corners,*

Dua Marmora Antiqua.

1. TABULA MARMOREA ANAGLYPHICA, exhibens Xantippum celeberrimum Imperatorem qui Spartanas Copias ad Auxilium Carthaginenſium contra Romanos duxit & feliciter toties dimicavit. —— Exhibens ſedens, dextra extenſa porrigit PEDEM votivum ſcilicet piaculum Diis ob Vulnus hac parte corporis felicitur Sanatum. Supra caput inſcribitur ΞΑΝΘΙΠΠΟΣ. Alta tres fere pedes, lata unum cum dimidio,

2. TABULA ALTERA MARMOREA ROTUNDA cujus Diameter duos pedes cum dimidio paulum ſuperat—Inſignitur nominibus Epheborum qui ex ſingulis Tribubus Selecti, in Gymnaſiarchum Athenienſe aſcripti erant; Exemplar Inſcriptionis ſed minus Accuratum videre licet apud Corſinum in Faſtis ſuis Atticis, Vol. IV. Prolegomena, P. IX.

F I N I S

A few Catalogues being left printed on ROYAL
PAPER, of

The fine Library of MARTIN FOLKES, Efq;
Prefident of the Royal Society, may be had Price
2s. 6d.

Alfo of the elegant Library of GENERAL
DORMER, Price 2s.

Of S. BAKER and G. LEIGH.

John Martin Efq Harcourt – Worcʳˢʰ

	£	
de Bure	500	come for 1500
The King	800	
Jo Hunter	500	
Mr Mason	150	
Mr Cracherode	150	

BIBLIOTHECA ASKEVIANA MANU SCRIPTA.

SIVE

Catalogus Librorum Manuscriptorum

ANTONII ASKEW, M. D.

His adduntur, ex eâdem Bibliothecâ,

AUCTORES CLASSICI,

In quorum marginibus scriptæ sunt, suis ipsorum manibus, doctissimorum virorum notæ atque observationes, nempe Bentleii magni, Chandleri, Chishulli, Joannis Taylori, Antonii Askæi, aliorum.

Horum omnium publicè fiet Auctio,

Apud G. LEIGH & J. SOTHEBY,

In Vico vulgò dicto, *York Street, Covent Garden,* LONDINI.

Die Lunæ, *Martii* septimo, M.DCC.LXXXV. & octo diebus proximé sequentibus, die Domin. excepto.

CATOLOGI VENUNDANTUR APUD BIBLIOPOLAS *Londini;* *Leigh & Sotheby,* York Street, Covent Garden; *Dodsley, Pall Mall; Robson, Bond Street; Walter, Charing Cross; Owen, Temple Bar; Sewell, Cornhill;* & A PARIS CHEZ *P. T. Barrois, Lejeune;* ET LEYDEN CHEZ *J. & S. Luchtmans.*

THE name of the late Dr. Afkew, and his fplendid Collections of ANCIENT MANU-SCRIPTS and printed Books have been fo long and fo well known to the Learned, in every part of Europe, that a Preface feems almoft unne-ceffary. Yet we cannot permit this Catalogue of the *only part* of this extenfive and valuable library, which remains unfold, to appear, with-out acquainting the Public, that *private motives alone* have delayed the fale of the manufcripts for fo long a period of years. It is incumbent on us to make this circumftance known, left it fhould be fuppofed, that this fine Collection has either been diminifhed, or received any addi-tions, fince the death of the Doctor.

Of the printed Books, with marginal notes, the greater part was a legacy from Dr. Taylor, the Editor of Lyfias and Demofthenes, to Dr. Afkew.

The Manufcript marginal notes and obferva-tions, which thefe Books exhibit, are the pro-duction of feveral moft eminent Scholars. A-

mong

mong them, the curious obferver will trace the hand writing of *Gale, Bentley, Needham, Waffe, Chifhull, Chandler, Waterland, Harris of Salifbury, Afkew, Ifaac Cafaubon, Henry Stephens, and others.* Thofe Books in which remarks and various readings have been written by the celebrated Dr. *Taylor*, are too numerous to be pointed out *here*; but it muft be remarked, that his name has been mentioned in this Catalogue, only where the marginal notes were very numerous.

The difficulties, which attended the compiling of this Catalogue may be eafily conceived. It is hoped, they may be pleaded in excufe of its errors. Some time was fpent in the completion of it, and no neceffary labour was fpared. Short as it is, therefore, thefe circumftances, we truft will be confidered as a fufficient apology for its price.

York Street,
Auguft 9, 1784.   LEIGH and SOTHEBY.

CONDITIONS of SALE.

1ft, THAT the Perfon who bids moft is the Buyer; but if any Difpute arifes, the Lot or Lots be put up to fale again.

2d, That no Perfon advance lefs than Six-pence each Bidding, and after the Lot arifes to One Pound, not lefs than One Shilling.

3d, That each Perfon give in his Name, and pay Five Shillings in the Pound (if demanded) for what he buys; and that no Lot be delivered in Time of felling, unlefs firft paid for.

4th, The Lots muft be taken away at the Buyer's Expence, and the Money paid at the Place of Sale, within three Days after the Sale is ended.

Any Noblemen or Gentlemen who cannot at-tend the Sale, may have their Commiffions faithfully executed,

By their moft humble Servants,

LEIGH,
AND
SOTHEBY.

PRINTED BOOKS,

With Manuscript Notes.

First Day's Sale, *Monday, March 7.*

Lot

1. 15. 6. 1 AMES's History of Printing, *interleaved, ruſſia,* 2 vol. 4to. ———— 1749

1. 6. 0 2 Holy Bible, *interleaved with MS. Notes by Dr. Water-land, morocco,* 2 vol. 4to. *Gofih*

··· 4. -- 3 Blackwall's Sacred Claſſicks; 2 vol. 4to. 1725 *Todrill*

. -- 2. 6 4 Part of Camden's Británnia, Maps, Manuſcript and printed Papers relating to the Hiſtory of Shropſhire, Fol. *Minth*

. -- 15. 6 5 Catalogue of Mr. Maittaire's Library, *with Prices,* 2 vol. 8vo. ——— ——— 1748 *Gough*

. -- 1. 6 6 Corry's Reflections on Liberty and Neceſſity, 8vo. 1761 *Sims*

. -- 1 -- 7 Eſton's *Liber Valorum,* 8vo. ——— 1723 *Gough*

5. 6 8 Ferriere's Hiſtory of the Civil Law, 8vo. 1724 *L.*

. -- 9 Dr. Mead's Original Gatalogue of Books, 5 vol. 4to.

. -- 0. 6 10 Minſhew's Dictionary of nine Languages, *with MS. Notes by Dean Wren,* Fol. ——— 1625 *Dr. Sims Aſtle*

. -- 12. 11 Palmer's Hiſtory of Printing, 4to. ——— 1733 *Gough*

2. 5. 0 12 Pierce Plowman's Viſion, *interleaved with MS. Notes, by Dr. Taylor,* 4to. ——— 1561 *Do*

2. 6. 0 13 Another Copy, *interleaved with MS. Notes,* 2 vol. 4to. 1550

. -- 11. 6 14 Another Copy, 4to. ——— 1550 *Maſon*

15 Seller's

B

0. 9. 0

2. .. 15 Seller's Antiquities of Palmyra, 8vo.   ——   1696 *Pling*

~ 2 ... 16 Somner's Roman Ports and Forts, by Kennet, 8vo. *D. Farm*
                                     Oxon. 1693

2. 5. 0 17 Taylor's Elements of Civil Law, *interleaved with MS* *Woodhed*
      Notes by Dr. *Taylor*, 4to.   ——   Camb.

4. 6 18 Theophraſtus's Hiſtory of Stones, by Dr. Hill, 8vo. *M. Wood*
                                              1746

--- 5. 6 19 Achilles Tatius — Longus — Parthenius, Gr. Lat. *D.*
      interfol. 2 tom. 12mo.   —   ap. Comelin. 1601

1. 3. 0. 20 Æſchyli Tragœdiæ, *Græcé, cum Notis MS. Cel. Aſkæi*, *D. Farm*

1. 1. 0 21 12mo.   ——— —   ap. Plant. 1580
          —— Tragœdiæ, *Græcé, Magni Bentleii manu nota-* *D.*
      tum, 12mo.   ———   ap. Plant. 1580

1. 5. 0 22 —— Tragœdiæ, *Græcé, cum Notis MS. If. Caſauboni*, *D.*
      12mo.   ———   ap. Plant. 1580

1. 3. 0 23 Æſopi Fabulæ, *Græcé, interfol. cum multis Notis & Ob-* *Lawn*
      ſervat. MSS. per Hen. Stephanum, 4to.   Par. ap. Hen.
                                      Steph. 1546

.. 4. 6. 24 Æſchinis contra Cteſiphontem, *Græcé*, 4to.   Par. 1553 *P. Horn*

---- 3. 6 25 —— & Demoſthenis Orationes contrariæ, *Græcé,*
      4to.   ———   Par. ap. Wechel. 1531

2. 10. 0. 26 Æſchyli Tragœdiæ, Gr. Lat. Stanleii & Pauw, interfol. *D. Farm*
      3 tom. 4to.   ———   Hag. Com. 1745

5. 0. C 27 —— Tragœdiæ, Gr. Lat. Stanleii, *cum MSS. Colla-* *D.*
      tionibus, Fol.   ———   Lond. 1663

4. 0. 0 28 —— Tragœdiæ, Gr. Lat. a Stanleio, *cum Collat.* *D.*
      variis MSS. Clar. Petri Needham, Fol.   Lond. 1664

- — 0. 6 29 Ammianus Marcellinus, Gronovii, Fol. *Lug. Bat.* 1693 *Gofral*

---- 1. -- 30 Anacreon, *Gr. & Lat. interfol.* 12mo.   Lond. 1657 *Elmſly*

. 1. . 31 —— Gr. Lat. a Baxtero, 8vo.   ib. 1695 *Bliſs*

      32 —— Gr. Lat. a Lubino, 4to.   Boſtock. 1597

- . 4. 6 33 Annotationes Doctorum Virorum in Grammaticos, O-
      ratore , Poetas, &c. &c. *cum Notis MS. quam plurimis*
      in Margine, Fol.   ———   1511

1. --- 34 Antiqui Rhetores Latini, 4to.   Par. ap. Plant. 1599 *Marſh*

1. 1. -- 35 Antiquitatum Romanorum brevis Deſcriptio— Burmanni *Gough*
      in Antiquitates Romanas — Prælectiones Privatæ, MS.
      4to. *corio ruſſico*

                                              36 Ari-

£31. 15. 0 —

-2. 6 36 Ariſtophanis Comœdiæ, *Græcé*, 4to.   *Par. ap. Wechel.*

2. 6 37 ——— Comœdiæ, *Græcé*, 4to.   *Par. ap. Wechel*   1546

-2. 6 38 ——— Comœdiæ, *Gr. Lat.* Fol.   *Aurel. Allob.*   1546

4   39 Ariſtophanes, *Græcé, cum Scholiis,* Fol.   *Baſ.* 1547   1607

7. 10. 0 40 Ariſtophanis Comœdiæ, *Gr. Lat.* a Kuſtero, *cum Notis*   *Burney*
     MS. *Joan Taylori, L. L. D.* Fol.   *Amſt.* 1710

-12. 6 41 Arnobius adverſus Gentes, *in Margine Script. var. Lec-*   *Gough*
     tion. duorum MSS. in Bibl. Reg. Par. & in Bibl Soc.
     Jeſu Antverp, 4to. 2 tom.   —   *L. Bat.* 1651
     Note. This Book belonged to J. Walker.

3 - - 42 Arſenii Scholia in Euripidis Tragœdias, *Græcé,* 12mo.   *Dr*
     Venet. 1534

- 6 - 43 Athenagoras de Reſurrectione Mortuorum, *Gr. Lat.*   *Dr Farmer*
     cum variis Lection. MS. Federici Morelli, 4to. *Par.*
     1541
     Olim T. Hearne Liber erat.

-15. 6 44 Athenæi Deipnoſophiſtæ, *Gr. Lat.* a Caſaubono, 2 tom.   *Burney*
     Fol.   ——   *ap. Com.* 1597

-5. 6 45 ——— Deipnoſophiſtæ, *Græcé,* Fol.   *Baſ.* 1535   *do*

- 7. 6 46 ——— Deipnoſophiſtæ, *Gr. Lat.* a Caſaubono, Fol.   *Dr*
     ap. Comelin.

-3 - -47 Auctores Finium regundorum, a Rigaltio, 4to. *Par.*   *Mr Woodk*
     ap. Libert. 1514

-9. 6 48 Audmari Talæi Opera, 4to.   ——   *Baſ.* 1575

    49 Auli Gellii Noctes Atticæ, 12mo.   *Lug. Bat.* 1687
     N. B. *This Book belonged to Dr. Davies.*

1. 1. 0 .50 Apollonii Rhodii Argonautica, *Gr. Lat.* ab Hoelzlino,   *Dr Farmer*
     12mo.   ——   —   *L. Bat.* 1641

3. 3. 0 51 Apollonius Rhodius, *Græcé, interfol. cum Notis MS. Joan.*   *do*
     Taylori, L. L D. 4to.   *Par. ap. Hen. Steph.* 1574

7. 0. 0 52 ——— Rhodius, *Græcé, cum Notis MS. Joan. Tay-*   *do*
     lori, L. L. D. 4to.   —   *ap. Hen. Steph.* 1574

· · / - -53 Apoſtolorum & Sanctorum Conciliorum Decreta, *Græcé,*   *Mr Woodly*
     4to.   ———   *ap. Neobarium* 1540

£54. 4. 0

1. 11. 6   54 Apthonius, Hermogines & Longinus, *Græci, interfol.* cum variis Lectionib. Joan. Taylori, L.L.D. 6 tom. 8vo. —— —— Genev. 1569

– 1.6   55 Aretæus Cappadox, *Græci,* 12mo. Par. ap. Turneb. 1554

– 4.6   56 —— & Rufus Ephesius, *Græci,* 12mo. Par. ap. Turneb. 1554

– 17.6   57 Aristæneti Epistolæ, *Gr. Lat. interfol.* cum plurimis Notis MS. Joan. Taylori, L.L.D. 8vo. Par. 1639

– 1 –   58 Aristoteles de Arte Rhetorica, *Græci,* 12mo. Venet. 1536

– 1. – 59 —— Politica, *Græci,* 12mo. Argent. 1540

8 – 60 —— Rhetorica, *Gr. Lat.* 8vo. Cantab. 1728

1. 1. 0 61 —— de Arte Poetica, Goulstoni, *cum Notis MS.* Marginal. Joan. Taylori, L.L.D. 8vo. ibid. 1696

– 1.6   62 —— Ethica, *Latiné,* a Perionio, 4to. Lug. Bat. ap. Vasc. 1552

  63 —— de Republica, *Græci,* 4to. Par. ap. Benenat. 1574

– 5. – 64 —— Politica, *Græci, interfol.* cum Notis MS. Joan. Taylori, L.L.D. 4to. —— Francf. 1577

– 1. – 65 —— de Natura, *Græci,* 4to. Par. ap. Morel. 156

– 7.6   66 Aristophanis Plutus, *Græci, caret titulo, interfol.* cum Notis MS. 12mo.

  67 —— Plutus, *Græci;* 12mo. Hagan. 1515

– 3.6   68 —— Plutus, *Gr. Lat.* Hemsterhusii, 8vo. Harl. 1744

– 10.0 69 Bentlei Emendationes ad Ciceronis Tusculanas, 8vo. *interfol.* in 4to. cum plurimis additionibus MS. (ni fallimur) ipsius Bentleii, 4to.

– 2.6   70 Biblia, Sti Hieronymi, *Lit. Gothicis,* Fol. Venet. 1479

– 2 –   71 Bocklemanni Compendium Institutionum Justiniani, 12mo. *interfol.* in 4to. cum Notis plurimis MSS. Ultraj. 1694

  72 Boetius de Consolatione Philosophiæ, *caret titulo,* 12mo.

– 10.6   73 —— de Consolatione Philosophiæ, 12mo. L. B. 1671

Note " *Boethius a capite ad calcem emendatus ab Antonio Askew, M. D. in usum Ricardi Mead, M. D.*

460.13.6   74 Boetius

2..2.9 74 Boetius de Consolatione Philosophiæ, *interfol. cum Notis*   *Dr Farmer*
         MS. *Aſkæi*, 2 tom. 12mo.   —   *Lug. Bat.* 1671

--1--75 Bos Ellipſes Græcæ, 8vo.   ——   *Lipſ.* 1713   *Dr Hea..*

--2.6 76 Budæi Comment. Linguæ Græcæ, Fol.   1529   —

       77 Buxtorfi Theſaurus Linguæ Sanctæ, *interfol.* 2 tom.   *Kirg*
-2   12mo.   ——   *Baſ.* 1629

       78 Callimachus, & Sententiæ e Poetis Græc. 4to. *Baſ.*
                 ap. Froben. 1532

1.8 79 Camerarii utriuſque Linguæ Commentarius, Fol. *Baſ.*   *Marsh*
                    1551

10.6 80 Carmina Novem Illuſtrium Fæminarum, 12mo. *ap.*   *Mason*
                    Plant. 1668

--2.6 81 Carminum Poetarum Novem Fragmenta, *Gr. Lat. inter-*   *Marsh*
        fol. 12mo.   ——   *ap. Commelin.* 1588

7--- 82 Catullus, Tibullus & Propertius, 12mo. *Par. ap. Pa-*   *Matty*
                        tiſſon 1576

1.4.0 83 Chiſhulli Antiquitates Aſiaticæ, *cum Notis plurimis MSS.*   *Gough*
        Fol.   —— ——   *Lond.* 1728

1.4.0 84 ———— Antiquitates Aſiaticæ, Fol.   *ib.* 1728   *do*

11---85 Dion. Chryſoſtomi Orationes, *Gr. Lat.* Fol. *Par. ap.*   *Elmsly*
                       Morel. 1604

--6--86 Cicero de Cfficiis, a Pearce, 8vo.   *Lond.* 1745   *Dr Farmer*

       87 Ciceronis Topica *Par.* 1607 *ad finem. Inſtitutiones*
-13   *Rhetoricæ a D. Joly, datæ* 1619, MS. 4to.   *Luckt*
       88 Claudianus, *Venet.* 1500 Æmylius Probus, ſeu Corn.
        Nepos, *Edit. pervetuſta, corio turcica,* 4to. *ſine anno*
                        aut loca

2.10.0 89 Clementis Alexandrini Opera, *Gr. Lat.* a Pottero, *cum*   *Lewes*
        Notis MSS. Clar. Waſſe, 2 tom. Fol.   *Oxon.* 1715

2.7.0 90 ———— Alexandrini Opera, *Gr. Lat.* a Pottero, *cum*   *Gough*
        Notis MSS. 2 tom. Fol.   ——   *Oxon.* 1715

         N. B.   *E Libris J. Walker.* 1730.

-1.6 91 Cæſ Conſtantinus de Re Ruſtica—Ariſtoteles de Plantis,   *Dr Smeny*
        Græc, 12mo.   ——   *Baſ.*

6.6.0 92 Conſtantini Lexicon Græc. cum plurimis additionibus   *Dr Right*
        Manuſcriptis, 4 tom. Fol.   ——   1592

-4.6 93 Cornelius Celſus de Medicina——Theocritus, Lat.——   *Simo*
        Serenus Samonicus, &c. 12mo.   ——   1538
                  94 Corn.

£79..9..0

Printed Books, with Manufcript Notes.

79 „ 9 „ 0-6

..6.6 94 Corn. Nepos, a Van Staveren, 8vo.   Lug. Bat. 1734 *Dr Wryt*

..-8.6 95 Idem Liber, *chart. max.* 8vo.   ——   Oxon. 1697 *Lewis*

..-7.6 96 Idem Liber, *chart. max.* 8vo.   ——   ib. 1697 *Theorly*

       N. B. *The above three Books belonged to Dr. Taylor.*

13.0- 97 Cornelius Nepos, a Keuchenio, *collated with a MS. by* *Mr.*
      Mr. Samuel Pegge, 8vo.   ——   Lug. Bat. 1667 *Mr. Jones*

..-15.6 98 Corn. Nepos, cum Notis MSS. Joan. Taylori, L. L. D. *Burny*
      8vo.   ——   Amft. ap. Wetften. 1707

2..9..0 99 Corn. Nepos, *chart. max.* cum Notis MS. Joan. Taylori, *Burns*
      L. L. D. 8vo.   ——   Oxon. 1697

..-1.6 100 Cornelius Nepos, a Lambino, Fol.   Francf. 1608 *Burny*

18...— 101 Fran. Corradinus de Allio Lexicon Latinum Criticum, *Lewis*
      interfol. cum Notis MSS. Joan. Taylori, L. L. D. 4to.
                                 Venet. 1742

..-9.— 102 Davies Antiquæ Linguæ Britannicæ Rudimenta, 12mo.
                                 Lond. 1621

1..2..0 103 Dawes Mifcellanea Critica. *Donum Auctoris ad Drem.* *Burgh*
      Taylor, 8vo.   ——   Cantab. 1715

..-6.— 104 Demetrius Phalereus de Elocutione, *Græcé*, 12mo,
                                 Florent. 1542

£97. 8 : 6

Second Day's Sale, *Tuefday, March* 8.

        Lot

1.0 105 Demetrius Phalereus de Elocutione, a Fr. Maflovio, *Woodly*
      4to.   ——   Patav. 1557

2.0 106 Demetrii Mofchi de Helena & Alexandro Poema, Gr. *Jodrill*
      Lat 4to.

4.6 107 Demofthenis Orationes, Gr. 3 tom. 12mo. Bafil.   *Belve*

1.6 108 Demofthenes & Æfchines, Gr. Lat. a Foulkes & *Gofset*
      Freind, 8vo.   ——   Lond. 1715

11.0 109 —— & Æfchines, Gr. Lat. a Foulkes & Freind, *Harris*
      interfol. cum plurimis Notis MS. 2 tom. 8vo. Oxon.
                                 1715

                               110 De-

£1..0..0. —

1 — 110 Demoſthenis & Æſchinis Epiſtolæ Græci *Par. ap.* Woodhull
Wechel. 1552——Æſchinis Epiſtolæ, *Latiné,* a Guil-
lonio, 4to. ——— *ib.* 1555

111 Demoſthenes & Libanius, &c. *Græcé,* Fol. *ap. Ald.*
Oldwith (303. 1501

1. 6 112 Devarius de Particulis Græcæ Linguæ, 12mo. *Amſt.* Beloe
1700

1 -- 113 ——— de Græcæ Linguæ Particulis, ſine titulo, 4to. Dr.
Rom. ap. Zanett. 1588

114 Dicta Philoſophorum Imperatorum, &c. *Græcé,* 12mo.

15 115 Dion. Caſſii Hiſtoria, Gr. Lat. Fol. *ap. Hen. Steph.* Dr. Farmer

15. 6 116 Dion. Halicarnaſſei Antiquitates Romanæ, *Græcé,* Fol. Monro
ap. R. Steph. 1546

5. 6 117 Dionyſius Halicar. de Compoſitione, de Rhetorica, de Woodhull
Thucydide & de Lyſia & Iſocrate, *Græcé,* Fol. *ap.*
Rob. Steph. 1547

6 — 118 Dioſcorides, *Græcé,* 12mo. *Ven. ap. Ald.* 1518 Monro

2 5 0 119 Dioſcorides & Nicander, *Græcé,* Fol. *ap. Aldum* Southgate

2. 5 120 Epigrammata Græca, *interleaved, with Latin Tranſla-*
tions of moſt of the Epigrams, in Manuſcript. 4to.

1. 121 Epiſtolæ Græcæ elegantiſſimæ ex diverſis Autoribus, Dr. Wright
Luciani Saturnalia, Chronoſolon, & Epiſt. Saturnales,
4to. ——— *Lovan.* 1520

*12 *.* 122 Erotiani & Galeni Lexica, *Græcé, interfol. cum Notis* Burney
MSS. Celſ. Aſkæi, Fol.

7. — 123 Euclidis Opera, *Græcé, cum Notis MSS. Celeb. Jac.* Carr
Harriſii, Sariſberienſis, Fol. ——— *Baſ.* 1533

15. 124 Euripides, *Græcé,* 12mo. *Ven. ap. Ald.* 1503 Mr. Lambeck

5. — 125 Euripidis Hippolytus, *Græcé,* a Marklando, *interfol.* Dr. Farmer
cum Notis MSS. Joan. Taylori, L. L. D. 4to. *Oxon.*
1756 Dr. Palmer

10 0. 126 Euripidis Tragœdiæ, Gr. Lat. Barneſii, Fol. *Cantab.*
1694

12. 127 Excerptæ e Statutis Acad. Cantabrigienſis, 12mo. *ib.* — Gregor
1732 Dr.

14 - 128 Fiſcherus de Phædro ejuſq. Fabulis, *interfol.* 4to. *Lipſ.*
1746

129 Flo-

£14 11: 6

5 6 129 Florilegium diverforum Epigrammatum, *Græcé*, 4to. *Jorkis*
ap. H. Steph. 1566

7 —— 130 —————— diverforum Epigrammatum, *Græcé*, 4to. *Burnu*
ap. Hen. Steph. 1566

3 - — 131 Joan. Forefti Idyllia & Poemata *ap. Plant.* 1605 —— *Woolku*
Heinfii Peplus Græcorum Epigrammatum, 4to. *Lug.*
Bat. 1613

- - 132 Gabria in Fabulas Æfopicas, *interfol.* 12mo. *Qued-*
lixb. 1679 *Pop*

1 7 - — 133 Galeni Opera, *Græcé*, 5 tom. Fol. *Ven. ap. Ald.* 1525 *Sins*

12 — 134 —— Opera, *Græcé*, 5 tom. Fol. *ib. ib.* 1525 *Monse*

4 11. 6 135 Goltzii Thefaurus Rei Antiquariæ huberrimus, *interfol.*
corio turcico, Fol. —— *Antv.* 1618

6. 6 136 Græcæ Línguæ Erotemata, Neandrie, 12mo. *Bafil.* *Ginju*
1576

n. 1. 6 137 Gregorii Nyffæ de Euntibus Jerofolyma Epiftola, cum *Goff*
ejufdem tractatu de Peregrinationibus, &c. *Hanov.*
1606 —— Ejufdem ad Euftathiam, Ambrofiam, &c.
Epiftola, 12mo. *Hanov.* 1607

4 6 138 S. Gregorii Nazianzeni Arcana, *Græcé* *Ant. ap. Plant.* *Bilvi*
1591 —— Gregorii Nyffeni Opufcula quinque, ab
Hoefchelio, *Græcé* *L. Bat. ap. Plant.* 1593 —— Joan.
Damafceni Oratio in Transfigurationem Domini *Au-*
guft. 1588 —— Joan. Chryfoftomi Oratio in Diem na-
talem Servatoris noftri Jefu Chrifti, 12mo. *Aug.*
Vind. 1593

1. 6 139 Harduinus de Nummis Herodianum *Par.* 1693 —— *Burng*
Dan. Coftonii Vita & Monumentum Ancyranum, a
Gronovio, 4to. —— *Lug. Bat.* 1695

1 .. 7 - - 140 Harpocration de Vocibus, *Græcé*, a Gronovio, 4to. *N. Leu*
Lug. Bat. 1696

Note " *Varias lectiones ex Codice Chartaceo Bibl. Regiæ,*
plus 300 *annorum Scribebam ego in Margine hujus*
libri. A. D. 1735. DAVID CASLEY, *Bibliothe-*
carius.

2. 18. 141 Harpocration de Vocibus, a Gronovio, *cum variis* *Bush*
Lection. MS. Joan. Taylori, L. L. D. 4to. *Lug. Bat.*
1696

142 Her-

£23: 3.. 6

23. 3. 6.

4. 0 142 Hermogenes, *Gr. Lat.* a Sturmio, 3 tom. 12mo.　*Wr Berning*

Argent. 1570

1. -- 143 Herodoti Clio, *Græcé,* 4to.　——　*Oxon.* 1591

12. . 144 ———— Hiſtoria, *Gr. Lat. cum Nòtis MS. T. Gale,*　*Dr Farmer*
Fol.　——　——　*Francf.* 1608

15. 6 145 ———— Hiſtoria, *Gr. Lat.* a Ga'e, Fol.　*Lond.* 1679　*Mr King*

11. . 146 ———— Hiſtoria, *Gr. Lat.* 2 tom. Fol.　*ap. Hen.*　*D°*

Steph. 1570

1. 2. 0 147 ———— Hiſtorìa, *Gr. Lat.* a Gronovio, Fol.　*Lug.*　*Dr Farmer*

Bat. 1715

-- 16 -- 148 Heſiodus, *Gr. Lat.* Robinſoni, 4to.　*Oxon.* 1737　*Jervies*

3 -- 149 Heſychii Lexicon, *Græcé,* 4to.　*Lug. Bat.* 1688　*D Gosset*

2. 15. 150 ———— Lexicon, *Græcé, interfol.* 2 tom. 4to.　*ibid.*　*Dr Farmer*
1688

N. B. *This Book, which is full of MS. Notes, belonged to
the latè Dr. Samuel Chandler.*

-- 14. 6 151 Heſychii Lexicon, *Græcé, cum Notis MS. Sladi,* 4to.　*Mr Goff*

Lug. Bat. 1688

-- 8. 6 152 ———— Lexicon, *Græcé,* 4to.　——　*ibid.* 1668

Note. *The above two Books belonged to Dr. Conyers
Middleton.*

5. 6 153 ———— Diſtionarium, *Græcé,* Fol.　*Florent. up. Junt.*　*Mr Lambert*

1520

-- 16. 6 154 ———— Lexicon, *Græcé, interfol. cum Notis MS. Joan.*　*Dr Wright*
Taylori, *L.L.D.* Fol.　——　*Hag.* 1521

1. — 155 ———— Lexicon, *Græcé, Hag.* 1521 ——　Stephanus　*Dr Sims*
de Urbibus, *Græcé,* a Xylandro, Fol.　*Baſ.* 1568

- 4. -- 156 ———— Lexicon *Græc. interfol. cum MS. Notis quam*　*Dr Gosset*
plurimis, Fol.　——　*Hagan.* 1521

- 12. -- 157 Hierocles in Aurea Carmina Pythagoræ, *Gr. Lat. Col-*　*Dr Farmer*
lat. cum MSto. Meadiano, a J. Taylor, *L.L D.* 12mo.

Lond 1742

2. 6 158 Hippocratis Aphoriſmi & Prognoſtica, a Joan. Manel-　*Dr Wright*
pho, 12mo.　——　*Rom.* 1623

2 6 159. ———— Aphoriſmi, a Wintertono, 12mo.　*Cantab.*　*D°*

1633

2. 2. 0 160 ———— Opera, *Gr. Lat.* a Foeſio, *interfol.* 4 tom.　*Dr Sims*
Fol.　——　*Lugdun.* 1657

C　161 Hip.

B5. 12. 0

35. x2 0 10 Printed Books, with Manuscript Notes.

5 161 Hippocratis Opera, *Græcé*, Fol. *Baſ. ap. Froben.* 1538 *J. Sim.*

7 162 ———— Opera, *Græcé*, Fol. *ib. ap. Froben.* 1538 *Monro*

7 2 163 Homeri Odyſſea & Batrachomyomachia & Plutarchi Vita Homeri, *Græcé*, 2 tom. 12mo. 1555

1 164 ———— Odyſſea, *Græcé*, 12mo. ———— 1541 *Burna*

£1 .. 7 165 ———— Odyſſea, *Græcé*, chart. max. corio turcico, 8vo. Oxon. 1705

Note. *Dr. Taylor has affixed the Eolic Digamma to the Words in the firſt three Books.*

1. 6. 166 Homeri Ilias, *Gr. Lat.* 12mo. ———— 1622 *D. Wright*

1 — 167 ———— Ilias, 1, 5, 9 Lib. *Græcé*, interfol. cum Notis *D°* MS. 12mo. ———— Lug. Bat. 1642 *Do*

1. 6 168 ———— Ilias, *Græcé*, 12mo. Lovan. 1523

£ 11.6 169 ———— Opera, Gr. Lat. a Schrevelio, 4to. Amſt. 1656

7. 7. 8 170 ———— Opera, *Græcé*, interfol. cum Notis MS. *Joan* *D'Palmer* Taylori, L.L.D. 4 tom. Fol. Glaſg. 1758

9. 6 171 Horatii Opera, 12mo. L. Bat. ap. Elz. 1629 *J W.*

2 — 172 ———— Opera, in Uſum Delphini, 8vo. Lond. 1734 *Do*

1. 3. 0 173 Horatius, Bentleii, 4to. ———— Amſt. 1728 *Do*

Note. " *Græv. Lectiones variantes quas ex Cod. MSto. Rottendorf. decerpſit. Cl. Grævius.*" This Note and the various Readings by Dr. Taylor.

2. 5. 0. 174 Horatii Opera, *cum Notis MS. Chiſbulli*, 4to. Cantab. *D°* 1699

1 15. 0. 175 ———— Opera, interfol. 2 tom. Fol. Par. ap. Typog. *D°* Reg. 1642

1 — 176 Hotomanus de Re Numaria, 12mo. 1585

177 Jamblichus de Vita Pythagoræ, Gr. Lat. 4to. ap. *Woodhs* Comelin. 1598

3. 6 178 Joannis Sariſberienſis Policraticus, 12mo. Lug. Bat. 1595

7 179 Johnſoni Epigrammata, Gr. Lat. interfol. 8vo. Lond. 1718

180 Iſocratis Orationes & Epiſtolæ, a Battie, 8vo. Cantab. 1729

5 — 181 ———— Epiſtolæ, Gr. Lat. Par. ap. Wechel. 1546 ——— *N. Ward* Galeni Opera, *ibid.* 1547———Hermogenis Ars Rhetorica,

£52.7.6..

torica, *ibid.* 1548 —— Demoſthenis Oratio contra
Philippum, & Oratio de Pace, *ibid.* 1546 —— Pla·
tonis Convivium, *Græcé*, *ibid.* 1543——Hippocratis
Opuſcula quædam, *ibid.* 1544——Platoni Opuſcula
quædam, 4to. ——————— *ibid.* 1544

182 Julianus (Imp.) de Cæſaribus, *Gr. Lat.* 12mo. *Par.*
1577

183 Juſtiniani Inſtitutiones, *cum Notis MS. Joan. Taylori,*
L.L.D. 4to. ———— *Par.* 1667

184 ——— Inſtitutiones, *cum tit. illuminat. initial. colorat.*
& decorat. corio turcico, foliis deauratis, Fol. *Lovan.*
1475

185 Juvenalis & Perſii Satyræ, 12mo. *Heidelb.* 1690

186 ——— & Perſii Satyræ, 12mo. *Dubl.* 1746

187 ——— Satyræ, *interfol. cum Notis MS.* 4to. *Aug.*
Vind. 1599

188 ——— Satyræ, *cum Notis MS. Beverlandi,* 4to. *Ultraj.* 1685

189 ——— & Perſius, *interfol. cum Ind. Script. Laud. in*
Schol. Antiquis ad Juven. a Joan. Tayloro, L.L.D. 4to.
Frib. Briß. 1608

190 ——— Satyræ, *cum Notis MS. Joan. Taylori, L.L.D.*
Fol. ——— *Par. e Typog. Reg.* 1644

191 ——— Satyræ, *interfol. cum Notis MS. Joan. Tay-*
lori, L.L.D. Fol. ···—— *Par. e Typog. Reg.* 1644

192. ——— & Perſii Satyræ, Fol. ——— 1481

193 Lactantii Opera, a Spark, 8vo. *Oxon.* 1684
Note. " *Additæ ſunt quamplurimæ variæ Lectiones Collectæ*
per Joan. Walker, D.D. Decanum de Bocking, e variis
MSS. Codicib. & Vet. Edition."

194 Libani Declamatiunculæ aliquot, *Gr. Lat. per Eraſ-*
mum —— Lyſiæ Orationes duæ, *Gr. Lat.* 4to. *Baſ.*
1522

195 Longinus de Sublimitate, *Gr. Lat. interfol. cum MS.*
Additionib. a Waterland, 8vo. *Oxon.* 1710

196 ——— de Sublimitate, 8vo. — *Oxon.* 1718

197 ——— de Sublimitate, *Gr. Lat. cum Notis MS. Joan.*
Taylori, L.L.D. 8vo. ——— *Oxon.* 1718

C 2 198 Lon-

£ 65 : 2 : 6

65. 2. 6 12   Printed Books, with Manuscript Notes.

1 .. 6 198 Longinus de Sublimi Orationis genere, *Græcé, in* Renouard
     terfol. *Baf.* —— Idem Liber, *Latiné,* 4to. *Venet.*
                       ap. Valgris 1572 Beloe

3 - 199 Lucani Pharfalia, *cum Coll. MSS. cum MSS. Bib. Reg.*
     & Edit. Aldi, 2mo.   *Lutet. ap. Rob. Steph.* 1545

12. 6 200 Lucanus, a Schrevelio, *cum variis Lectionib. MS.* 8vo Pearne
                         Lug. Bat. 1658

12. 6 201 Luciani Opera, *Gr. Lat.* 2 tom. 8vo.   *Amft.* 1687 Mr Perne

4 202 Lucianus de Morte Peregrini, *Gr. Lat. a Fabro, Par.*
     1653 —— Arrianus de Venatione, *Gr. Lat.* ab Hol-
     ftenio, 4to.   ———   *Par.* 1644

4 203 Lycophronis Caffandra, *Gr. Lat.* 4to.   *ap. Paul. Steph.*
                         1601

6 6. 0 204 Lyfiæ Orationes, *Gr. Lat. a Taylora, chart. max. cum*
     Notis MS. Cl. Afkæi, 4to. Markland *Cantab.* 1739

6 . 6 205 ——— Orationes, *Gr. Lat. a Tayloro, chart. max. cum*
     Notis, & Correctionibus Joan. Taylori, L.L.D. 4to.
                       Cantab. 1739

1. 10. 206 ——— Orationes, *Græcé, interfol. cum Notis MS. Joan.*
     Taylori, L.L.D. Fol.   —   *ap. Hen. Steph.*

4 207 Thom. Magiftri Dictiones Atticæ——Phrynici Attico-Lewes
     rum Verborum Collectio — Mofchopulus, &c. *Græcé,*
     12mo.   ———   *Lut. ap. Vafcof.* 1532

6 208 Thom. Magifter de Dictionibus Atticis, & alii, *Græcé,*
     interfol. cum Notis MS. Joan. Taylori, L.L.D. 12mo.
                       ap. Vafcofan. 1532

£02: 2.. 0

Third Day's Sale, *Wednesday, March* 9.

13 LOT
   209 M̲ANILIUS, *cum Notis MS. Rich. Bentkii,* 4to. Mark
                       ap. Plant. 1601

£ 10 6 210 Markland de Græcorum quinta Declinatione impari-
     fyllabica, *corio turcico,* 4to.   —   *Lond.* 1761
                       211 Mar-

. 1.. 3. 6

· 3 · 211 Martialis Epigrammata, a Ramirez de Pardo, 4to.   *Marsh.*

                                                       Par. 1607

· 3. 6 212 Maximus Tyrius, *Gr. Lat.* 12mo. *ap. H. Steph.* 1557   *Dr. Wright*

·· 2 ·· · 213 Maximi Tyrii Diſſertationes, *Gr. Lat. cum plurimis Notis*   *Burney*
          MS. 8vo. ———————   *Cantab.* 1703

· 2 · · · 214 Mazochii Epigrammata Antiquæ Urbis, Fol. *Rom.* 1521   *Marsh*

· · 0 · · · 215 Mead Oratio Harveiana, adjecta eſt Diſſertatio de   *Gough*
          Nummis Smyrnæis, *cum Notis MS. Chiſhulli,* 4to.
                                               Lond. 1724

2. 2. 0 216 Menandri & Philemonis Reliquiæ, *Gr. & Lat.* cum E—   *Dr. Farmer*
          mendationibus Clerici & Bentlei, *cum duobus Epiſtolis*
          MS. Mutuis Clerici & Bentlei, 2 tom. 8vo.   *Amſt. &*
                                             Cant. 1709

7 — 217 Meurſii Criticus Arnobianus, 12mo.   *Lug. Bat.* 1698   *Dr. Farmer*
        218 Meurſius de Tragœdiis Æſchyli, Sophoclis & Euripi-
          dis, *interfol. cum Notis MS. Joan. Taylori, L L.D.* 4to.
                                             Lug. Bat. 1619

· 10. 6 219 Moſchopulus de Verbis Atticis, *Græcè, cum plurimis*   *Burney*
          Notis MS. Joan. Taylori, L.L.D. 12mo.

3 · — 220 ——————— de Ratione examinandæ Orationis, *Græcè,*   *Reveaud*
          4to.   ———————   *ap. Rob. Steph.* 1549

· 1 221 Muſæus de Leandro & Herone, *Græcè,* 4to.   *ap.*   *Dr. Wright*
                                               Gormond.

5. 6. 0 222 Nicandri Theriaca, *Gr. Lat. cum Notis MS. Bentleianis,*   *Portugate*
          corio turcico, 4to.   ——   *Par. ap. Morel.* 1557

2. — 223 Nonius Marcellus de Proprietate Sermonis, *interfol.*   *Dr. Bandly*
          12mo.   ———————   *Ant. ap. Plant.* 1565

4. 7 · · · 224 Nonni Dionyſiaca, *cum Notis MS. Joſ. Scaligeri,* 4to.   *Mr. Knight*
                                         ap. Plant. 1564   *Farmer*

1. 3 · · · 225 Orationes duæ Demoſthenis & Lycurgi, a Tayloro,
          chart. max. interfol. cum Notis MS. Joan. Taylori,
          L.L.D. 8vo.   ——   *Cantab.* 1732

1. 2 226 Orationes Rhetorum, *Græcè,* 2 tom. Fol. *Ven. ap.*   *Mr. Lowes*
                                           Ald. 1513

1. 2. 6 227 Origenis Opera, *Gr. Lat.* a Delarue, 3 tom. Fol.   *Dr. Gosset*
                                           Par. 1733

£ 2. 6 228 Orphei Argonautica, *Gr. & Lat.* ab Eiſenbachio,
          12mo.   ——————   *Traj. Rhen.* 1689
                                      229 Ovidii

£ 10. 10. 0

1 . 9 . 0 229 Ovidii Opera, a Cnippingio, *cum Notis MS.* Burmanni *Nutley*
     3 tom. 8vo. ———   *Amſt.* 1683 *Lewis*

11 . ——— 230 Paulus Ægineta, *Græcé,* Fol.   *Ven. ap. Ald.* 1528 *Woodley*

1 . —— 231 Petiti Variæ Lectiones, 4to. ———   *Par.* 1633 *Woodley*

1 . 12 . 6 232 —— Leges Atticæ, a Weſſelingio, *cum Notis* MSS. *D. Storke*
     Joan. Taylori, L. L. D. Fol.   *Lug. Bat.* 1744

1 . —— 233 Phalaridis Epiſtolæ, *Latiné,* a Naogeorgo, 12mo. *Baſ. D. Wright*
         1558

1 . —— 234 Philo Judæus de Septennario & de ſpecialibus Legibus *Reneard*
     cum Notis MSS. *Joan. Taylori, L. L. D.* Fol.

£ . 6 . 6 235 Philoxeni & Iſidori Gloſſaria, *Gr. Lat.* Fol. *Lug.*
         Bat. 1600

     NOTA ASKÆI. *" In hoc libro extat* AMMONIUS *cum*
     Notis MSS. *Abr. Selleri.*

3 . —— 236 Photii Epiſtolæ, *Gr. Lat.* a Montacatio, Fol. *Lond. D. Gedley*
         1651

1 . 12 . 0 237 Photii Bibliotheca, *Gr. Lat.* ab Hoeſchelio, *edit. opt. Carr*
     Fol. ———   *Rothomag.* 1653

— . — . 1 . —— 238 Platonis Cratylus, *Græcé,* 12mo.   *Lovan.* 1523 *D. Heu*

     239 Plutarchus de Virtute & Vitio, de Fortuna & de Aud.
     Poetis, *Græcé Par.* 1509 —— Ariſtophanis Plutus,
— . 10 . 6   *Græcé,* 4to. ———   *ap. Theod. Mart.* 1518 *D. James*
     240 Plutarchi Moralia, *Græcé, interfol. cum Notis* MSS *Joan.*
     Taylori, L. L. D. Fol. ———   *Baſ.* 1574 *Do*

7 . 6 241 —— Apophthegmata, *Gr. Lat.* a Maittaire, 4to. *Do. ——*
         Lond. 1741

3 . 3 . 0 242 —— Vitæ, *Gr. Lat.* a Bryano & du Soal, 5 tom. *D. Wright*
2 . 6   4to. ———   *Lond.* 1729 *D. H.*

243 —— Vitæ, *Græcé,* Fol. *Baſ. ap. Froben.* 1560 *D. Mar.*

1 . 6 244 Poetæ Græci Chriſtiani, *Gr. Lat.* 12mo. *Par.* 1609

4 . 4 . 0 245 Poetæ Græci Principes Heroici, Fol. *ap. Hen. Steph. D. Farm*
         1566

     This Book belonged ſucceſſively to Joſhua Barnes and
     Dr. Foulkes.

£1 . 2 . 0 246 Polybii Hiſtoria, *Gr. Lat.* a Caſaubono, Fol. *Par.*
         ap. Wechel. 1619

     247 Por

£33 . 19 . 0

6.. **247** Porphyrius de Abſtinentia, *Gr. Lat. interfol. cum Notis MSS. Joan. Taylori, L. L. D.* 8vo.   *Leyden.* 1620

3..**248** ———— de Abſtinentia, *Gr. Lat.* 8vo. *Cantab.* 1655

4.10.0 **249** Pſalterium Græcum   *Venet. ap. Ald.* —— *Chronologica quædam, MS.* —— *Collatio antiquiſſimi Codicis Græci Pſalmorum, MS.* 4to.

7.6 **250** Quintus Calabar, *Gr. Lat. a Ruddimanno & Paulo,* 12mo.   *L. Bat.* 1734

4.10.0 **251** ———— Calabar, Tryphiodorus & Coluthus, *Græci, impreſſ. in membrana, corio turcico, foliis deauratis,* 12mo.   *Ven. ap. Ald.*

6.6 **252** Rei Ruſticæ Scriptores Latini, *interfol. cum Notis MS.* 3 tom. 12mo.   *ap. Commelin.* 1597

2.3.0 { **253** Rhetores Selecti, *Gr. Lat. a Gale,* 12mo.   *Oxon.* 1676
{ **254** Ruellii Veterinariæ Medicinæ Libri Græcé, *interfol. cum Collat. & Notis MSS. Olim Liber Iſaaci Caſauboni,* 4to.   *Baſ.* 1537

5.6 **255** Salluſtius, a Waſſe, 4to.   *Cantab.* 1710

15.0 { **256** Salmaſii duarum Inſcriptionum veterum Explicatio, 4to.   *Par.* 1619
{ **257** Scriptores Rei Ruſticæ, *cum Notis MSS. a Waſſe,* 2 tom. 4to.   *Lipſ.* 1735

3.6 **258** ———— Hiſtoriæ Eccleſiaſticæ, *Græci,* Fol. *ap. Rob. Steph.* 1544

7.6 **259** ———— Eccleſiaſticæ Hiſtoriæ, *Græci,* Fol. *ap. Rob. Steph.* 1544

1.6 **260** Senecæ Quæſtiones Naturales, 4to. *Ven. ap. Ald.* 1522

2.0.0 **261** Septuaginta Græca, a Grabe, *interfol. cum Notis MSS. Joan. Taylori, L. L. D.* 16 tom. 8vo.   *Oxon.* 1707

1..**262** Serenus Sammonicus de Re Medica, 4to. *Tigur.* 1540

12..**263** Sophocles, *Gr. Lat. a Cantero, interfol. cum Notis MS. Joan. Taylori, L. L. D.* 3 tom. 12mo. *ap. Comelin.* 1597

7.6 **264** Sophoclis Tragœdiæ, *Græci,* 12mo. *Ven. ap. Ald.* 1502

1.6 **265** ———— Tragœdiæ, *Græci,* 12mo. *Francf.* 1550

266 ———— Tragœdiæ, *Græci,* 12mo. *ib.* 1567

267 So-

£ 51. 0.. 0

Printed Books, with Manuscript Notes.

5l. 0. 0 ~~16~~

- --15. 0 {266, 267} Sophoclis Tragœdiæ, Gr. Lat. a Johnsono, 3 tom. 8vo. ——— ——— Oxon. 1705

3 --- 268 ——— Tragœdiæ, Gr. Lat. Johnsoni, cum Notis MSS. Joan. Taylori, L. L. D. 8vo. Oxon. 1705

1 --- 269 ——— Tragœdiæ Antigone & Trachiniæ, 8vo. Oxon. 1708

1. 0. 5. 270 ——— Tragœdiæ tres, Græcé, ex edit. Burtoni, interfol. cum Notis MS. Joan. Taylori, L. L. D. 3 tom. 8vo.

10. 6. 271 ——— Tragœdiæ, Græcé, 4to. Florent. ap. Junt. 1547

5. 6 272 ——— Tragœdiæ, Græcé, 4to. Francf. ap. Brubach. 1544

5 --- 273 Stanleii Commentaria in Æschylum, Fol.

4 --- 274 Henr. Stephanus de Latinitate falso suspecta ap. Hen. Steph. 1576——Camerarius de Generibus Divinationum, 12mo. Lipf. 1576

5. 6 275 Henr. Stephani Dictionarium Medicum, 12mo. ap. H. Steph. 1564

1u 1. 0 276 Stephani (Henrici) Glossarium, cum MSS. Observation. a Gale, Fol. ib. 1573

1u 15. 0, 277 Henri. Stephani Glossarium, Gr. Lat. Fol. ap. Hen. Steph. 1573

--. 7. 6 278 Stephanus de Urbibus, a Xylandro, Græcé, Fol. Baf. 1568

--. 2. 6 279 ——— de Urbibus, Græcé Baf. 1568——Etymologicum Græcæ Linguæ, Græcé, Fol. Venet. 1549

- -- 5 -- 280 Fran. Quintianus Stoa de Syllabarum quantitate, cum Notis MS. marginal. 4to. ——— Venet. 1519

5 --. 281 Strabonis Geographia, Græcé, Fol. Ven. ap. Ald. 1516

4 4. --. 282 Suidæ Lexicon, a Kustero, 3 tom. Fol. Taylori manu notatum Cant. 1705

10. 6 283 Taylori Commentarius ad Decemviralem de Inope Debitore in partis dissecando, &c. &c. interfol. cum Notis MS. Joan. Taylori, L.L.D. 4to. Cantab. 1742

5 1 0 -- 284 ———— marmor Sandvicense, cum additionibus Manuscriptis Joan. Taylori, L.L.D. 4to. ibid. 1743

1. 6 285 Terentius, a Fabro, 12mo. ——— Salmur. 1671

286 Te-

£60. 0. 6.

60. 0.. 6

-4. 6 286 Terentii Comœdiæ, *caret tit. interfol. variis Lectionib.* *Southgate*
MS. 8vo.

3... 287 ——— Comœdiæ, 8vo.   *Lug. Bat. ap. Elz.* 1635 *Dr Wright*

3. 3 c 288 Terentianus Maurus de Literis, &c. &c. *interfol. cum* *Dr Farmer*
Notis MS. Joan. Taylori, L.L.D. 12mo. *ap. Sanctandr.*
1684

J. 3. c 289 ——— Maurus de Literis, Syllabis, &c. 12mo. *ap.* *D°.*
Sanctandr.

Note by Dr. Taylor, " *Richardi Bentleii manu notatus.*

9. 0. 0 290 Terentianus Maurus de Syllabis, Litteris, *cum Notis* *D°.* ———
plurimis MS. Joan. Taylori, L.L.D. 4to. *Par. ap.*
Colin. 1531

.. 8. 6 291 Novum Testamentum, *Græcè, interfol. cum MS. Obser-* *Crawford*
vat. Mortoni, 2 tom. 12mo.

1.. 7. 0 292 ——— Græcum, *interfol. cum Notis MS.*
Joan. Taylori, 2 tom. 8vo.   ——   *Lond.* 1728

1. 5. 0 293 ——— Græcum, a Kustero, *cum Notis* *Dr Farmer*
MS. in Margine, Fol.   ———   *Lips.* 1723

3.. 294 ——— Gr. Lat. ab Erasmo, Fol. *Bas.* *Dr Lort*
1535 *D°.*

1. 1. c 295 Theocritus, *cum Græcis Scholiis, interfol. cum .Notis*
MS. Cel. Askæi, M. D. 2 tom. 12mo.   *Lond.* 1729 *Lowes*

1. 11. 6 296 ——— Gr. Lat. *cum Scholiis Græcè,* Casauboni, *Lowes*
cum Notis MS. Joan. Taylori, L.L D. 8vo. *Oxon.* 1609

5.. 297 ——— Gr. Lat. 8vo.   ———   *Lond.* 1729 *Dr Farmer*

8. _ 298 Theodori Grammatica Græca, 12mo. *Ven. ap. Ald.* *Lowes*
1525

2 .. 299 Theonis Sophistæ Progymnasmata, *Gr. Lat. cum Notis* *Mr Birney*
Marginal. MS. Joan. Taylori, L. L. D. 12mo. *Lug.*
Bat. 1626

5.. _ 300 Theophrastus de Lapidibus, *Græcè,* *Lutet. ap. Morel.* *Mr Woodall*
1577 ——— Ejusdem de Piscibus, *Græcè, ibid.* 1578
——— Ejusdem de Lapidibus, *Latinè,* 4to. *Par. ap.*
Morel. 1578

4.. 301 Thucydides. *Græcè,* Fol.   *ap. Hen. Steph.* 1564 *Nenesqum*

5 6 302 Tralliani Opera, & Rhaza de Pestilentia, *Græcè,* Fol. *Dr Farmer*
Par. ap. R. Steph. 1548

1. 0 303 Ulpianus in Demosthenem, *Græcè,* Fol. *ap. Ald.* 1503 *Mr Master*
D   304 Vete-

£ 92.. 11.. 6

92.. 11.. 6

4 . 6 304 Veterinariæ Medicinæ, a Ruellio, 4to.   *Baſ.* 1537

1 . 1 . — 305 Victorinus de Orthographia & Ratione Carminum &
Servius de Pedibus Verſuum, de Accentibus, &c. interſol. 12mo.   ——   *ap. Sanctandr.* 1584

17. 0 . 306 Virgilii Opera, *cum Notis MS. plurimis,* 12mo.   *Lug-*
Bat. ap. Elz. 1636

2 . — 307 Welchmanni 39 Articuli Ecclefiæ Anglicanæ, interſol.
cum *Notis MS.* 8vo.   *Oxon.* 1715

1 .— 308 Xenophontis Opera, *Græcè, caret tit.* 12mo.

2 .— 309 ———— Cyropœdia, *Græcè,* Par. ap. Wechel. 1539
—Xenophontis Hiero, *Græcè,* 4to.   *Lovan.* 1528

4 . 4 . 0 . 310 ———— Opera omnia, *Græcè, interſol. cum Notis*
MS. Joan. Taylori, L.L.D. Fol.   *ap. H. Stepb.* 1561

1 .— 311 Xiphilini Epitome Dionis, Gr. Lat. Fol.   *ap. Hen.*
Stepb. 1592

—— 6 312 Zoroaſtri Magica, *Græcè,* Par. ap. Tillet. 1538 ——
Sybillina Oracula   *Baſ.* 1545 —— Gemiſtii & Plato-
nis quædam, *Græcè,* 4to.
N. B. *Part of this Book is Manuſcript.*

£99.. 10.. 0

❋❋❋❋❋❋❋❋❋❋ ❋❋❋❋❋❋❋❋❋❋

MANUSCRIPTS, English,
on Paper.

Fourth Day's Sale, *Thurſday, March* 10.

Lot

3 . 10 . 0 313 CHAUCER's Works, *ruſſia,* Fol.

—— 10 . 6 314 C———— (Poems by) Lydgate, &c.

— —11 . 315 The Commentaries of Geo. Acropilitæ, by William
Pettie, Duod.

— —10 . 6 316 Elements of Natural and Politick Law, by Thomas
Hobbes, Fol.

. — 0 — — 317 An old Engliſh Manuſcript, in Proſe and Verſe, Fol.
318 Phyſick

£5.. 10.. 0

5..10..0 ―――

..4---318 Physick and Surgery, *Lat. and Eng. blue turkey, gilt leaves,* 4to.

2 5 6 319 Dialogue of Pierce Plowman, and several other Poems, *Mr Gough* *Paper and Vellum,* 4to.

―1―-320 Sermons on the Fall of England's Crown, by R. Wall, *Mr White* *written in* 1662, Duodecimo

4p 4-0321 Wicliffe's New Testament, in English, *russia,* 2 vol. *D after* *Mr Jacobs* Note in this MS. " *This Book was bought of Wylliam Mathyr, sume tyme Parish Clarke of Saint Dunstones in the West of Londoun, by me John Wyttand, Citizen, &c.* 1554, 4to.

MANUSCRIPTS, ENGLISH,
on VELLUM.

9.9.0322 CHAUCER's Works, *russia,* Fol. *Mr Stevens* *In this Book are the Arms of Henry Dean, Archbp. of Canterbury, in Henry VIIth's Reign.*

9"1-0 323 Statute of Champerty, *French, russia,* 4to. *Mr White.*

-1.,-324 Confession Articles, Duodecimo *Mr Gough*

1"1-0 325 Poems by John Lydgate and Rich. Hampole, Fol. *D Schuer*

1"12 0 326 A Martyrology, in English Verse, Fol. *Mr Gough*

3..0:0 327 Thomas Occleve's Poems, 4to. *Mr Mason* *For an Account of this Poet of Henry the Vth's Time, consult Tanner's Biblioth Britan.*

2. 2. 0 328 Pierce Plowman, *morocco,* 4to. *Mr Lewes*

£" 6 0 329 A Latin Prosody, part in Verse and part in Prose, 4to. *This Book belonged to Henry Spelman.* *Dr Sixmet*

6---330 Receipts in Medicine, 4to

6.6 331 A Treatise on Womens Distempers, Duodecimo

£31 0..6

MANUSCRIPT.

MANUSCRIPT. LAT.

CODICES CHART.

31.	0	6	
3	10 . 0	332	MS. Notes on Homer, by Dr. Taylor, Fol.
1 . 15 . 0	333	M————— on Xenophon, by Dr. Taylor, Fol.
7 . 15	——334	————— on old Manners and Customs, by Dr. Taylor, Fol.
18 . 0	335	————— on Corn. Nepos, Fol.
10: 10 . 0	336	————— on Apollonius Rhodius, 3 vol. Fol.
4 . 10 . 0	337	————— on De Medicorum Conditione Antiqua, Fol.
10 10 . 0	338	————— on Juvenal, 3 vol. Fol.
1 . 6 . 0	339	————— on Æsop, Fol.
11 . 0	340	————— on Porphyrius, Fol.
12 . 0	341	————— on Cicero, Fol.
1 1 . 0	342	————— on De Verris Historia, Fol.
3 . 6 . .	343	————— on the Digamma, Fol.
11 6	344	————— on Greek Accents, Fol.
15 . 0	345	Analecta Critica, 2 vol. Fol.
16 . 16 . 0	346	MS. on Terentianus Maurus, Fol.
10 6	347	Analecta Dionysia, MS. by Dr. Taylor, Fol.
1 . 6 . 0	348	————— Etymologica, MS by Dr. Taylor, Fol.
1 . 5 . 0	349	Antiquitates variæ, MS. by Dr. Taylor, Fol.
11 0	350	Index ad Philes. Carmina, Edit. Arsenii, 2 tom. Fol.
1 . 15 . 0	351	——— ad Aristophanis Comœdias, 4 tom. Fol.
1 . 10 . 0	352	——— ad Nonni Dionysiaca, 5 tom. Fol.
1 . . . 5 . 0	353	——— ad Triphiodorum, Fol.
6 . 0	354	——— ad Dionysii Περιηγησιν, Fol.
5 . 0	355	——— ad Nicandri Theriaca & Alexipharmaca, Fol.
7 7 . 0	356	——— ad Æschyli Tragœdias, 2 tom. Fol.
16 6	357	——— ad Callimachum, Fol.
1 . 7 . 0	358	——— ad Oppianum, 2 tom. Fol.
1 . 11 . 6	359	Manuscript Notes and Remarks relative to the Civil Law of the Romans, by Dr. Taylor, 2 vol. Fol.

360 Indices

£115 . 9 . 6

115:9..6

3. 3. 0 360 Indices ad Inſcriptiones Spectantes, & Suppleta in In- *Mr South gate*
ſcript. Fol.

£ 7. 6 361 Manuſcript Papers relative to Grecian Hiſtory, by Dr.
Tay.or, Fol.

1..2 0 362 ———————— relative to the Athenian Law, by *Mr. Natty*
Dr. Taylor, Fol.

1. 5. 0 363 ———————— relative to the Roman Law, by Dr. *Dr Farmer*
Taylor, 6 vol. Fol.

1 1. 0 364 ———— Notes on the Ajax of Sophocles, in Dr. *Do*
Taylor's Hand-writing, Fol.

10. 6 365 A Manuſcript Common Place Book, with Paſſages *Mr Boyle*
from various Writers, tranſcribed by Dr. Taylor, Fol.

14. 0 366 ———————— Common Place Book, by Dr. Taylor, *Dr Gosset*
Fol.

2. 2. 0 367 ———————— Common Place Book, by Dr. Taylor, *Dr Farmer*
Fol.

10. 6 368. Plutarchi Πολεμον Ψυχης η Σωματος επιθυμια και λυπη, Ex *Do*
MSS. Harl. N. 5612. And various MS. Notes and
Remarks by Dr. Taylor, Fol.

£
1. 11. 6 369 A Manuſcript Common Place Book, 2 vol. A and B,
£ by Dr. Taylor, Fol.

127. 16. 6

✻✻✻✻✻✻✻✻✻✻✻

Fifth Day's Sale, *Friday, March* 11.

LOT

21.. 0.. 0 370 CHISHULLI Inſcriptiones, 3. tom. 4to. *Mr Gough*
N. B. The firſt Volume contains *Inſcriptiones
tranſcriptæ, Annis* 1705, 1709, 1716. The ſecond Volume contains many of the Inſcriptions, " *literis vulgaribus manu ipſius Chſhulli exaratas.*"

59. 17. 0 371 Chiſhulli Antiquitates Aſiaticæ, *ineditæ*. Fol. *South gate*
This is the ſecond Part of Chiſhull's *Antiquitates
Atticæ,* of which only a few Sheets were ever
printed ; the Death of the learned Author pre-
vented the completion of the Work.

372 Stephani

£ 80.. 17. 0

80..17. 0—22

- 2 6 372 Stephani Clerici Prælectiones in Heſiodum, Pindarum, *Beloe*
  & Theocritum & alia, 4to.

4. 10 .—— 373 Collectio Epiſtolarum ad Janum Douſam, 2 tom. Fol.
  These Letters were written to the celebrated Douſa,
    by *Gruter; Floreus Chriſtianus; Petrus Scriverius;*
    Lipſius; Vulcanius; D. Heinſius; Jo. Caſaubon;
    Baudius; Joſ. Scaliger; and other eminent Men.
    Ex Bibliotheca Sommeriana. *Dr Beauvan*

£   5   374 Commentarius in Pindarum, 4to.
£   13 6 375 Dauſquii Antiqui Novig. Latii Orthographia, 2 tom.
                  Codex bene ſcriptus. 4to.
       5..6 376 Deſcription Geographique de l'Aſie, 4to. *Mr Boyle*
       2 ., 377 In Dionyſii Orbis Deſcriptionem Notæ quædam, 1712,
                  Duodecimo *Beloe*
       4 .. 378 Diſſertatio de Muſæo Alexandrino.   J. Frederico Gro-
                  novio, ut Videtur, Authore.   Grævii Manus in Mar- *Gough*
                  gine paſſim apparet.—Excerpta é Prælectionibus, J. F.
                  Gronovii in Herodianum, 4to.
       2   379 Du Perroniſmé, 2 tom. Duodecimo
       4 .. 380 Epiſtolæ ad Grævium, 4to. *Dr Beauvoir*
                  Theſe letters are principally in French, and were written
                    by the Elector Frederick III. of Brandenburg; Mar-
                    chetti; Montauſſier; Duke of Wirtemberg; D'Avaux,
                    and Amandus Gramontius to the learned Grævius.

1 .. 0 . 0 381 Bernardi Gordonii Opus de Curandis Morbis. 131 *Dr Gidd'n*
                  finitus. *corio turcico,* Fol.
       3. 6 382 Grammatica Hebræa, a Joan. Tayloro, *in his own hand* *Mr Boyle*
                  writing, 4to.
       1   383 Grævius in Ajacem Sophoclis, Duodecimo *Beloe*
£   5 6 384 Hephæſtionis Enchiridion, *Latiné, initial. colorat. corio*
                  ruſſico, 4to. *Dr Sims*
       3 . - 385 Hermanni Materia Medica, 4to.
      11 .. 386 Hiſtoria de Gela di Davila, 4to. *Gough*
       2 . - 387 ———— Chriſti, a Grævio, 4to. *Boyle* *Beauvoir*
       5 .. 388 Index ad Galeni Opera, 4to. *Dr Wright*
3   11 0 389 Inſcriptiones Veteres, Fol. *Gough*
2 ..   5. 0 390 ———————— Antiquæ, Duodecimo *Price*

                                                    391 In-

£95..15 6

1. 1. 0 391 Inſcriptiones Singulares MSS. *cum ornamentis & ære.*
incifis. Collegit. Hadr. Beverlandus. *Codex Chart.*
Recens. Fol.

1..12 0 392 Juſtinus, Sæc. xiv. *corio ruſſico,* Fol.

1. 2   393 Juvenalis Satyræ, cum ſcholiis Antiquis, præmittitur
Oratiuncula, *corio ruſſico,* Fol.

1. ~394 Liber de Chemia, Anonymi, *Ital.* 4to.

2.   395 Titi Livii Commentaria, *corio ruſſico,* 4to.

7. 7. 0 396 Lucretii Opera, *Codex chart. vetuſtus, literis deauratis,*
corio ruſſico, Fol.

1. 6 397 Memorabilia quædam, Excerpta ex Hiſt. Thuani, per
C. L. 1630, Duodecimo
398 Newtoni Lectiones Opticæ, in Scholiis publicis habitæ
Anno 1669, & ſequentibus, Fol.

3. 10. 0 399 *Nicomachi* Geraſini Arithmetica —— Diophantus de
Arithmetica —— *Prolegomena* quædam Arithmetica —
Ariſtotelis Phyſicæ Auſculationis, Libri octo — *Trypho*
Philoſophus de figuris Poeticis — *Chryſolora* de Verbis
Anomalis ——Philoponus in Nicomachum Geraſinum
Commentarius, *corio ruſſico,* 4to. Vide Fabricii Bibl.
Græc. Vol. Quarto

2. 6. 400 Notæ a Joan. Tayloro, Duodecimo

11   401 Obſervationes quædam de Evangelica converſione &
vocatione Judæorum, Excerpta ex Lib. Gouge ——
Commentarii Sexameri Rerum Cantabrigiæ Actarum
cum Regina Elizabetha, a Robynſono Collectore, 4to.

1. 6. 0 402 Ovidii Epiſtolæ de Arte Amandi & de Remedio Amo-
ris, Sæc. forte XIV. *corio ruſſico,* 4to.

8 0 403 Hiſtoria di Fra. Paolo ſopra Benefici Eccleſiaſtici,
Fol.

1. 8. 0 404 Paulus Ægineta, *Codex Chart. Orient. corio ruſſico,* Fol.

1.. 0 405 Pitcarni Praxis Medica, 4to.

1.. 0 406 Pitcairn Theoria Medica, 4to.

12. 6 407 Plinii Epiſtolæ, *corio turcico,* Fol.

408 Propertius, Sæc. forte XIV, *corio ruſſico,* 4to.

1. 2. 0 Note in this Book. " *D. Pacifici Benedictionii. Cane Tu-*
redetin. & Amicorum. A. R. D. Federico Denautio de
Hiſpello habitus 1539.

409 Quin-

£115..19.. 2

5 5 0 **409** Quintilianus de Inſtitutione Orat. *Codex ċbart. Vetuſt.* *D. Gibby*
      corio ruſſico, Fol.

1. 1. 0 **410** Relationi d'Ambaſcadori Venetiani, 2 tom. Fol. *Koblia*

1. 10. 0 **411** Scholia e Manuſcriptis Libris colleƈta in Æſchyli Tra-
      gedias tres; *Prometheum, ſeptem contra Thebas*
      Perſas, Codex Chart. recenſ. Fol. *D. Turner*

1. 7. 0 **412** Senecæ Tragœdiæ, Sæc. forte XV. olim Maffeianus,
      corio ruſſico, Fol. *D. Wright*

      413 Statuta Collegii Medicorum Londinenſis, *corio turcico,*
      foliis deauratis, Fol.

— 1 6 **414** Syſtema Mechanicum, Hydroſtraticum, & Aſtronomi-
      cum, Latiné, 4to. *D. Sims*

£1 .. 11.. 6 **415** Terentius. In fine Script. *Explicit feliciter* 1435 *die*
      XIX *Aprilis,* &c. Erat P. Marcellini, Fol. ...

1 .. 1 0 **416** Tibulli Epiſtolæ —— Ovidius in Ibin, cum Scholiis,
      Sæc. XIV. Ex Bibliotheca Sommeriana, *corio ruſſico,* *Natty*
      4to.

2. 12. 6 **417** Traité des Sieges, *with plans beautifully coloured, ruſſia,*
      gilt leaves, Fol.

11.   **418** Vicentii de Filiacaia Carmina, *corio turcico,* Quarto *D. Wright*

21. 0. 0 **419** Virgilii Opera quæ ſuperſunt in Antiquo Codice Vati-
      cano ad priſcam Literarum & Imaginum formaræ de-
      ſcripta in Bibliotheca Camilli Maximi Card. a Santo
      Bartolo. *Mr. Joblin*

      N. B. In this *Fac Simile* of the Vatican Virgil are con-
      tained fifty beautiful illuminated and coloured
      Drawings, *corio turcico, ac foliis deauratis,* 4to.

1 .. 5 . 0 **420** Virgilii Æneis, cum Argumentis Ovidii Naſonis in
      Libros Eneidis Virgilii, *cum Notis in Margine, corio* *Boyle*
      ruſſico, foliis deauratis, Fol.

£153.. 4.. 6

✿✿✿✿✿✿✿✿✿✿✿✿✿✿✿✿✿✿✿✿✿✿✿✿✿✿✿✿✿✿

MANUSCRIPT. LAT.
CODICES MEMBR.

Sixth Day's Sale, *Saturday, March* 12.

LOT.

1. 12. 6 421 ALBERTINI Mafati Tragedia, *inedita* —— Ho- *D. Wright*
mer in Verfibus Heroicis, *Latiné, corio ruffico,*
4to.

... 6 .... 422 Anonymus de Lapidibus, *Latiné*——Dictionarius——*Shenburgh*
Horatii Ars Poetica—Ars Kalendari, &c. 4to. *D. Wright*

1.. 1. 0 423 Apicius Cœlius, *corio ruffico,* Duodecimo

10.. .. 424 Leon. Aretini Tranflatio quarundam Orationum De- *Mr Lowes*
mofthenis, Epiftolorum Platonis & Johan. Ant. Cam-
prani Oratio, 4to.

1.. 2. 0 425 Afconius Pædianus in Ciceronis Orationes, *nitid.* Sæc. *Mr Marsh*
forte XV. *Olim Maffeianus, corio ruffico,* 4to.

1.. 6.. 0 425 Auli Gellii Noctes Atticæ, *nitid. & ornatus,* Sæc. *Mr Woodd*
forte XV. *Erat Olim J. Foucault, corio ruffico,* Fol.

3. 13. 6 427 —————— Noctes Atticæ. *elegant. fcript. & ornatus,* *Elmsley*
Sæc. forte XV. *corio ruffico,* Fol.

£1. 1.. : 428 Biblia Latina, Duodecimo

3.. 3 : 0 429 ———————— cum illuminationibus, *Codex membr. Vt-*
tuftus, corio turcico, Fol.

£1. 2.. 0 430 Boetii Mufica, 4to.

12. 12. 0 431 ———— Opera, 2 tom. *elegantif. auro coloribufque infig-*
nitus, Sæc. XV. Fol. *Mr Hoblyn*

1.. 3.. 4 432 Boetius de Confolatione Philofophiæ, *initial. colorat.* *Mr Woodd*
Codex membr. Vetuft. Sæc. forte XII. fi non antiquior.
4to.

£28,,12.. 0   E   433 Boetius

20..12:0 26 Manuſcript. Lat. Codices Membr.

1..6.0. 433 Boetius de Conſolatione Philoſophiæ, cum Scholiis *Louu*
    corio ruſſico, Fol.

14.6 434 Bonni Mombritii Epithalamium ad Comitem Gaſpa-
    rem de Nuptiis Petri Comitis & Elizabeth, *with two Berrel*
    curious paintings at the beginning, 4to.

---16--- 435 Hercules Brunus de Geſtis Romanorum ex Floro &
    Suetonio —— Homeri Vita —— Libellus de Urbe *Woodd*
    Rome, &c. Latiné, *cum initial colorat. pulch.* Seculi XV.
    corio ruſſico, 4to.

1..6..0 436 Catena Patrum in Epiſtolas S. Pauli, *Latiné, Codex pe-*
    rantiquus, Fol.

4.14.6 437 Cæſaris Commentaria de Bello Gall. Lib. VII. & de *Louu*
    Bello Civili, Lib. IX. ad XIV. Hirtius de Bello Gall.
    Lib. VIII. Sæc. XV. *Olim Maffeianus,* Fol.

2.2.0. 438 Cæſar, & Hirtius de Bello Gall. Unicuique Cæſaris
    Libro præfigitur. " *Julii Celſi Conſtantini vc. legi.* *Woodd*
    Flavii Licerii Firmini Lupicini legi." " *Vide Fa-*
    bricii Bibl. Lat. de Julio Cæſare. Continetur hoc
    Libro etiam, *Julius Solinus,* Sæc. XV. *Tegmine deaurato,*
    Fol.

1..22,0 439 Cicero de Claris Oratoribus & Orator ad Brutum, *Dd*
    Codex nitid. Sæc. forte XV. *Olim Maffeianus, corio-*
    ruſſico, Fol.

1..11..6 440 Cicero de Inventione Rhetorica, Sæc. XII. vel XIII. *Louu*
    Olim Maffeianus, corio ruſſico, Fol.

4:4.0, 441 Ciceronis Orationes in Verrem, *Codex nitid.* Sæc. *Elmſley*
    forte XV. *Olim Maffeianus, corio ruſſico,* Fol.

-10-6 442 Cicero de Officiis, *in Margine, Notæ nominales variæ*
    occurrent. corio ruſſico, Fol. *Lambert*

2..12.6 443 Cicero de Natura Deorum & de Divinatione, *Codex*
    nitidiſſimus, Sæc. XV. Literis Librorum initialibus *Louu*
    non Suppletis, *corio ruſſico;* Fol.

10..6 444 Ciceronis Opera Philoſophica —— Salluſtius, 4to. *Belu*

81..0.6 445. Cicero de Officiis, *Codex pulcherim.* 4to. *Dr Farmer*

5.5.0 446. —— de Inventione Rhetorica, *cum capitalib. illu-*
    minat. Codex pulcherim. corio turcico, ac foliis deauratis, Do. ——
    Duodecimc

£66..17..6

447 Cicero

66..17..6.

1. 3. 0.447 Cicero de Legibus, *Codex nitid.* Sæc. XIV. vel XV. *Woodall*
    Olim *Maffeianus, corio ruſſico,* Fol.

3. 15. 0.448 ——— de Finibus & Tuſculanæ Quæſtiones, *Codex* *Burrell*
    elegans & ornatus. In initio Lib. 4ti. occurrit nomen
    Bartholomæus Maraſcha, *corio ruſſico,* Fol.

2. 0. 0.449 ——— Philippica, *Codex nitid.* Sæc. XV. *Oiim Maſ-* *Marſh*
    feianus, corio ruſſico, Fol.

2. 5. 0.450 ——— Orationes XVII. *Codex elegans, literis initial.* *Burrell*
    pictis, Sæc. XV. *corio ruſſico,* Fol.

1. 3. 0.451 ——— Epiſtolæ ad Familiare , Sæc. XIV. *In fronte* *Marſh*
    Libri Orat. in Nuptias principis, & in fine alteram de
    Doria Attico, corio ruſſico, Fol.

2. 15. 0.452 ——— de Oratore, Sæc. forte XV. *Olim Maffeianus,* *Do.*
    corio ruſſico, Fol.

1.. 6. 0.453 Codex Medicamentorum Veterum, *Codex eleg. corio* *Dr Wright*
    ruſſico, Fol.

3. 5' 0.454 Claudiani Opera, *initial. colorat. Codex pulcherim. corio* *Mr Woodall*
    ruſſico, 4to.

4. 4. 0.455 Cornelius Nepos, *title illuminated and gold initials,* Sæc. *Dr Farmer*
    XV. initio Scripſ. *Olim Maffeianus, corio ruſſico,*
    4to.

N. B. In the Book the Title runs thus : *Probi Emilii*
    Virorum illuſtrium Hiſtoriæ Liber incipit.

2. 2. 0.456 Demetrius Cydonius, *Liber ineditus;* Duodecimo. *Mr Woodall*
    In the firſt Leaf is written, *Demetrii Cydonii Theſſalo-*
    nicenſ. Sermo in S. Laurentium. De aliis hujus
    Autoris Scriptis. Vid. Bibliotheca Geſneri, quæ ex
    Volaterans partem adduxit, corio ruſſico, ac foliis
    deauratis

17. 0 457 Damaſceni & Gregorii Opera varia, 2 tom. Duode- *Lambert*
    cimo

7. 7. 0 458 Il Dante, *Codex elegans & ornatus,* Sæc. XV. *corio* *Koblyn*
    ruſſico, Fol.

18.. 0.459 Dictys Cretenſis, *nitid.* Sæc. XV. *Olim Maffeianus,* *Lawes*
    corio ruſſico, Fol.

2. 5. 0.460 Euſebii Chronicon, Hieronymi & Proſperi, *Codex pul-* *Woodall*
    chre ſcriptus in pergameno, Finitus Nov. xvi. 1426,
    corio ruſſico, Fol.

E 2   461 Eutropius

£103..2..6

103. 2. 6.

10. 0 461 Eutropius —— Paulus Diaconus, *Codex Vetuſt.* Sæc. forte XIII. *corio ruſſico,* 4to.

7. 0 462 Evangelium ſecundum Marcum, *Latiné, Codex Anti-quus,* Fol.

26 5. 0 463 Evangelia, *Latiné, Codex Vetuſt.* Sæc. VIII. vel IX. *Literis Majuſculis, vocibus ut plurimum nullo interpoſito Spatio diſtinctis.* Scriptus a Monacho Lupo quodam, *corio ruſſico,* Fol.

- - - 16 0 464 Fragmenta quædam Rogeri Baconis, Sæc. XV. *Erat Jacobi Paſton, corio ruſſico,* 4to.

2 - 11 - 0. 465 Grammatica Latina, *Verſe and Proſe,* 4to. — —

1. 1. 0 466 Guido de Columna, *Latiné, corio ruſſico,* 4to.

In this Book Dr. Aſkew has written, " *Guido de Columna* Index Meſſanenſis, Siculus Circa Annum 1287. In gratiam Matthæi de Porta, Archiepiſcopi Salernitani, ex Darete & Dictye compoſuit *Hiſtoriam Trojanam* in variis MStam Bibliothecis ut notavit Oudinus, Tomo III. p. 581. Sed Typis exſcriptæ etiam prodiit Argentinæ, 1486, 1489. Fol. Germanicam verſionem memorat Lambecius, Tom. II. p. 948. Bibl. Cæſar.

1 15. 0. 467 Les Heures, *with neat paintings and borders,* 4to.

2 3. 468 Les Heures, *with beautiful borders and illuminations,* 4to.

17. 17 0 469 Horatii Opera, *initial. colorat.* Sæc. xv. *Olim Codex erat Joh. Baptiſtæ Zerii, Bononienſis, corio ruſſico,* 4to.

3. 3 0 470 ——— Opera, Sæc. XIII vel XIV. *Notis in Margine, corio ruſſico,* Fol.

15: 15. 0 471 Horatius—Juvenalis & Perſius, *nitidiſſ. liter. init. deauratis & pictis. Cum Horatii Antiquiſſimo depicto. corio turcico, ac foliis deauratis,* Fol.

- - - 7. 6 472 Hiſtoria Alexandri Magni—Hiſtoria Daretis Phrygii—Chronica Martini Papæ, &c. *corio turcico,* 4to.

17. 17. 0 473 Inſcriptiones Veteres, Fol.

N. B.   This Book belonged ſucceſſively to *Lord Sommers, Sir Joſeph Jekyll,* and *James Weſt, Eſq;* The writing is very beautiful.

£191. 10 : 0

474 Iſidorus

91.10.0

15.4 474 Iſidorus de Animalibus, de Arboribus ——— Solinus de
Mirabilibus Mundi——Vegetius de Re Militari——
Salluſtius contra Tullium—Tullius contra Salluſtium
——Ciceronis Orationes in Catil. I. II. 4to.

£192. 5. 0

🏵🏵🏵🏵🏵🏵🏵🏵🏵🏵🏵🏵🏵🏵🏵🏵🏵🏵🏵🏵

Seventh Day's Sale, *Monday,* March 14.

LOT

1. 5. 0 475 JUSTINI Opera, *nitid. ab Amerigo Corſino tranſcript.*   *Lowes*
Sæc. XIV. vel XV. *corio ruſſico,* Fol.

1. 12. 0 476 Juſtinus, *codex vetuſt. elegans & ornatus.* circiter Sæc. *Woodall*
XIV. *corio ruſſico,* Fol.

15. 0 477 Juvenalis Satyræ, *cum initial. colorat. corio ruſſico,* Duo- *Hayes*
decimo

2. 15. 0 478 ——— Satyræ, *initial. colorat. codex pulcherim.* Sæc *Dr Taomer*
XV. Anno 1640 erat Petri Servii Medici, *corio ruſſico,*
4to.

4. 4. 0 479 Livii Hiſtoria, Decades 1. & 3. non una manu ſcript. *Dr Marsh*
Dec. XXIV. 1464. *Literis & foliis deauratis, corio tur-*
cico, Fol.

11. 11. 0 480 Livii Hiſtoria, Libri XXIX. *Codex elegans. Picturis quam* *Gaugh*
plurimis flavo & viridi colore conflatis, & aliis ornamentis
illuminatis. Sæc. forte XIV. *Lib.* XXXIII *deficit.* Fol.

5. 15. 6 481 Livii Hiſtoria, *Decas prima & Decas quarta.* 2 tom. *Belae*
Deeſt Lib. XXX. *eleganter ornat.* Sæc. forte XIV. *corio*
ruſſico, Fol.

30. 12. 0 482 Livii Hiſtoria, decas prima. 300 *Annor.* MSS. *longe* *Burrel*
pulcherrimus. In prima litera conſpicitur Urbs Roma.
Ex Panormo in Sicilia hunc cod. adduxit ſecum Cl. Aſke-
vius, *corio ruſſico, foliis & tegmine deauratis,* Fol.

1. 0. 0 483 Lucani Pharſalia, Sæc. XIII vel XIV. *Olim Maffei,* *Afoule*
4to.

2. 2. 0 484 ——— Pharſalia, *Codex vetuſt. Notis marginalibus literis* *Marsh*
coloratis, corio ruſſico, Fol.

485 An-

£64. 11. 6

64.11..6

1. 11. 6   485   Antonius Luscus in xi Ciceronis Crat. & Xicho Polen-
tonus Argum. in xii Ciceronis Orat.   *Patavii* 1413
————Cicero de Synonymis, *circa annum 1420 exaratus,*
Fol.

2.-15. 6   486   Macrobii Opera, *Rom. Scriptus* 1465, *corio russico, foliis*
deauratis, Fol.

9. 19. 6   487   Martialis Epigrammata, Libri XIV. *elegans & ornatus,*
Sæc. forte XV. *corio russico,* Fol.

1..4. 0.   488   Medicinæ Fasciculus, *Latiné,* Fol.

1..5.-0.   489   Missale, *cum illuminationibus, corio russ. foliis deauratis,*
8vo.

.- 11 -0   490   Missale, cum illuminat. Duodecimo

— — 7 - -   491   Missale, *cum capitalibus illuminatibus, corio russico,* Duodecimo

1.. 9. 0   492   Missale, *with neat paintings,* russia, 4to.

1.. 17.-0   493   Missale Romanum, cum illuminat. 4to.

1.. 6. 0.   494   Missale Romanum, initial. illuminat. 4to.

1..   495   Missale, *with beautiful miniatures and illuminations,* 4to.

2.. 5. 0   496   Missale, *with beautiful illuminations,* russia, gilt leaves,
Fol.

7..17..6.   497   Isaacus Monachus de Urinis & de Cibario, 4to.

- - 5.- -   498   Nicolai Myrepsi (sive) Alexandrini Antidotarium, sive
de Compositione Medicamentorum, *Codex Vetustus,*
Sæc. forte XII. *corio russico,* 4to.

1. 15.- 0   499   Pauli Orosii Historia, Script. *Basil.* 1434. *literis colorat.*
Olim Maffei, corio russico, Fol.

- - - 7. 6   500   *Paulus Orosius de Ormestæ Mundi* ———— Dares Phrygius
————*Const. Castinensis* Liber de Omni genere Melan-
cholia————Doctrina Petri Abelardi in Metro, *Codex*
Antiq. Fol.

3.. 15.. 0.   501   Ovidii Opera, *cum Notis marginal. corio russico,* 4to.

6.. 16.. 6..   502   ———— Fasti, Lib. vi. initial. colorat. Sæc. forte XVI.
Olim Maffeianus, corio russico, 4to.

2..10 - --   503   ———— Metamorphoses, *corio russico,* 4to.

4. 4. 0.   504   ———— Opera, In ii Part. Divisa. Sæc. XII. *Scriptus*
ab *Hen.* de Capriani, *Cive Mantuano.* Prior Pars longe
est Antiquior. & Continet Metamorphoses, *corio russica,*
Fol.

505 Ovidii

£118..17..6

1. 21. 6. 505 Ovidii Metamorphoſes, Lib. xv. Sæc. forte xiv. *cha-*
ractere Gothico ſcript. Literis hic illic prævetuſtate ocu-
lorum aciem fugientibus. Notis marginalibus quam pluri-
mis. corio ruſſico. Fol.

1. 11. 6 506 Paſſionarius, ſeu Praxis Medica Garioponti, ſeu Galeni,
initial. colorat. corio ruſſico. 4to. Cod. Vetuſt. Sæc.
XII vel XIII.

— 16 — — 507 Perſius, *cum initial. illuminat. Codex pulch. corio ruſſico,*
Duodecimo

3. 13. 6 508 Il Petrarcha, *initial. colorat. ſplendidiſ. Codex pulcherim.*
corio ruſſico, 4to.

1. 11. 6 509 Plauti Comœdiæ IX. *Florentiæ Scriptus.* Dec. xxi.
1415, *corio ruſſico.* Fol.

2. 4. 0 510 Plauti Comœdiæ. *Codex elegans. init. colorat. corio*
ruſſico. Fol.

9. 6 511 Pomponius Mela de Situ Orbis, Duodecimo

1. 12. 0 512 —————— Mela & Solini Polyhiſtor & Anonymi Deſcriptio Liguſticæ Regionis. *initial. colorat.* Sæc. XV.
Erat Petri Servii Medici, corio ruſſico. Fol.

17. 0 513 Priſciani Grammatica minoris Lib. xvii & Lib. xviii. —
duabus manibus Scriptus. corio ruſſico. Fol.

1. 6. 0 514 Pſalmi Davidis, Latiné, *cum initial. colorat. corio turcico,*
4to.

2. 12. 6 515 Pſalterium, *pulch. vetuſt. illuminationibus,* Fol.

3. 10. 0 516 Quintilianus de Inſtitutione Orat. Sæc. XV. *a manu*
recentiori correctus. In Fine extat Poggii Epiſtolæ.
corio ruſſico, foliis deauratis. Fol.

2. 15. 0 517 Quintiliani Inſtitutiones. Sæc. forte XV. *Græcæ Voc.*
aliena manu inſertæ ſunt. Literis init. deauratis & colo-
ratis, corio ruſſico, Fol.

7. 17. 6 518 Rei Ruſticæ Scriptores. *Codex perelegant. auroque & co-*
loribus decoratus. Sæc. forte XV. *foliis deauratis,*
Fol.

18. — 519 Ruffi Seſti Res Geſtæ Populi Romani, *initial. colorat.*
corio turcico, 4to.

11. 6 520 Salluſtius, *initial. illuminat.* Sæc. XV. *corio ruſſico,*
4to.

2. 0 521 —————— *initial. colorat.* Sæc, forte XV. *corio ruſſico,*
4to.

522 Senecæ

£157. 10. 6.

2. 2. 0 522 Senecæ Tragœdiæ decem, *antiquiſſ. cum Notis Marginal.*
corio ruſſico, Fol. *Callamy.*

1. 13. 0 523 ———— Tragœdiæ decem. Sæc. XIV. vel XV. *non unâ*
manu ſcriptus, corio ruſſico, Fol. *Dr. Loth.*

17 0 0 524 Statius, *corio ruſſico,* 4to.
Dr. Aſkew's Note in this Book. " *Hic Codex continet*
XII *Libros Thebaidos P. Papinii Statii, & Videtur*
habere 600 Annos. In hoc Codice infinita variarum.
lectionum extat ſeges. *Elmſley.*

3. 3. 0 525 Suetonius. Sæc. XV. *Literis deauratis, corio ruſſico,*
Fol. *Hay H.*

2. 3. 0 526 Suetonii Opera, *elegans.* Sæc. XV. *Olim Maſſeianus,*
corio ruſſico, Fol. *Wraſiell*

16 16. 0 527 ———— Opera, *elegantiſſ.* Sæc. forte XV. *Auri colorum-*
que ornamentis inſignitus. Olim Maſſeianus. corio ruſſico,
foliis deauratis, Fol. *Hobſon*

£ 18. - - 528 Sulpicius Severus, & alia, *Codex Vetuſt.* Fol.

£196 5. 6 ⨯⨯⨯⨯⨯⨯⨯⨯⨯⨯⨯⨯⨯⨯⨯⨯⨯⨯⨯⨯⨯⨯⨯⨯

Eighth Day's Sale, *Tueſday, March* 15.

LOT

13. 0 529 TERENTII Comœdiæ, *initial. colorat.* Sæc. XV *Leach*
in fini deficiunt xi Verſus. *Olim Maſſeianus,*
corio ruſſico, 4to.

2. 3. 0 – 530 Terentii Comœdiæ, *nitid.* Sæc. forte XV. *Variæ Notæ /Booth*
nominales in Marg. In fine extant tria Epitaphia U-
lyſſis Lambertini, Fol.

1. 2. 0 531 Tertulliani Apologeticus. Sæc. XIII. vel XIV. *Olim* D°.
Maffei, corio ruſſico, Fol.

1. 5. 0 532 Theodorici Chirurgia. Sæc. XV. *corio ruſſico,* Fol. *Lambert*

. 11. - - - 533 Theorie Pratique de L'Ingenieur, *beautifully written /Lambert*
with the capital letters and figures in gold, Duode *Burroine*
cimo

. 13. 6. 534 Two imperfect Manuſcripts, 4to.
N. B. *One ſeems to be a Latin Miſſale, the other a French*
MS. on Cheſs.

535 Valerius

£6. 7. 6

6. 7. 6

2. 2. ℭ535 Valerius Maximus. Sæc. XV. *cum Notis Marginalibus* *Marsh.*
& *Indicibus, corio ruſſico,* Fol.

4. 0. ℭ536 Virgilii Opera, cum Commentario, *initial. illuminat.* *Lowes.*
Sæc. XV. *Olim Maſſianus, corio ruſſico,* 4to.

2. 3. ℭ537 ——— Æneis, *elegans.* Sæc. forte XV. *Erat quondam* *Woodhull*
Aſcanii Jantesii Civitatis Theatinæ, corio ruſſico, Fol.

3. 3. ℭ538 ———— Opera, cum Comment. copios. *Codex vetuſt.* *Dr Farmer*
corio ruſſico, Fol. . .

16. 16. ℭ539 Virgilii Opera, *Codex elegans* & *ornatus.* Sæc. XV. *Hoblyn*
corio ruſſico, Fol.

MANUSCRIPT. Græc.
Codices Chart.

2. 8. 0 540 ACTUARII Opera quædam, *Græcé.* E Monaſterio *Dr Sims*
τȣ σǐρατονιηηǐα τȣ μιγαλȣ Νιπολαȣ ιν τω αγιω ορɛι in
Angliam allatus 1749. Mancus eſt in Fine. Ex
forma Literarum videtur 400 Annos habere, *corio*
ruſſico, 2 tom. 4to.

10. — —541 Actuarii Opera, *Græcé, Codex recenſ. eleganter ſcriptus,* *Do.*
Fol.

3. 6 542 Actuarius de Urinis, *Græcé, Codex recenſ.* Fol. — *Do.*

12. 0 543 Æliani Hiſtoriæ variæ, *Græcé, corio ruſſico,* 4to. — *Woodhull*

3. 5. 0 544 Æſchines de Falſa Legatione contra Cteſiphontem &
Epiſtolæ contra Timarchum ——— *Pythagoræ* Carmina
& *Hieroclis* Commentaria, *recentiori manu, Græcé. Codex*
chart. Orientalis, Fol.

1. 1. ℭ545 Æſchyli Prometheus vinctus, ſeptem contra Thebas *Dr Farmer*
Perſæ, *Græcé, Codex Vetuſt. cum Scholiis Græc. in*
Margine, corio ruſſ. 4to.

F   546 Ætius,

£42. 11. 0

6. 10. 0 **546** Ætius; inéditus, Græcé. Codex in chart. Italica ſcriptus, corio ruſſico, Fol.

10. a **547** Julius Africanus, Græcé, corio ruſſico, Fol.

9. 9. **548** Appendix ad Scapulæ Lexicon, Fol. ..

5 **549** Apthonii Progymnaſmata, Græcé, corio ruſſico, Fol.

14 **550** Arati Scholia, Græcé, corio ruſſico, 4to.

2 7 **551** Aretæus Cappadox, & Rufus Epheſius, Græcé, Codex chart. Orientalis, 300 ferè Annorum, corio ruſſico, 4to.

£1. 6. 0 **552** Ariſtidis Orationes, Græcé, corio ruſſico, 2 tom. 4to.

5 **553** Ariſtotelis Varia, Græcé, mancus in initio, corio ruſſico, Fol.

10 **554** Ariſtophanis Plutus & Nubes, Græcé —— Heſiodi Opera & Diis, Græcé, Codex chart. Vetuſt. corio ruſſico, 4to.

1 18 **555** —————— Plutus, Nubes, Ranæ, Græcé, omnes bis. Codex chart. partim vetuſt. partim recentior. cum Scholiis Græc. in Margine. corio ruſſico, 4to.

1: 11. 6. **556** —————— Plutus & Nubes, Græcé, Codex chart. vetuſt. corio ruſſico, Fol.

1. 12. 0 **557** Athenæus Περι μηχανηματα —— Bito de Inſtrumentis Bellicis —— Heron Περι χειροβαλλιςρας —— Excerpta ex Apollodoro, with neat drawings, corio ruſſico, Fol.

1. 1. 0, **558** Catonis Sententiæ —— Gregorii Carmina —— Variorum Poetarum Gnomæ —— Homeri Ilias, Lib. XX. XXII.—— Lycophron, Græcé, cum Notis Marginal. & interlineat. corio ruſſico, 4to.

8. 6 **559** Chronologica Hiſtoria Apoſtolorum, Græcé, 4to.

1. **560** Chryſoſtomi Homiliæ, Græcé, 4to.

1. 2. a **561** Collectiones e Sanctis Patribus, Græcé, Codex chart. Orient. corio ruſſico, Fol.

6 **562** Commentarius in Ariſtophanis Acharnenſes, Græcé, 4to.

£72.. 19.. 0

563 Com-

563 Commentaria in Rhetoricam, *Græcè*. Greek, Roman and Jewiſh Calendars, in Greek Charaċters. *corio ruſſico*, 4to.

564 Commentarius in Pentateuchum, *Græcè*. *Codex chart. Orient. Vetuſt. corio turcico.* Videtur habere 400 Annos. Fol.

565 Commentarius *ineditus* in Ptolomæum, *Græcè*. *Codex chart. Vetuſtus, corio ruſſico*, Fol.

566 Sanċti Ephraimi Opera omnia, *Græcè*, 2 tom. 1367, *corio ruſſico*, Fol.

567 Erennius in Oppianum, *Græcè, corio ruſſico*, 4to.

568 Euripidis Hecuba & Oreſtes, *Græcè* —— Catonis Diſticha Græcè, cum *Scholia* in Margine, *corio ruſſico*, 4to.

569 Euripidis Hecuba, Oreſtes, Phœniſſa, Item Eurip. Hecuba & Oreſtes, *exemp. alter. Græcè. Codex chart.* partim vetuſt. partim recentior. 4to.

570 Gemiſtus & Phurnutus, *Græcè, corio ruſſico*, 4to.

571 Grammatica Græca, *corio ruſſico*, 4to.

572 Gregorii Nyſſeni Homilia, *Græcè*, & alia plurima. Sæc. forte XI. *corio ruſſico*, Fol.

573 Gymnaſmata Græca, Latine & plerumque verſibus tranſlata, *with a Head, and ſeveral curious coloured Drawings and Maps, MS. the Greek and Latin are on oppoſite Pages,* Duodecimo.

574 Heraclides & Epiċtetus, *Græcè, corio ruſſico*, 4to.

575 Hermogenis Progymnaſmata, *Græcè*, 4to.

    Note, " *Ad Exemplar MSS. in Regia Pariſiis Bibliotheca Cuſtoditum, deſcripſit* Ιωαννης Ιωνας ὁ Ελευθεριος, *Græcus.*"

576 Herodotus, *Græcè, Codex chart. Orient. perantiquus, corio ruſſico*, Fol.

577 Hippocratis Opera varia — Simeon Sethus, &c. *Græcè, corio ruſſico*, 4to.

3. 3_0 578 Hippocratis' & Galeni Opuſcula, *Græcé, inedita, corio ruſſico,* Duodecimo   *D. Wright*

Note, *Vid. Fabricii Bibl. Græc. Vol.* 12. *p.* 781, *ubi mentionem facit primæ Epiſtolæ hujus Codicis.*

1 « 5. 0 579 Homeri Iliados, Lib. 1, 2, 3. Græcé —— Platonis Sympoſium —— Euthyphro —— Xenophontis Hiero —— Demoſthenis Olynthiacus, Lib. 1. 2. —— Æſchines adverſus Timarchum, *Græcé, corio ruſſico,* Fol.   *Swinburg*

2 3 0 580 Lexicon Græcum, *corio ruſſico,* 4to. —— *Do.*

In this Book is this Note; " *By this Lexicon many Paſſages of the Septuagint and the Greek Teſtament may be emended.*"

This Lexicon, which is ſuppoſed to be inedited, begins in the Letter Eψιλον. At the End of it are ſome Additions.

6 6 0 581 Lexicon Græcum ineditum —— Phocylides —— Pythagoras & Bruti Epiſtolæ, *Græcé, corio ruſſico,* 4to. *Do*

N. B. *The MS. Lexicon is written in a different hand from the three other Pieces.*

In this Book is this Note, " *Many Paſſages of Claſſic Writers and of the Etymologicon Magnum may be emended by the means of this Lexicon.*"

— —3. 6 582 Liber Chirurgicus, *Græcé,* 4to. — —*D Sims*
*— — 9 —*583 Liturgia Græca, 4to. — — — — *Hayes.*

£10 0.6

Ninth

✺✺✺✺✺✺✺✺✺✺✺✺✺✺✺✺✺✺✺✺✺

Ninth Day's Sale, *Wednesday*, March 16.

LOT

*1: 2. 0*584 *M*Athematici inediti, Græcé, 2 tom. corio ruſſico, 4to.

N. B. This Book contains Treatiſes by *Theodorus, Jaachus Monachus*, correctus a Nicephoro, Gregora; *Joannes Grammaticus*; *Georgius Chiſococeas*; *Michael Chryſocachus*; *Iſaacus Argyrus*; and other Anonymous Writers.

*3: 5. 0*585 Methodius Περι γραμμαλικης. ineditus, Græcé, corio ruſſico, 4to.

*1. 11. 6*586 Olympiodorus in Phædonem Platonis, Græcé. Codex vetuſt. chart. Orient. corio ruſſico, Fol.

3. 9. 0 587 Olympiodorus in Georgiam Platonis, Græcé. Codex chart. antiq. corio ruſſico, Fol.

.. 10 .. 588 Oribaſii Opera, Græcé. tranſcriptus ex Cod. Bibl. Sti Johan. Coll. Cantab. 1648, Fol.

£ 6. — 589 Philothei Παριγα, 4to.

£. 12. 6 590 Photii Epiſtolæ de ſeptem Oecumenicis Conſiliis, Græcé, Duodecimo

*2 6.*591 Porphyrii Iſagoge, Græcé ⸺ Nathanuelis Empori varia, Græc. ⸺ Apthonius & alia, corio ruſſico, 4to.

6. 6. 0 592 Plutarchi Convivium, Græcé, Codex chart. Vetuſt. Orientalis, olim Jani Parrhaſii, deinde Ant. Serapandi, corio ruſſico, Fol.

3. 3. 0 593 Proclus in Cratylum Platonis, Græcé, corio ruſſico, 4to.

£20 : 15 : 6

594 Proclus

£2. 7 0 .594 Proclus in Theologiam Platonis, *Græcé, corio ruffico,* 4to.

Note " *Hic Codex continet Librum V.* Προκλѕ Διαδοχѕ Πλατωνικѕ *in Theologiam Platonis; Marini Neopolitani de Vita Procli, & felicitate Librum, & Georgii Helenes Encomium. Vid. p. 206. ubi multa funt adhuc inedita Marini.*"

£2. 16. 0 595 Proclus in Parmenidem Platonis, *Græcé, Codex vet. chart. orient. corio ruffico,* Fol.

Lambert

--10. 6 596 Ptolomæus, *Græcé, corio ruffico,* 3 tom. 4to.

£ --10. 6 597 Scholia Græca feu 54 Lect. in Hermogenis Περι σλασεωι Partitiones ex ore Georgii Monofophiftæ excepte a Zenone. *Ex Cod. Parienf. tranfcriptæ a Joan. Jona.* 4to.

£2. 5 0 .598 *Scriptores Varii,* ——Theophraftus Περι αισθησεωχ.—— Pfellus——Athanafius de Vita Sti. Philippi Agyrnenfis, Gr. & Lat. ——Beffarionis ad Gazam Epift.—— Excerpta ex Sexto Empirico ——Nonofus, Gr.—— Origenis quædam, Gr.——Africanus, Gr. — Evagrii quædam, Gr.——Bafilii quædam, Gr.——Jofephus, Gr. —— Ariani quædam, Gr. —— Praxagoræ quæd. Gr.——Theopompi quæd. Gr.——Lucii quæd. Gr. —— De Dictionariis Photii ——Helladius Byz. —— Obfervationes Anonymi —— Polybii quæd. Gr. —— Agatharcides de Animal. Gr. —— Stobæi quæd.—— Nicolai Epift. quæd. —— Nemefii de Animal. quæd. —— Nicephorus de Infomn. Synefii —— Excerpta ex Synefio —— Pfelli quædam —— Theophylacti quæd. —— Synefia Alia —— Manuelis Epift. Gr. —— Excerpta ex Agathemere de Geograph. —— Pfellus Π ρι χρυσοποιίας, et περι σεισμων. —— Eufebius in Pfalmum —— Pfelli Jambia in Pfalmos —— Theodori quæd. —— Liber de Herbis & Lapidibus, *ineditus* —— Carmina in Patres quofd. —— Infcriptiones quædam—— Carmina Græca —— Gregorius Cyprius in Mare—— Petri de Cortona Epigr.——Procli quæd.——Domitiani

£29 .. 4: 6

29: 4.. 6.

tiani Hiſt. & Vita——Excerpta ex Photio — Inſcript.
Græc. & Lat. 4to.

1.. 10. 0 599 Sozomeni & Evagriæ Hiſtoria Ecclefiaſticæ, *Græcé, Woodhull*
Codex nitidus chart. orientalis. 300 forte Annorum,
corio ruſſico, Fol.

1.. 16. 0 600 Theophraſti Opuſcula, *Græcé, corio ruſſico,* 4to. *Southgate*

1.. 1. 0 601 Thucydidis Hiſtoria, *Græcé,* 4to. ———

3.. 12. 0 602 Thucydides. Codex chart. Orientalis Antiquus. cum *Woodhull*
Scholiis in Margine, *corio ruſſico,* Fol.

2.. 0. 0 603 ———— Sæc. XV. cum variis Lectionibus in Mar- *Do*
gine, *corio ruſſico,* Fol.

£.. 7. 604 Varia in Ariſtotelem, *Græcé, corio ruſſico,* 4to.

4.. 14.. 6 605 Variæ Lectiones in Pindarum, Theocritum & Heſio- *Farmer*
dum e Codd. MSS. in Coll. Emanueli, Cantab.——
Collatio in Æfchylum, cum MSS. Codd. Laurentianæ
Mediceæ Bibl. *This Collation was made by the learned
Ant. M. Salvinus, for Peter Needham, the Editor of
Hierocles.* ——Several other Collations of Æfchylus
taken from various Manuſcripts in Foreign and Engliſh Libraries —— An inedited Epigram, Λυσις του
αινιγμαλος——A Letter from Dr. Walker to Needham,
on ſome MSS. of Æfchylus——Variæ Lectiones Herodoti, neatly written. This is only a Collation of
the two firſt Books, 4to.

5.. 11. 0. 606 Veterinariæ Medicinæ Scriptores Græci, *corio ruſſico, Southgate*
Fol.

9.. 9.. 0. 607 Xenophontis quædam & alia, *Græcé, Codex chart. Do*
orient. Vetuſt. corio ruſſico, Fol.

.. 18 .. 608 Zenonis Praxis, *Græcé, corio ruſſico,* Duodecimo *Do*

60: 3.. 0

M A N U-

MANUSCRIPT. Græc.
Codices Membr.

60..3. 0

4. 4. 0. 609 ACTA Apoſtolorum—Epiſtolæ Catholicæ, *Græcé*, *corio ruſſico*, 4to.

15 - - - 610 Anaſtatius, *Græcé, corio ruſſico*, 4to.

Note in this Book " *Quædam hic deſiderantur, quæ leguntur in impreſſis, & es contra, nonnulla hic videas, quæ fruſtra in impreſſis codicibus quæ ſiveris*"——*Hic Liber plurimi faciendus eſt, ob allata in eodem antiquorum haud paucorum teſtimonia.*"

2 .. 2. 0. 611 Commentaria in Teſtamentum Vetus & Novum, *Græcé, corio ruſſico*, 2 tom. 4to.

6. 16. 0. 612 Chryſoſtomi Homilia, *Græcé*, IV tom. **Codex membr.** *Vetuſtus, corio ruſſico*, Fol.

4.. 4. - - 613 ———— Opera Varia, *Græcé*, 2 tom. *corio ruſſico*, Fol.

1.. 2. 0 614 Chryſoloræ Grammatica Græca, *corio ruſſico*, Duodecimo

1. 6 615 ———— Grammatica, Græca, *corio ruſſico*, Duodecimo

5. - - 616 Demoſthenis Oratio in Bellatores depunctos, *Græcé* 4to.

. 10. 6. 617 Epiſtolæ Græcorum, *corio ruſſico*, 8vo.

4 . 4. 0. 618 Euclidis Catoptrica, Phænomena, Optica, *Græcé, corio ruſſico*, 4to.

5: 10: 0 619 Evangelia Græca, *corio turcico*, 2 tom. Duodecimo

17..17-0 620 ———— *Græcé, corio ruſſico*, 4to.

0. 18. 6 621 ———— Græca, **Codex Membr.** *Vetuſtiſſimus, literis grandiuſculis exaratus*, 2 tom. ex Monte Athos. 4to.

622 Evan-

117. 17.. 0

117:17.0

29. 8. 0. 622 Evangelia Græca, *Codex Membr. Vetuſtiſſimus*, Sæc. *Southgate*
forte XI. *corio ruſſico*, 2 tom. 4to.

27. 6. 0   *This is a very fine Manuſcript with ſplendid and illuminated* Do.
Drawings of three of the Evangeliſts.

623 Evangelia Græca, *Codex membr. perantiquus*, Ex Monte
Atho ductus. *pictis figuris; ſcriptus Anno* 1159. A Monacho Nephone, *corio ruſſico*, Fol.

20. 0. 0 624 ———— Græca, *Codex membr. perantiquus*, Ex Monte *D. Farmer*
Atho, *corio ruſſico*, Fol.

11. 11. 0 625 ———— Græca, *Codex membr. perantiquus*, Ex Monte *Lawes*
Atho, *corio ruſſico*, Fol.

Note.   Hi MSS. Cod. non ſunt unius Ætatis.

1. 1. 0 626 Gregorii (Archiep. Conſtant.) Orationes XVI. *Græcé,* *Lambert*
Codex Membr. Vetuſtiſſimus, corio ruſſico, Fol.

7. 7. 0 627 Homeri Ilias, cum Commentario, Græcé, *Codex Vetuſt.* *Lawes*
ſuper membranas, chartamque orientalem alternatim inter
ſe diſpoſitas, ſcriptus, Fol.

1. 5. 0. 628 Opuſcula Varia Græca & Latina, *Codex chart. & membr.* *Farmer*
Duodecimo.

N. B.   *In this* ALBUM *are ſpecimens of the hand-writing*
of ſeveral learned and eminent Men.

4. 10. 0 629 Orpheus ——— Hymni Homeri — Moſchus & Muſæus, *Luckett*
corio ruſſico, 4to.

4. 4. 0. 630 Pauli Epiſtolæ, *Græcé, corio ruſſico*, 4to. *Southgate*

1. 1. 0 631 Sanctorum Anecdota, Græcé, *Codex Membr. Vetuſtiſſi-* *Lawes*
mus, *corio ruſſico*, 2 tom. 4to.

1. 1. 0 632 ———— Patrum Vitæ, *Græcé, Codex Membr. Antiq.* Do.

2. 2. 0 633 Novum Teſtamentum, *Latine. Codex chart. vetuſtus* *Farmer*
cum Notis Marginalibus. Mancus in Initio. *corio ruſſico*
& foliis deauratis, Fol.

8:13:0

F I N I S.

Beautiful CHINESE, PERSIAN, and other MANUSCRIPTS, which will be fold at the End of the laſt Day's Sale of Dr. ASKEW's MANUSCRIPTS, on *Wedneſday, March* 16, 1785.

634 ELEGIES and Miſcellaneous Poems, *illuminated*, 8vo. *Coſt in India* 130 *Rupees.*

635 Perſian Tales not tranſlated, 8vo. *Coſt in India* 70 *Rupees.*

636 —— Tales not tranſlated, 8vo. *Coſt in India* 80 *Rupees.*

637 Mahometan Hiſtory of the Creation——Two Volumes of the Rozet ac Sepha, or Garden of Purity —— Part of the Perſian and Mahometan Hiſtory, Folio, *with Illuminations. Coſt in India* 1400 *Rupees.*

638 Shah Nameh, the grand Epic Poem of Perſia, by Ferduſi, being the Hiſtory of divers Heroes, Alexander the Great, Darius, &c. Folio, *with Illuminations. Coſt in India* 1350 *Rupees.*

639 Alkoran, Folio, *moſt beautifully and elegantly written, and very richly illuminated. Coſt in India* 1600 *Rupees.*